语文课程改革与教学新视界

彭小明 著

科 学 出 版 社
北 京

内 容 简 介

彭小明教授作为我国新一代课程与教学研究的学者，从事语文课程教学与研究30余年，是全国“语文课程与教学”界有一定影响的专家。本书是彭小明教授的最新力作。全书分六章：第一章语文新课程改革与新理念，第二章现代教育理论与语文教学，第三章语文教学新模式与新流派，第四章活动教学与语文学习新方式，第五章写作学习与作文教学新论，第六章语文教学典型案例新样式。作者以语文“新课程改革”理念为引导，以语文教学新理论为核心，突出语文教学新视野与新实践，旨在传递、表达语文课程与教学改革的新趋势。

本书可供大学本科生、研究生、中小学教师、语文教学实践研究者阅读与参考。

图书在版编目（CIP）数据

语文课程改革与教学新视界 / 彭小明著. —北京：科学出版社，2019.11

ISBN 978-7-03-062856-5

Ⅰ. ①语… Ⅱ. ①彭… Ⅲ. ①语文教学－课程改革－研究 Ⅳ. ①H19

中国版本图书馆 CIP 数据核字（2019）第 242603 号

责任编辑：吉正霞 曾 莉 / 责任校对：董艳辉

责任印制：彭 超 / 封面设计：苏 波

科 学 出 版 社 出版

北京东黄城根北街 16 号

邮政编码：100717

http：//www.sciencep.com

武汉市首壹印务有限公司印刷

科学出版社发行 各地新华书店经销

*

开本：787×1092 1/16

2019 年 11 月第 一 版 印张：15 1/4

2019 年 11 月第一次印刷 字数：360 000

定价：98.00 元

（如有印装质量问题，我社负责调换）

彭小明

浙江省二级教授，温州大学“瓯江特聘教授”，硕士生导师，教师教育学院副院长。曾被评为省级教坛新秀、省优秀教师、校教学名师。主持国家、省部、市、校重点课题“新课程改革背景下的写作教学模式研究”等40多项；独著《语文教学专题研究》《语文课程与教学新论》等，作为第一作者合著《论校园文学》《写作学习论》《写作教学模式论》。有100余篇论文在《教育研究》《社会科学战线》等刊物上发表，其中15篇论文被人大复印资料全文复印。获浙江省社科联青年社会科学优秀成果一等奖、省教育厅教育科学成果二等奖、省教育科学规划委员会优秀成果二等奖、省政府教学成果二等奖。现任中国高等教育学会语文教学专业委员会理事、中国小学教师教育委员会常务理事、浙江省高师语文教学论研究会副主任、浙江省写作学会副会长、浙江省小学教师教育研究会副会长。主要从事课程与教学论、语文教学论、写作教学等方面的教学与研究。

语文课程改革与教学的新趋势（代序）

1999 年 6 月，我国改革开放后的第三次全国教育工作会议召开，会后颁布了《中共中央国务院关于深化教育改革全面推进素质教育的决定》，明确提出了要调整和改革我国的课程与教育体制。2001 年 6 月，全国基础教育工作会议召开，又颁布了《国务院关于基础教育改革与发展的决定》，进一步提出了“加快构建符合素质教育要求的新的基础教育课程体系”。同年，教育部正式颁布了《基础教育课程改革纲要（试行）》，启动了基础教育课程改革。2001 年 7 月，《全日制义务教育语文课程标准（实验稿）》颁布。同年 9 月，国家级课程改革实验区正式启动课程改革。2003 年 3 月，经过专家审议和教育部党组研究审定，《普通高中课程方案（实验）》颁布。同年 4 月，《普通高中语文课程标准（实验）》也颁布了。2004 年秋，广东、山东、宁夏回族自治区、海南四省（自治区）部分学校开始了普通高中新课程实验工作。经过几年的实验，实验区发生了深刻的变化。素质教育的思想进一步深入人心，新课程的基本理念在学校、社会得到广泛的传播和积极的实践。统计数据表明，新课程得到了广大教育工作者，尤其是基层广大教师的高度评价。其中实验区教师对语文课程标准满意率达到 96.1%。[1]

总结我国目前基础教育改革的成果与经验，我们认为，我国中小学语文教育将呈现六大新态势：语文课程活动化，语文教材人性化，语文教学对话化，语文学习研究化，语文教师专业化，语文评价多元化。

一、语文课程活动化

我国传统的语文课程以学科课程为主，虽然学科课程有许多优点，但也存在许多缺陷：以科学主义为主导，忽视人文主义教育；以学科为本位，忽视生活经验和学生兴趣；以升学为教育目的，忽视人的全面发展；以教师为中心，忽视学生的主体活动；以课堂为中心，忽视自然、社会和家庭的教育；以讲授为基本教学方式，忽视学习者的主动性、积极性；以机械训练为重要手段，忽视学生整体感悟和体验；以定量、终结性评价为主要形式，忽视定性、过程性评价。如此等等，打击了学生的积极性，抑制了教师的创造性，因此，我国中小学语文教学效率一直不高，教学质量令人不满，长此以往，势必影响我国新世纪人才的培育、民族的振兴。为了改变这一局面，课程专家和一线教师在实践、实验中找到提高语文教学水平的一条好途径——设置“活动课程”，推行“活动教学”，推进语文学科课程活动化。

活动课程本也不是新东西，但在“新课改”中却成了热点、焦点，显示出它强大的生命力。“活动教育”思想源于欧洲文艺复兴时期的人文主义思潮，当时的教育家维多利诺、拉伯雷、蒙旦等以“人性”“人道主义”为武器抨击了“不把儿童当人看”的封建教育，提出了“以儿童身心和谐发展”为核心的教育宗旨，重视儿童的个性、人格和学习兴趣，提倡实物教学、参观、远足和观察，备受人们的欢迎。[2]这种思想经卢梭为代表的自然主义教育家和以杜威为代表的实用主义教育家的发展，到 19 世纪末 20 世纪初，已形成较为成熟的教育理论。特别是杜威的“以儿童为中心”“教育即生活”“在做中学”等教育观念早已深入人心。我国的活动课程、活动教育思想，一方面吸取了中国古代的“行知说”和近代陶行知“教学做合一”、陈鹤琴“活教育”的营养，另一方面接受了西方卢梭、杜威、皮亚杰等的“活动观”和苏联列昂捷夫、达维多夫等的“活动论”的洗礼，在“课外活动”实践的基础上逐渐形成。20 世纪 80 年代，在特别重视“学科课程”教学的基础上，我国有识之士开始大力提倡“课外活动”“第二课堂”“第二渠道”，并在实践中取得了很好的成绩。随着教育理论与实践的发展，课外活动终于被纳入课程计划。1992 年，国家教育委员会颁布了《九年义务教育全日制小学、初级中学课程计划（试行）》，将“活动”调整为“活动类课程”，其地位和作用得到了充分的肯定。2001 年，《全日制义务教育语文课程标准（实验稿）》颁布，“活动类课程”又改为“综合实践活动课程”，作为必修课程列入教学计划。至此，以学科课程为主、以活动课程为辅的新的课程体系已基本形成。由于活动课程、活动教学以“活动促发展”为基本理念，强调尊重学生兴趣、个性和内在需要，强调以学生为中心，强调联系社会、生活和学生实际，重视主体性、自主性以及学生实践能力和创新精神的培养，提倡学生整体素质的发展，其理念切合“新课改”的教育观念，很快被教师吸纳，并付诸实践，活动教学渗透“语文学科教学”的优势逐渐发挥出来，语文学科课程活动化将成为我国 21 世纪中小学教育教学的基本走势。

二、语文教材人性化

“教材”是一个含义丰富的概念，《中国大百科全书》（教育类）这样定义："教材一般有两种解释：（1）根据一定学科的任务编选和组织具有一定范围和深度的知识和技能体系。它一般用教科书的形式具体反映。（2）教材是教师指导学生学习的一切教学材料。它包括教科书、讲义、讲授提纲、参考书刊、辅导材料以及辅助教材。"我们可以把第一种定义看成是狭义的定义，把第二种看成是广义的定义。或者说，教材指教科书是"专指""特指"的；教材指一切教学材料是"泛指"的。这里我们讨论的"教材"属"专指""特指"的教材概念——教科书。

过去，我国语文教材编写存在许多弊病：以学科为中心，缺少综合；以知识为中心，缺少直接经验和即时信息；以逻辑顺序排列知识，很少考虑学生的心理认知规律；教材内容难、繁、偏、旧；教材形式以平铺枯燥的文字呈现为主……一句话就是不考虑学生的心理需求，不重视学生的个性差异，不注意学生直接的生活经验，因而大大降低了教材的可读性，降低了教学效能。《基础教育课程改革纲要（试行）》（以下简称《纲要》）明确要求："教材改革应有利于引导学生利用已有的知识与经验，主动探索知识的发生与发展，同时也应有利于教师创造性地进行教学。教材内容的选择应符合课程标准的要求，体现学生身心发展的特点，反映社会、政治、经济、科技的发展需求；教材内容的组织应多样、生动，有利于学生探究，并提出观察、实验、操作、调查、讨论的建议。"

《纲要》的规定给我们指明了语文教材编写的方向：要以人为本，以学生为中心，走人性化的道路。我们认为，教材人性化是基础教育改革的基本趋势之一，它时刻提醒教材编写者要以人为本，重人性、人情、人道、人生、人格。结合《纲要》的规定，具体地说，人性化的教材注重下面几点：第一，以学生已有的知识与经验为出发点，考虑学生身心特点，有利于学生整体素质和谐发展；第二，倡导知识的综合，主张跨学科、跨领域，反对学科本位主义；第三，教材内容组织呈现应多样、生动，重视学生的兴趣和需要，反对按严密的逻辑序列组织课程，提倡将教材心理化，按儿童的心理序列组织排列知识；第四，教材内容反映社会、政治、经济、科技的发展，具有时代气息，重视学生生活经验、社会即时资讯；第五，有利于学生自主、合作、探究式学习，有利于教师创造性地进行教学，既体现教材的"可读性"，又体现教材的"可教性"。

人本主义教育理论有许多主张值得我们关注，有利于语文教材的人性化。人本主义从心理学出发，主张一切教育都要突出人的本性、尊严、理想和兴趣，强调人的独特性和自主性；主张教育要发挥人的潜能、实现人的价值，要求学生愉快地、创造性地学习；主张人知、情、意、行的统一，强调以完整的人作为教学对象，从个体自身的角度去关注他们的经验世界，关注他们的感情、知觉、信念和意图。[3]人本主义心理学代表人物罗杰斯认为，应该从研究人的需要出发去研究人性，人的情感、动机、志向、态度、价值观，强调“自我实现”“情感”“对他人的关心和尊重”“人际和人类关系”“人类经验”，主张“以学生为中心”，教师是学生学习的向导，解决问题的样板，学习过程的助力，是伙伴、朋友、合作者。[4]所有这些观点都是以人为本，从人的需要、人的本性出发的，是人性化的教与学的理论。我们借鉴这些理论，并将其运用到教材的编制中去，改变教材结构过于强调学科本位的现状，改变教材内容难、繁、偏、旧和过于注重事实性知识及知识的逻辑排列的倾向，加强教材内容与学生生活以及现代社会和科技发展的联系，关注学生的学习兴趣和经验，从学生的差异、个性出发，开发学习者的潜能，培养学生的创新精神和实践能力，提高学生的整体素质。

三、语文教学对话化

《义务教育语文课程标准（2011 年版）》明确指出：“语文教学应在师生平等对话的过程中进行。”“阅读教学是学生、教师、教科书编者、文本之间对话的过程。”由于新课标的积极倡导，课堂教学的对话化已成为中国语文教育的发展趋势。

对话理论成为中国教育发展的基本走势，与当今世界的政治、经济、文化等方面的主流趋势不无关系，从国际所寻求的合作到人与人之间的交流，对话不仅是人们在努力达成目标时所运用的一种有效途径，更是人们试图达到的一种理想境界。什么是“对话理论”呢？据考，对话从发生学的角度看，最早可追溯到古希腊以及中国古代的春秋战国时期。无论是古希腊的“苏格拉底对话”还是中国古代的“百家争鸣”，对话既是当时学者的一种思维方法，同时也是学者之间进行学术研讨、思想交流和感情沟通的主要方式。但作为一种理论，对话是由海德格尔奠基并由伽达默尔创造的哲学解释学的一个重要范畴。在西方哲学家眼里，对话被赋予了“存在论”的意义，他们认为，人与人（人与社会）、人与自然之间的关系应该是对话的关系。[5]后来经苏联文艺理论家巴赫金的发展，“对话论”逐渐成熟。巴赫金说：人是作为完整的声音进入对话的。不仅以自己的思想，而且以自己的命运，自己全部个性参与对话。[6]对话理论被引入教育教学是新近的事，但它一进入该领域，就表现出极大的适应性和发展性，在国际教育理论界、教坛实践中广为流传。“对话论”教育观认为，教师和学生应为两个既相对独立又互为存在和发展的主体，而不是平时人们常说的“学生为主体，教师为主导”，师生在教学上的关系表现为“主体间性”。这个观念不但突出了教师的主体性、主动性，而且也突出了作为教育对象——学生的主体性、主动性。

在语文教学中如何才能运用好对话理论呢？我们认为，第一，对话的前提是平等，没有平等就没有对话。郑国民说：对话理论本身蕴涵着平等观念的价值预设。在对话者的视野中，自我与世界处于平等的关系之中，即承认对话双方的主体意义和价值并保持平等状态。对话理论追求的是一种介入双方互为主体的关系，在以互相关联、自主、独立、富有意义的对话的基础上通过双方的创造达成各自的完善和满足。[7]第二，理解是对话的关键要素。李燕认为，对话通过语言进行，对话中每个人思想的转换、精神的扩展与丰富，都需要以理解语言所表达的意义为前提。而且理解又是受教育者形成关于自身知识和生活智慧的基础，理解还最大限度地整合了自我与世界的关系，最大限度地冲破了个体发展的局限，在客观上为个体提供了更多的可能性，从而更完整地塑造了自我。[8]第三，对话论要求我们在教育教学中更加重视学生的学习行为，特别要重视学生的实践活动、情感态度、感悟体验。因为对话关注的是学生的个体、个性、人格，以及学生的学习过程，这一点正好与“新课标”三维目标设计暗合。

四、语文学习研究化

中国学生传统的学习方式是“接受式”学习，教师讲、学生听，天经地义。这一学习方式有许多优点，如教师传授知识具有系统性、高效性、示范性，学生获得知识也同样具有高效性和系统性。但这种灌输式教学缺乏民主性，不适合现代社会要求“平等对话”的政治理念，并且这种学习方式主要适合“学科课程”的学习，不适合“活动课程”和“潜在课程”，因此被动的接受式学习应转变为主动的研究性学习，这是《基础教育课程改革纲要（试行）》所极力提倡的学习模式，《全日制普通高级中学课程计划》及新颁布的各学科“课程标准”都把研究性学习列入学生的必修课程。研究性学习在学校已蔚然成风。

研究性学习是与接受式学习相对立的一种学习方式，它强调主动探究，自觉学习，提出问题、分析问题、解决问题。它要求学生在教师的指导下、在具体的学习情境中，选择研究专题，主动获取知识，提高能力，最终达到素质整体发展的目的。

有学者认为，农业社会适合接受式学习，因为教育的目的是培养少数统治人才，所以学习者通过大量的诵读、记忆、模仿、操练来习得和掌握知识。“有意义的接受式学习”适应工业社会，因为近代工业革命促进科学技术不断发展，工业发展需要大量的技术工人，“开发民智”成了教育的任务。从受教育者的角度讲，要掌握科学文化知识，就必须对知识内容有比较清楚的了解，学校教育逐渐形成了以教师讲授为主，结合提问、讨论、练习为特征的各种教学形式。研究性学习适合后工业社会时代。这个时代信息技术突飞猛进，知识经济初见端倪。为了大量获取信息，受教育者必须学会主动获取信息、处理信息、创造信息，这就是研究性学习的本质。[9]

在学校，学生如何进行语文研究性学习呢？首先，师生都要确立研究意识，带着问题教和学。学生在教师的指导下，以类似科学研究的方式去获取知识和运用知识。这是研究性学习最基本的特征。其次，在语文学科教学中穿插专题研究方法，在课堂教学中渗透研究性学习。最后，开设语文综合实践活动课，专门设置研究性课程。综合性实践活动是由国家设置，由地方和学校实际开发的新型课程。国家《中小学综合实践活动课程指导纲要》规定，从小学三年级到高中三年级每学期都要独立设置综合实践活动课程。这种课程主要包括信息技术教育、研究性学习、社区服务与社会实践，以及劳动与技术教育四个部分。其中研究性学习是基础和重点，这一方式渗透于综合实践活动的全部内容之中。另外，信息技术教育、社区服务与社会实践，以及劳动与技术教育也是研究性学习探究的内容。

语文研究性学习要落到实处，就要有规范的操作步骤。一般而言，它有以下八个环节：一是确定研究课题，提出所研究的问题；二是就所研究的问题对前人的研究进行总结与分析；三是形成研究假设，预测研究结果；四是做研究设计；五是收集资料；六是分析资料；七是形成结论与建议；八是提出本研究存在的不足之处，指出下次研究的方法和改进措施。

五、语文教师专业化

顾明远指出：21 世纪是一个学习化时代，教育工作的重心不再是教给学生固有的知识，而是转向塑造学习者新型的人格。学校教育的根本任务在于使学习者学会如何学习，学会如何工作，学会如何合作，以及学会如何生存。因此，教师的知识与观念的自我更新便显得比以往任何时代都更加急迫了。[10]20 世纪末，学校教育质量普遍降低，教师地位也在下降。在这样的背景下，教师职业专业化被提到日程上。

什么是教师职业专业化？一句话就是要把教学作为“专业”，把教师视为“专业人员”，像律师、医生一样。澳大利亚学者凯米斯从“教师自主”的角度提出“专门职业”的三个显著特征：其成员采用的方法与程序有系统的理论知识和研究作为支持；其成员以顾客的利益为压倒一切的任务；其成员不受专业外势力的控制和限定，有权作出“自主的”职业判断。也就是说，教师职业要专业化，教师就要有系统的理论作为基础，要以学生为“上帝”（顾客至上），要有“自主的”职业行为。而这三点，是我们教师远远没有做到的。有些教师素质不高，缺乏“终身学习”的观念，已有的知识已十分陈旧，急需更新；有些教师由于把自己的工作视为“职业”

（“重复”某一行业的基本操作行为，并不需要过多的“心智”劳动），简单“重复”自己的工作，成了一个典型的“教书匠”。为了改变这一局面，我们要顺应自20世纪80年代以来，教师职业专业化的国际潮流，努力重构师资队伍，用教师的专业化来实现教学的专业化，从而提高教育质量。

如何进行语文教师职业专业化呢？首先要定出标准。英国教育家霍勒教授认为，教师专业化要达到六条标准：履行重要的社会服务、系统知识训练、持之以恒的理论与实践训练、高度的自主性、经常性的在职进修、团体的伦理规范。[11]从我国语文教育实际出发，我国教师专业化首先须做到三点：第一，要有一定的“专业精神”，即为学生服务的理念、自主创新的意识、规范的职业行为和道德。第二，要有扎实的“专业理论”。这是教师从教的前提条件，教师不但要学好《教育学》《心理学》《教学论》等课程，更要学好自己的专业课，并且知识面要广，要不断拓宽自己的视野，成为一个名副其实的“杂家”“专家”。第三，要具备较好的“专业技巧”。教师要有从教的基本能力和技巧，如组织管理能力、合作交往交际能力、科研能力、语言技能、板书技能、演示技能等，这是教师专业化最基本的要求。

20世纪末，我国基础教育开始了轰轰烈烈的改革，教育理念、教育对象、教育内容、教育环境等都发生了巨大的变化，教师要顺应时代要求，不断“继续教育”“终身学习”，不但要争取在职进修，更要系统自学、试验、改革，提高自己的业务水平，走教师职业专业化的道路。

六、语文评价多元化

《纲要》指出：要建立促进学生全面发展的评价体系。评价不仅要关注学生的学业成绩，而且要发现和发展学生多方面的潜能，了解学生发展中的需求，帮助学生认识自我，建立自信；发挥评价的教育功能，促进学生在原有水平上的发展；建立促进教师不断提高的评价体系；强调教师对自己教学行为的分析与反思，建立以教师自评为主，校长、教师、学生、家长共同参与的评价制度，使教师从多种渠道获得信息，不断提高教学水平。语文教育评价的“多元化”是“新课改”的基本理念和基本要求。

所谓语文教育评价，就是指在系统地、科学地、全面地搜集、整理、处理和分析教育信息的基础上，对语文教育的价值作出判断的过程，目的在于促进教育改革，提高教育质量。所谓语文教育评价多元化是指语文教育评价主体的多元化、语文教育评价目的的多元化、语文教育评价内容的多元化、语文教育评价方法的多元化、语文教育评价功能的多元化。

（一）语文教育评价主体的多元化

我国传统的教育评价主体是单一的，那就是教师。“新课改”强调评价主体不是唯一的，评价主体与被评价者也不是固定的角色，他们可以换位。当评价教师的教学情况时，社会（包括上级行政部门、家长、用人单位等）、校内领导、专家、同行、学生等都可能成为评价的主体，而教师则是被评价者；当评价学生的学习情况时，评价主体可以是教师，也可以是学生自己或同伴、家长、社区社会人员。这种强调评价者与评价对象关系上的平等、理解、互动，体现了以人为本的主体性评价的价值取向。

（二）语文教育评价目的的多元化

教育评价的目的不仅仅是考查学生实现课程目标的程度，教育评价更是为了检验和改进学生的学习与教师的教学，改善课程设计，完善教学过程，从而有效地促进学生的发展。过去我们过于强调评价的甄别和选拔功能，挫伤了学生的积极性和教师的创造性。我们要实现教育评价的多元化，不仅仅要强调甄别和选拔功能，更要强调评价的诊断、检查、激励、反馈和发展等多种功能。评价目的的多元化要求教师通过评价了解学生的学习过程和学习状况，准确判断学生的学业水平与发展需求，激发学生学习的兴趣和热情，并在此基础上提出有针对性的发展建议，同时反思自己的教学行为，不断调整和完善教学过程，促进自身发展。

（三）语文教育评价内容的多元化

教育评价既要重视学生知识的建构过程，评价学生运用知识分析问题、解决问题的综合能力，同时又要评价学生在学习过程中的情感、态度和价值观问题，从而激发学生学习的兴趣，陶冶学生的情感。

（四）语文教育评价方法的多元化

据《教育评价与测量》一书分析，评价涉及范围广、内容多、门类繁富：按评价范围分类，有宏观评价、中观评价、微观评价；按评价内容分类，有条件评价、过程评价、成果评价；按评价基准分类，有相对评价、绝对评价、个体内差异评价；按参与评价的主体分类，有自我评价、他人评价；按评价的时间和作用分类，有诊断性评价、形成性评价、终结性评价；按评价的方法分类，有定性评价、定量评价；按评价对象的复杂程度分类，有单项评价、综合评价。[12]我们可根据不同环境、不同对象、不同学科、不同功能，有针对性地选择不同的评价的方式方法，以求尽可能地发挥评价功能，促进学生全面发展。

（五）语文教育评价功能的多元化

前面提到了评价功能是多元的，既有甄别、选择功能，也有诊断、检查、激励、反馈、发展功能。我们要根据测试、考查、评估的不同功能去选择不同的方法，如测验法、观察法、面谈法、自我评价法、问卷法、档案袋法、苏格拉底式研讨评定法，以求达到不同的目的，促进学生素质的整体提高。

综上所述，“新课改”后，我国语文教育将发生革命性的变化，主要表现在学科课程的活动化、课程教材的人性化、课堂教学的对话化、学生学习的研究化、教师职业的专业化和教育评价的多元化。作为教育工作者，我们要把握时代的脉搏，顺应教育发展的趋势，与时俱进，参与课改实验，不断提高自己的素养。

彭小明

2018 年 9 月

参考文献

[1] 王湛. 巩固成果开拓进取深入开展基础教育课程改革的实验与推广工作：在全国基础教育课程改革工作座谈会上的讲话（摘要）[J]. 福建教育（A 版），2004，(1)：1-4.

[2] 田慧生，李臣之，潘洪建. 活动教育引论[M]. 北京：教育科学出版社，2000：14-15.

[3] 范邱哲. 教材设计导论[M]. 北京：高等教育出版社，2003：46.

[4] 巨瑛梅，刘旭东. 当代国外教学理论[M]. 北京：教育科学出版社，2004：91-94.

[5] 李淮鼎. “对话”三题[J]. 中学语文教学参考，2003，(3)：7.

[6] 巴赫金. 诗学与访谈[M]. 白春仁，顾亚铃，译. 石家庄：河北教育出版社，1998：378.

[7] 郑国民. 语文课程改革研究[M]. 北京：北京师范大学出版社，2003：30.

[8] 李燕. 对话：教育交往的合理阐释[J]. 济宁师专学报，1998，(12)：1.

[9] 张肇丰. 试论研究性学习[J]. 课程·教材·教法，2000，(6)：1.

[10] 顾明远，孟繁华. 国际教育新理念[M]. 海口：海南出版社，2003：1.

[11] 顾明远，孟繁华. 国际教育新理念[M]. 海口：海南出版社，2003：195.

[12] 金娣，王刚. 教育评价与测量[M]. 北京：教育科学出版社，2002：9-19.

目 录

第一章
语文新课程改革与新理念

第一节 语文素养

2001年7月颁布的《全日制义务教育语文课程标准（实验稿）》第一次明确地使用了“语文素养”一词：“九年义务教育阶段的语文课程，必须面向全体学生，使学生获得基本的语文素养。”

到底什么是语文素养？它的内涵是什么？它有什么特点？如何培育学生的语文素养？所有这些问题都成了报刊、论作、网络上争相言说的热门话题。

一、语文素养的含义

要解释语文素养一词就得先解释“素养”一词。“素养”，从词素构成上看，应由“素质”和“修养”构成。“素质”一词原本的含义是生理学意义上的，主要指有机体天生具有的某些解剖和生理的特征，主要是神经系统、脑的特征，以及感官和运动器官的特征。但是后来，在“素质教育”中，“素质”的含义已有了很大的拓展，由原来的“遗传素质”“禀赋”扩大为经后天努力形成的“基本品质”。柳斌在“全国中小学素质教育理论与实践丛书”的序中说：什么叫素质？我个人认为指人在后天通过环境影响和教育训练所获得的稳定的、长期发挥作用的基本品质结构，包括人的思想、知识、身体、心理品质等。[1]“修养”在《现代汉语词典》中的解释为理论、知识、艺术、思想等方面的一定水平。它在《辞海》中的解释是：在政治思想、道德品质和知识技能等方面，经过长期的学习和实践所达到的一定水平，如马克思列宁主义的修养、文学修养。从以上解释看，“素质”和“修养”为近义词，原来“素质”偏“禀赋”，“修养”偏“后天培育”，但后来两词均偏“后天培育”，缩为“素养”一词后仍偏“后天养成”。所以，《现代汉语词典》解释“素养”为“平日的修养”，《辞海》解释为“经常修习培养”。具体地说，“素养”就是人通过长期的学习和实践（修习培养）在某一方面所达到的高度。“语文素养”就是语文学科所达到的“素养”，即在语文课程学习的过程中，学生通过识字、写字、阅读、写作、口语交际、综合性学习，内化优秀的语言文化成果，最终在自己身上实现一种新的价值或达到新的水平。

二、语文素养的要素构成

语文素养就是一个人在语文学科中所达到的高度、水平和基本品质。但语文素养具体指哪些“基本品质”？它是由哪些“基本因素”构成的呢？这一点争议很大。

华东师范大学中文系巢宗祺先生在《语文建设》中指出：课程标准所提的语文素养包括字词句篇的积累，语感，思维品质，语文学习方法和习惯，识字写字、阅读、写作和口语交际的能力，文化品位，审美情趣，知识视野，情感态度，思想观念。[2]

杨再隋等编著的《全日制义务教育语文课程标准学习与辅导》认为语文素养的基本点包括：①热爱祖国语文——爱国主义情感的具体体现；②理解和运用祖国语文的正确态度；③丰富的语文知识；④语文能力；⑤培养语感；⑥发展思维能力；⑦良好的个性；⑧健全的人格。[3]

赵福祺、李蔸编著的《语文教学实施指南（初中卷）》将语文素养概括为八点：①语文知识；②语文能力；③语言态度；④语言体验；⑤语感能力；⑥语言积累；⑦语言品质；⑧语言行为。[4]

倪文锦主编的《初中语文新课程教学法》对语文素养做了深入的剖析，认为它主要是由四个层次构成的：第一层次是显性言语行为（听、说、读、写），第二层次是支配言语行为的"智能因素"（语言知识、言语技能、语文感情和语文思维），第三层次是参与和支配这些行为的直接心理因素（语文动机、情感和态度、语文习惯和语文行为意志），第四层次是言语行为的内外背景（言语主体的思想品德修养、文化知识积累、智力水平、人格个性、语言环境）。[5]

另外，王尚文在《中学语文教学研究》中称语文素养为"语文素质"，认为它包括四个方面：①语感；②语文思维；③语文知识；④语文技能。[6]

以上列举的是较有代表性的观点。从以上观点来看，语文素养是一个复杂的、多因素的、多层次的综合概念。我们认为，语文素养有广义、狭义之分。

从狭义上看，它应该是指语文本学科的"基本素质和修养"，它是"人文素养"，但区别于其他人文学科（如历史、哲学、艺术）素养，是语文学科独有的"个性修养"，应该包括语文知识、语文能力（包括语感能力）、语文思维、语文情感、语文习惯与方法、语文态度、语文审美等，如赵福祺、王尚文等人所言的语文素养（素质）。

从广义上看，语文素养包括狭义上的语文素养以及与其有关联的思想品德修养、文化品位、智力水平、人格个性、审美情趣、知识视野和言语社会环境等方面。如巢宗祺、杨再隋、倪文锦等人所言的语文素养。倪文锦主编的《初中语文新课程教学法》把语文素养划分为四个层次是深刻的。我们可以把听、说、读、写看成是语文素养的外层，把语文知识、技能、思维等看成是语文素养的表层，把动机、情感、态度、习惯、意志看成是语文素养的浅层，把思想品德、个性、人格、环境看成是语文素养的深层。这样认识语文素养就更深广、立体。

为了更通俗地解释语文素养，笔者认为可以把它分为四个层面：①语文知识，包括语文陈述性知识（字、词、句、篇、语、修、逻、文）和程序性知识；②语文能力，包括语文基本能力听、说、读、写和语文发展能力，如思考、发现、创新等能力；③语文心智，包括和语文有关的观察、记忆、注意、思维、联想、想象等智力因素和与语文有关的兴趣、情感、态度、习惯、意志、个性等非智力因素；④语文情意，包括与人的言语行为有关的知识视野、文化品位、审美情趣、心理素养和人格、品行、思想修养等方面。

三、语文素养的特征

要真正清楚地认识语文素养，我们还得考察、深究它的基本特征。所谓“特征”，是一事物区别于他事物的基本属性。语文素养与其他素养有什么区别和标志性特点呢？

其一，综合性和整体性。从以上分析可以得知，语文素养是复杂的、综合的、全面的、多因素多层次的。它不但有广义和狭义之分，还有外层、表层、浅层、深层之别。但语文素养是整体的，是统一在一个人身上的基本品质，其各种因素无法割裂、各自为政。对一个人的语文素养也靠整体感知，由此，对一个人的语文素养评价也难以定量，只能“类化”。王富仁指出：所谓类化，就是它只能分出被考核学生的语文素质的类型，而无论怎样考试却不能区分彼此量上的差别。王富仁先生从语文知识能力的角度，这样表述一个学生的语文能力（素养的核心）：一、能创造性地运用所学过的语文知识；二、能熟练地运用所学过的语文知识；三、不能熟练地运用所学过的语文知识；四、基本上没有运用所学过的语文知识进行表达的能力。[7]这是对语文素养在综合性、整体性认识之后正确的评价方式。

其二，基础性和基本性。语文素养是一个人关于语言（言语）方面最基本的素质和修养，它不是专家学者的高深水平和素质，所以其最基本的特征就是“基础性”。可以说，通过九年义务教育和高中的语文学习，中小学毕业生都必须达到这一最基本的要求，即《义务教育语文课程标准》所言的：热爱祖国语文的思想情感，丰富语言积累、培养语感，发展思维，初步掌握学习语文的方法，养成良好的学习习惯，具有适应实际生活需要的识字写字能力、阅读能力、写作能力、口语交际能力，正确运用祖国语言文字。提高思想道德修养和审美情趣，逐步形成良好的个性和健全的人格。

其三，积累性和发展性。语文素养不是“天赋”的，是“后天”长期实践、训练习得的，换句话说，语文素养是在长期言语生活中积累、发展、培育而成的。它也不是一成不变的，它是学生自己主动建构、可持续发展的，它具有发展的“开放性”结构。从这个意义上说，语文素养是学生在语文学习的过程中由学生自己借助语文课程将优秀的语言文化成果持续不断地内化成生命个体的一部分的过程和课程实施后在学生身上生成的某种结果的统一，它的形成不是单纯“教”的结果，更不是一种终结的状态。作为“学生学好其他课程的基础”和“学生全面发展和终身发展的基础”，这种内化的过程始终伴随着学生的语文学习历程持续进行，并不断地提高。

四、语文素养的培育

语文素养是一个人语文方面诸多素质的整合，是语文知识、语文能力、语文情感、语文态度、语文习惯、语文方式，甚至文化素养、审美情趣、人格个性、思想道德等各方面的融合。因此，语文素养的培育也应该是多途径、多方式方法的。可以说，一个人的知识积累、生活阅历、思想理论水平、语言能力、表达技巧等诸因素的提高，都有利于一个人语文素养的提高。那么语文教师如何有意识地培育学生的语文素养呢？

第一，从语言材料积累中提高语文素养。学好语文无非是两条途径，一条是课内，一条是课外。课内，我们要走进“教材”，让学生朗读、背诵、积累、感悟、体验优秀的古今中外名文名篇，培养良好的语感；课外，我们要让学生走出“教材”，走向社会、走向生活，向人民群众学习语言。语文教育是母语教育，社会生活中有取之不尽的教育资源，我们要让学生在母语的环境中，不断积累语言、习得语言机制，自然而然地提高语文素养。而且，语言文字不仅仅是工具，更是人的心灵和生命的活动。语言材料不断积累，就是学生不断接受祖国优秀文化和世界先进文化熏陶感染、潜移默化的过程。每当优秀的语言材料内化成为学生生命个体一部分的时候，学生广义上的语文素养也得到了提高。

第二，从言语实践中提高语文素养。语文课是技能课，是学生学会正确理解和使用祖国语言文字的人文学科。语文课不是“语言学”课，不需要大量系统的语言理论知识学习，却需要大量有计划地进行言语训练、实践。因此，要培养学生的语文素养，就要给学生大量的时间、机会，让学生动手、动口、动脑，在写字、识字、阅读、写作、口语交际中不断优化语文素养。识字，识大量的汉字，不但是阅读写作的基础，而且识字过程本身就是接受祖国文化熏陶的过程。写字，写一手好字，不仅是一个人语文素养的“门面”，而且能在我国传统书法艺术感染中，增强热爱祖国语言文字的思想情感。《义务教育语文课程标准（2011 年版）》指出：阅读是运用语言文字获取信息、认识世界、发展思维、获得审美体验的重要途径。阅读的本质功能是理解文字承载的意义内涵，是接受特定文化的浸润，是与文章作者进行的心灵沟通。阅读是学生的个性化行为，教师不应以“分析”代替，要让学生在朗读、背诵、默读、浏览、精读、研读中不断地接受丰富的人文内涵的影响，不断地提高人文素养和科学素养，逐步形成良好的个性和健全的人格，促进德、智、体、美的和谐发展，为今后的发展打下扎实的“精神底子”。写作是运用语言文字进行表达和交流的重要方式，是认识世界、认识自我、创造性表述的过程。写作能力是语文素养的综合体现。著名的诗人臧克家说：只有学才会写。通过自主写作、自由写作、有创意地表达，不但能提高学生的写作能力，而且能让学生更好地认识世界、认识自我、关注现实、热爱生活。口语交际能力是现代公民的必备能力。应培养学生倾听、表达和应对的能力，使学生具有文明和谐地进行人际交流的素养。按照新课标的要求，根据时代发展的需要，语文教师要努力选择贴近生活的话题，采用灵活的形式组织教学，在具体的交际情境中，不断提高学生的口语交际能力。

第三，在综合性学习中提高语文素养。《义务教育语文课程标准（2011 年版）》指出：综合性学习有利于学生在感兴趣的自主活动中全面提高语文素养，有利于培养学生主动探究、团结合作、勇于创新的精神，应该积极提倡。华东师范大学中文系方智范说：综合性学习正

是这样一种自主、探究、合作的学习方式。它重在学习过程，注重激发学生的创造潜能，能较好地整合知识和能力，尤其有利于在实践中培养学生的观察感受能力、综合表达能力、人际交往能力、搜集信息能力、组织策划能力、互助合作和团队精神等等。所以我们要充分利用现实生活中的语文教育资源，优化语文学习环境，努力构建课内外联系、校内外沟通、学科间融合的语文教育体系。引导学生开展丰富多彩的语文实践活动，拓宽语文学习的内容、形式和渠道，使他们在广阔空间里学语文、用语文，拓宽视野、丰富知识、砥砺能力。[8]基于以上认识，我们可以肯定，综合性学习是提高学生语文素养较好的途径。我们要在语文知识综合运用，听、说、读、写能力整体发展，语文与其他学科沟通，课堂语文学习和实践活动融合这四个方面下苦功，逐步提高学生的语文素养。

第四，从课程资源开发和创设良好语文学习环境中提高语文素养。“课程资源”是指形成课程的要素来源及实施课程的必要而直接的条件。课程资源可分为素材性资源和条件性资源。素材性资源有知识技能与经验、活动方式与方法、情感态度与价值观以及目标等因素；条件性资源有人力、物力与财力，时间、空间与媒介，设备、设施与环境，以及认知因素。另外，课程资源从性质上可以分为学科资源和活动资源，从形态上可以分为课内资源和课外资源，从显现形式上可以分为显性资源和隐性资源。

语文学习环境是语文学习资源，属条件性资源、课外资源、隐性资源。

《义务教育语文课程标准（2011 年版）》指出：语文教师应高度重视课程资源的开发与利用，创造性地开展各类活动，增强学生在各种场合学语文、用语文的意识，通过各种途径提高学生的语文能力。具体地说，语文教师要重视以下课程资源的开发和利用，以求创造良好的学习环境，提高学生整体语文素养：①自然资源（自然形态、人工形态）；②社会资源（祖国、民族、家乡等）；③人文资源（文化世界中的物质文化和精神文化，如建筑、雕塑、绘画、音乐、舞蹈、书法等）；④家庭资源（家长、亲友、家庭文化环境等）；⑤学校资源（图书馆、阅览室、社团、兴趣小组、课外活动等）；⑥社区资源（人才资源、文化艺术馆、文化艺术活动、文化艺术环境等）。

综上所述，语文素养是学生语文方面的基本素质和修养，是一个人在长期的习得、学得中逐渐形成的综合性人文素养品质。这一品质显多层面、复合式，并呈开放性、可持续发展结构形态。它的发展和培育，需要学生自身的努力和教师多渠道、多方面的引导和激励。我们要以“学生获得基本语文素养”为目标，共同搞好语文课程与教学改革。

参考文献

[1] 任顺元. 素质教育论[M]. 杭州：杭州大学出版社，1998：97.

[2] 巢宗祺. 关于语文课程性质与基本理念的对话[J]. 语文建设，2002，(7)：10-12.

[3] 杨再隋，等. 全日制义务教育语文课程标准学习和辅导[M]. 北京：语文出版社，2001：18-19.

[4] 赵福祺，等. 语文教学实施指南（初中卷）[M]. 武汉：华中师范大学出版社，2003：20-21.

[5] 倪文锦. 初中语文新课程教学法[M]. 北京：高等教育出版社，2003：17.

[6] 王尚文. 中学语文教学研究[M]. 北京：高等教育出版社，2002：32.
[7] 王富仁. 语文教学与文学[M]. 广州：广东教育出版社，2006：89.
[8] 方智范. 关于语文课程目标的对话[J]. 语文建设，2002，(增刊)：50.

第二节 语文意识

“语文意识”是新近流行起来的一个概念，追溯其源，最早是语文教育家王尚文提出的。王尚文在《“语文意识”：语文教学的阶梯》一文中指出：“朱光潜先生在《谈文学》中的一段回忆：‘从前我看文学作品，摄引注意的是一般人所说的内容。如果它所写的思想或情感本身引人入胜，我便觉得它好，根本不注意它的语言文字如何。反正语文是过河的桥，过了河，桥的好坏就不用管了。近年来我的习惯几已完全改过。一篇文学作品到了手，我第一步就留心它的语文。如果它在这方面有毛病，我对它的情感就冷淡了些。我并非要求美丽的辞藻，存心装饰的文字令我嫌恶；我所要求的是语文的精彩妥帖，心里所要的字句安排在最适应的位置。那一句话只有那一个说法，稍加增减更动，便不是那么一回事……这样精确妥帖的语文颇不是易事，它需要尖锐的敏感，极端的谨严，和极艰苦的挣扎。一般人只是得过且过，到大致不差时便不再苛求。’我把朱先生的后来这种对如何运用语言文字的自觉关注称之为‘语文意识’。”[1]

那么什么是语文意识呢？要正确、深刻领会理解它，我们还得先看“意识”一词。意识是哲学中的一个基本范畴、重要概念。在中国古代哲学中指“心”“精神”。现代意识一词于西方翻译来，它与“物质”“存在”相对，与“精神”“思想”“思维”“观念”等概念近义。马克思主义哲学认为，意识是指高度发展、高度组织起来的人脑的机能和属性，是人脑对客观世界的主观反映。马克思说：“观念的东西不外是移入人的头脑并在人的头脑中改造过的东西而已。”[2]也就是说，意识是人对现实的反映形式，是客观存在的主观印象，是感觉、是思维等各种心理过程的总和。

意识还有多种解释，医学上指人对自己和周围环境的一种“感觉”。具体地说，意识主要是指人对自身状态的理解水平——自我意识水平，以及对周围环境的理解水平——环境意识水平，也就是人的清醒度和人理解自己与环境的完整度。在心理学上，意识一般指人的自觉的心理活动，即人对客观现实的自觉反映。另外，在政治、经济、文化以及人们交往中，也经常使用意识一词，古汉语中把意识用作动词，指“认知”“感觉”“觉察”，如汉王充《论衡·实知》：“众人阔略，寡所意识，见贤圣之名物，则谓之神。”也有用作名词，指“思想意识”“意向见解”，如《北齐书·王晞传》邢子良与晞兄书：“贤弟弥郎，意识深远，旷达不羁。”平时我们用意识多指“觉察”“感到”，如“我意识到……”等；《现代汉语词典》释意识为觉察；《新华词典》释为“感到”，即通常用法。

以上引用，意识一词概念复杂、意义多样，但有一个共同点，那就是都指人的“精神状态”，可见意识与人的心理、精神有密切的联系。从义项上看，“语文意识”中“意

识”的含义与心理学上的含义更接近，应指一种自觉的心理活动。具体地说，语文意识是指我们在听、说、读、写过程中，对如何运用语言文字正确表达，如何遣词造句，如何布局谋篇的一种自觉的、有意识的心理活动，即对语文的自觉关注。

王尚文为什么要提出语文意识这个新名词呢？笔者认为，王尚文长期从事语文教学与研究，是“语感论”的积极倡导者，著有《语感论》《语文教育导论》《语文教学对话论》等书。他指出：“语文教学的主要任务是培养学生的语感。”何谓语感？“就是社会的人对语言的感觉。”“就是在视听当下不假思索地从感知语音、字形而立刻理解语音、字形所表示的意义的能力。”[3]可见语感是对语言文字的直觉、直接感知、自动化的人的心理活动。语感是“语言的无意识”，而“语言无意识”是“无法用明晰的语言展开教学活动”的，也就是说，语感不是知识，不是技能，无法传授，无法教会。那如何培养学生的语感呢？这是语文教育专家、语文一线教师苦苦思索的问题。现在王尚文给了我们答案，那就是培养学生的语文意识。王尚文在《紧紧抓住“语文”的缰绳》中说：“应把语文意识视为语文教育的阶梯。对提高语文教育的效果而言，这个语文意识一日不可或缺。它就是语文的缰绳。缺少这个意识，语文课就难以上成语文课，就要‘跑野马’。”“现在，在语文教学中，语感的作用已经越来越引起大家的重视。但是怎么培养语感，大家并没有一致的认识。我认为，语感就是语文意识的直觉形式，它就是语文意识不断丰富、提高、强化的结果。语文意识的养成对正确、丰富、敏锐的语感的养成会起到极大的促进作用。”[4]由此可见，王尚文提出语文意识是为培养学生语感能力寻找“阶梯”“缰绳”“抓手”，学生语感能力培养好了，学生的语文素养也就提高了，这是语文教学的根本、终极目标。

那么，如何培养学生的语文意识，从而提高语文教学水平呢？

一、在语文课堂教学过程中培养语文意识

（一）构建有效的语文知识体系

不知从什么时候开始，语文界兴起一股“淡化语法”教学、“淡化知识”教学之风，以为语文教学质量不高是因为“语文知识”造成的，这是极大的误解。作为一门学科，它必定要有系统的知识体系，不然就不成“学科”。结构主义教学理论认为，任何一门学科都有一个基本结构，即具有其内在的规律性。它反映了事物之间的联系，包含了“普遍而强有力的适应性”。不论教什么学科，都必须使学生理解该学科的基本结构，而学科的基本结构即各门学科的基本概念、基本原理和规律。[5]说得通俗点，就是要学生掌握该学科的基本知识，因为这些知识有“普遍而强有力的适应性”，可为今后学习及能力形成起“迁移”作用。钱吕明指出：20 世纪语文教学研究的最大贡献，就是建立了一套语文知识体系，这一套知识体系经过几代人的努力，来之不易，轻易否定是不负责任的。问题的关键是应该用语文知识，而不是被语文知识所用。[6]语文知识教学并没有错，关键是要教有用、有效的语文知识，如程序性

知识、策略性知识等，通过知识训练，达到“迁移”为能力的目的。知识是可教的，语文知识是形成语文意识的必要条件，构建有用、有效的语文知识体系，仍是语文教学研究的一个重要课题，用有效的语文知识提高学生的语文意识、语感、语文素养，也是今后语文教学的一个方向。

（二）强化学生语文学习的“非认知因素”

“非认知因素”，也叫“非智力因素”，它是指人的智力因素（观察力、记忆力、注意力、思维力等）以外的一切心理因素，主要是指人的动机、兴趣、习惯、情感、态度、意志、性格等。语文教学知识、能力很重要，但事实已证明，仅仅重视知识、能力并不能学好语文，要提高语文水平，还得重视学生学习的“非智力因素”，即重视学生的情感、态度、价值观。这一点与《义务教育语文课程标准（2011 年版）》是相符合的。首先，动机是培养语文意识的内驱力。动机是个体需要和学习的诱因，教师通过引导，让学生明白语文的重要性，有利于学生主动、自觉、积极地学习语文。其次，兴趣是培养语文意识“最好的老师”。孔子早就说过：“知之者不如好之者，好之者不如乐之者。”杜威曾十分明确地指出：兴趣是生长中的能力的信号和象征，兴趣显示着最初出现的能力。因此，经常而细心地观察儿童的兴趣，对于教育者是重要的。[7]语文教师要通过翻新教学内容、更新教学方法手段、增加活动机会、激发学生需要和疑问，让学生体验学习成功的乐趣，以巩固学习的动机，改变学习态度，形成良好的学习习惯。再次，习惯是语文意识的直接表现。语文意识形成的过程就是语文良好学习习惯形成的过程。叶圣陶先生早在 20 世纪初就多次提出“教育是养成良好习惯”的观点，他认为教育这个词儿就粗浅方面说，养成好习惯一句话就说明了它的含义。[8]教师工作的最终目的无非是培养学生具有各种良好的习惯。[9]语文学习中预习复习的习惯、阅读课外书的习惯、写日记的习惯、查字典的习惯、勤于练笔修改文章的习惯、自学的习惯等，对提高语文水平有直接的关系。最后，情感是培养语文意识的催化剂。人的成长需要情感，没有“人的情感”，就从来没有也不可能有人对于真理的追求。[10]语文课程的目标就是要培育学生热爱祖国语文的思想感情，使他们具有正确理解和运用祖国语文的能力。

（三）教师起主导作用

语文教师除了运用有效知识、开发非认知因素来培养学生语文意识外，在语文教学过程中还要言传身教，做语言文字使用的“示范者”“榜样”；还要启发诱导、点拨引导学生语文学习；还要反复督促、暗示、提示学生，让学生形成良好的语文学习习惯；还要及时反馈，与学生交流、对话，使学生形成更优化的学习方法，更快、更好地形成语文意识和语感。

二、树立“大语文教育观”，在日常生活中培养学生的语文意识

当代“大教育观”认为，教育不仅仅是学校的课堂教育，更是课外、校外家庭的、社会的非正规、非正式教育。学习也不仅仅是学校的学习，更是学前的、毕业后的终身学习。现代经济飞速发展、知识经济社会初步确立，建立一个“学习型社会”的呼声越来越大。在这样的历史文化背景下，语文教育更要强调开放性的教育、终身化的学习。在日常生活中让学生看电视、听广播、读报纸、上互联网……做一个语言文字学习的“有心人”，有意识地注意“文本”（包括电子文本）写什么？怎么写？为什么这么写？写得怎么样？王尚文认为语文意识关注的是言语本身的物质存在，就是要认真听听它的声音，辨辨它的色彩，掂掂它的分量，摸摸它的“体温”，把它摆在它和整体的关系中，摆在它和语境的关系中反复审观、掂量、咀嚼、玩味，从这里出发走上正确的语文学习之路。[1]只有这样才能形成语文意识，才能形成语感，才能提高语文素养。

综上所述，语文意识是我们在听、说、读、写的过程中，对如何运用语言文字正确表达，如何遣词造句，如何布局谋篇的一种自觉的、有意识的关注。语文意识是培养语感、提高语文素养的桥梁和阶梯。要在语文课堂教学中培养学生的语文意识，就要构建有效的语文知识体系，就要关注学生语文学习中的非认知因素，教师就要起主导作用。我们还要树立“大语文教育观”，在日常生活中培养学生的语文意识。只有这样，我们才能培养学生的语感能力，提高学生的语文素养水平。

参考文献

[1] 王尚文.“语文意识”：语文教学的阶梯[J]. 语文学习，2003，（5）：1.

[2] 中共中央马克思恩格斯列宁斯大林著作编译局. 马克思恩格斯全集（第23卷）[M]. 北京：人民出版社，2006：24.

[3] 王尚文. 语文教育学导论[M]，武汉：湖北教育出版社，1994：62，67.

[4] 王尚文. 紧紧抓住“语文”的缰绳[J].内蒙古教育，2005，（1）：24-25.

[5] 巨英梅，刘旭东. 当代国外教学理论[M]. 北京：教育科学出版社，2004：33.

[6] 钱吕明. 语文意识：通向语感的阶梯[J]. 语文教学与研究，2004，（3）：1.

[7] 赵祥麟，王承绪. 杜威教育论著选[M]. 上海：华东师范大学出版社，1981：10.

[8] 叶至善. 叶圣陶集（第11卷）[M]. 南京：江苏教育出版社，2004：93.

[9] 叶至善. 叶圣陶集（第25卷）[M]. 南京：江苏教育出版社，2004：2.

[10] 中共中央马克思恩格斯列宁斯大林著作编译局. 列宁全集（第20卷）[M]. 北京：人民出版社，1985：255.

第三节 语 文 活 动

“语文活动”，又称“语文实践活动”，是语文教育内容的一个重要组成部分，是学生学好语文不可或缺的一个重要环节，是培养学生实践能力和创新精神的重要方式。《义务教育语文课程标准（2011 年版）》明确指出：语文是实践性课程，应着重培养学生的语文实践能力，而培养这种能力的主要途径也应是语文实践。语文课程是学生学习运用祖国语言文字的课程，学习资源和实践机会无处不在，无时不有。因而，应该让学生多读多写，日积月累，在大量的语文实践中体会、把握运用语文的规律。[1]

教育要面向现代化，面向世界，面向未来，这就要求我们培养大批具有较高实践能力和创造精神的人才。要培养这样的人才，就必须全面贯彻因材施教的原则，必须提供智力活动的良好环境和进行社会实践的条件。语文活动不受时间、空间、教材内容的限制，可以因时、因地、因人制宜开展。在活动中，学生可以充分发挥自己的聪明才智，动脑、动口、动手，进行创造性思维训练和各种技能训练。可以说，语文活动在培养创造型人才方面所起的作用是学科知识教学难以企及的。所以，“大语文教育”的思想正在被越来越多的语文教师认同并付诸实施[2]。

一、语文活动的特点

（一）开放性

语文活动面向每一个学生的个性发展，尊重每一个学生发展的特殊需要，其目标具有开放性。语文活动是以广阔的社会生活为背景的，其内容涉及社会生活的方方面面，看电影、看小说、听广播、听报告、参观游览等，凡是能学习和运用语文、提高语文能力的都可作为活动的内容，这就决定了语文教育内容的开放性。另外，语文活动可以突破时空的限制，利用广播、电视、报刊、网络等现代化信息传递媒体，及时、迅速地传播新知识，这就使其内容具有开放性。语文活动关注学生在活动过程中所产生的丰富多彩的学习体验和个性化的创造性表现，其评价标准和活动过程与结果均具有开放性。

（二）实践性

语文活动的形式灵活多样，语文活动的时间、地点、方式、规模等，可以根据具体情况灵活安排。可以在节假日，也可以在课后；可以在校内，也可以走出校门，到社会中去；可以是全校性的活动，也可以是班级、小组，甚至个人的活动。语文活动以学生的现实生活和社会实践为基础发掘课程资源，而非在语文知识的逻辑序列中构建课程。

语文活动以实践活动为主要开展形式，强调学生的亲身经历，要求学生积极参与到各项活动中去，在“做”“考察”“探究”等一系列活动中发现和解决问题，体验和感受生活，发展实践能力和创新能力。

（三）主动性

学生自愿主动参加，是语文活动的一个重要特点，也是语文活动的一个组织原则。语文活动充分尊重学生的兴趣、爱好，为学生的自主性充分发挥开辟了广阔的空间。他们自己选择学习的目标、内容、方式及指导教师，自己决定活动结果呈现的形式，指导教师只对其进行必要的指导，不包揽学生的工作。学生是活动的主体，他们可以充分发挥主观能动性，突破“旧框框”，摆脱习惯思维、保守思想的束缚，根据自己的兴趣选择活动项目、活动方式，在充满乐趣的气氛中，在良好的学习状态下，动手动脑，大胆实践，并在实践中感悟体验、探索创造。这对于开发学生智力，培养学生创新精神和实践能力，具有重要意义[3]。

二、语文活动的类型

传统上，可以把语文活动分为四类：

（一）以丰富知识为主的活动

丰富知识，可以组织学生阅读，也可以组织学生听广播、看电视、上网。近年来现代化的信息传递媒体迅速普及和发展，它们所传递的信息及时、迅速，内容丰富、广泛，大大超过了课堂教学。过去，受传统观念的影响，它们被排除在语文教育的范围外，现在，我们应该充分认识到这些媒体的作用，把它们纳入语文教育的轨道。

（二）以训练能力为主的活动

以训练能力为主的活动包括演讲、辩论会、故事会、朗诵会、写日记周记、写读后感、写文艺评论等。此外，可以结合课文阅读或课外阅读进行缩写、改写、扩写，结合实践活动写游记、访问记等来提高学生的写作能力。中学语文教学的主要目标是培养学生的听、说、读、写能力，这些实践活动十分有利于这些能力的培养。

（三）以开发智力为主的活动

语文活动在丰富学生知识、培养学生能力的同时，还应该注意发展他们的智力。这里智力主要是指观察力、记忆力、想象力和创造性思维的能力，可以进行社会调查、文艺创作、语文知识竞赛等。

（四）交叉相融性的活动

交叉相融性的活动是指能把丰富知识、培养能力、发展智力熔于一炉的活动。在语文实践中，开展这类活动，可以更全面地提高学生的语文水平，如办手抄报、小刊物，出墙报、板报，语文游园活动（如猜谜语、对对联、联词联句）等。

我们也可以把语文活动分为三类：

（1）基于阅读文本的活动。

组织学生阅读，阅读课文及有关的古今中外文学作品，特别是名家名作；读中外各种历史文化著作和典籍。在此基础上组织学生开展各种各样的活动，如写读后感、文学评论，举行演讲会、辩论会、故事会、朗诵会等。

写读后感就是看完一本书或一篇文章后就其基本观点或某个问题发表自己的感想。写作要注意紧扣原文，还要联系实际，有感而发；要重点突出，不可面面俱到。文学评论是指对某本书或某一篇文学作品进行评论。这种评论可以是全面的、综合性的，也可是局部的、单方面的，如其中某个人物的性格、某种写法等。就中学生而言，比较适合写局部的、单方面的评论。例如，看了《三国演义》，可以就曹操的性格刻画做评论；读了鲁迅小说《祝福》，可以就作品如何通过外貌描写反映人物命运这点做评论。写文学评论时，除了按议论文的一般要求写作外，还要遵照文学评论的标准，把思想性和艺术性结合起来，进行客观的评价。由于这种活动要求较高，适合于高年级进行。

结合课文阅读或课外阅读举行演讲会、辩论会、故事会、朗诵会。演讲是就文本某个问题、主题、话题表明自己的主张或见解的语言艺术表演形式。演讲要求有明确的主题、严密的逻辑、鼓动的语言，演讲时态度要真诚，表情要大方、自然，切忌矫揉造作。演讲可以搞专题演讲，也可以搞即兴演讲，就目前阅读的作品表明看法。辩论会是就学生对在阅读中出现的一些较大的、有影响有争议的问题、思想进行辩论，如看课外书利大还是弊大？路瓦栽夫人值得同情吗？辩论发言要求观点明确，有理有据，使人信服，语言要简洁、明白、流畅。故事会是深受学生喜爱的一种活动。讲故事要求内容健康，有教育意义，又要生动、有趣，能吸引听众。可以讲文本的故事，可以讲与文本情节有关的故事，更需要讲作者、作家的故事。朗诵会是学习和推广普通话、提高学生艺术欣赏和表达能力的一种极好的方法。朗诵的作品除了要有深刻的思想内容外，还要适合朗诵这种表演形式。可以选择文本内诗歌、散文或小说作品中的精彩片段来朗诵，也可以选择课本外精彩的作品来朗诵。朗诵要注意技巧，吐字要准确、清晰，音调要抑扬顿挫，表情要自然大方，还要注意与听众进行情感交流。

（2）基于学习资源开发的活动。

为了扩大学习资源，可以读一些课外书籍、报纸杂志，组织学生听广播、看电视。上网也是获得知识、扩大视野的一种手段。

为了扩大学习资源，丰富学生的知识，还可以开展各种专题讲座，如语法修辞讲座、写作知识讲座、文艺欣赏讲座、当代文学讲座等。

除了阅读、上网、听讲座，还要养成学生用辩证唯物主义的观点去观察的习惯，了

解自然、社会、生活，把握其本质特征，获取写作素材。观察要有计划，有重点，要边观察，边思考，边记录，也就是用脑、用眼、用手，养成良好的观察习惯，丰富自己的学习资源。

（3）基于社会实践的活动。

语文活动在丰富学生知识、发展学生智力、提高学生认知水平的同时，还应该注意培养学生的语文应用能力、语文探究能力和语文审美能力。为此，可以指导学生开展一些社会实践活动，如观察活动，通过观察人物、事物、环境以积累材料，感悟生活；调查活动，通过新闻调查、案件调查、考古考察、文化研究，介入社会和了解社会；访谈活动，采访先进人物、著名人物、问题人物、特殊人物，与平常人物谈话等了解人、理解人，学会交际交往，树立正确的世界观、价值观和人生观；社会活动，通过单位见习、企业实习、社会实践，宣传国家政策、社会公德，体验生活、服务社区、服务大众；劳作活动，指劳动生产、设计制作、工艺手艺、养殖培育、修理、家政、义工、测绘等活动形式；实验活动，通过科学实验、科技试验、科学研究、课题研究、问题解决等形式树立科学意识、学习科学知识、培养科研能力、发展科学素养，提高自己的实践能力和创新水平[4]。

三、语文活动的组织形式

语文活动可依其内容及其他具体情况的不同而采用不同的组织形式。

（一）大组活动

大组活动即以学校或班级为单位的活动。这种活动形式可以在较短的时间内组织较多的学生参加，影响和教育面广，在语文活动中被广泛采用，如举行各种讲座、报告会、文艺晚会，组织参观访问、作文竞赛等。开展这种群众性的活动，一定要做好充分的组织准备工作。例如，进行全校性的作文竞赛，由学校或教研组指定几位教师负责，出好竞赛题目或确定题材范围，安排竞赛时间。赛后组织阅卷、评选，公布竞赛结果。这些工作，每个环节都必须安排妥当，否则竞赛便不能顺利进行。

（二）小组活动

小组活动或称社团活动，就是将基础水平和兴趣爱好相近的部分学生组织在一起，开展各种内容的语文活动，如朗诵兴趣小组、书法兴趣小组、写作兴趣小组等。小组活动比较灵活机动，能照顾学生的不同兴趣爱好，便于充分发挥各人的特长，是语文活动的重要组织形式。小组活动的人数，可按活动的内容、性质、特点和条件而定，一般不宜过多，对参加小组活动的成员，要有一定要求，主要是看他对这种活动是否有较稳定的兴趣。小组建立后，要有严格的纪律，制定明确的活动公约，并要求小组成员遵照执行；还要推选出有能力、有威信的学生任组长，协助教师组织活动。

（三）个人活动

个人活动也是语文活动的一种形式，这里主要指在家长或教师指导下进行的个人活动。由教师或家长提出任务，个人独立完成，如课外阅读有益读物，寒假搜集灯谜、春联，坚持写日记或周记，为班级小报写稿等。这种活动形式可以更好地培养学生独立学习和工作的能力[5]。

四、语文活动的价值

（一）激发学习兴趣

心理学认为，兴趣与人的活动有着非常密切的关系，它不仅表现在儿童未来活动的准备方面，表现在对正在进行的活动的推动作用方面，也表现在对活动的创造性态度的促进作用方面。学生的学习兴趣直接影响其学习的积极性和创造性。古代教育家孔子在《论语·雍也》中说过：知之者不如好之者，好之者不如乐之者。没有学习兴趣，青少年的学习活动是很难深入、持久地开展下去的。青少年正是长身体、长知识的时候，求知欲强，兴趣广泛，他们希望吸收更多的知识，掌握更多的技能，也希望有更多的施展才能、表现自我的机会。语文活动正好能满足他们的要求，让他们亲自去探索，去发现，去创造，去体验成功和失败。这种体验，既是青少年的心理需求，也是兴趣的激发力。他们在活动中不断加深这种体验，也不断认识客观世界、认识自我，这将大大激发他们学习语文的强烈兴趣。

（二）丰富课程资源

《义务教育语文课程标准（2011 年版）》指出：语文课程资源包括课堂教学资源和课外学习资源，例如：教科书、相关配套阅读材料、其他图书、报刊、工具书、教学挂图，电影、电视、广播、网络，报告会、演讲会、辩论会、研讨会、戏剧表演，生产劳动与社会实践场所，图书馆、博物馆、纪念馆、展览馆，布告栏、报廊、各种标牌广告，等等。自然风光、文物遗产、风俗民情、方言土语，国内外的重要事件，日常生活的话题等也都可以成为语文课程的资源。

那么，如何使这些自然而然地成为语文课程资源呢？那就是语文活动、语文实践、语文生活。“语文学习的外延与生活的外延相等”，语文与生活同在，凡有人交往的地方都有语文，都有语文实践、语文学习。社会生活是语文的源泉，也是语文能力形成的土壤。语文活动可以把语文教育从课堂延伸到学生生活的各个领域，全方位地把语文学习和家庭生活、社会生活结合起来，把传授语文知识和发展语文能力结合起来，把听、说、读、写四方面的训练结合起来，使学生接受整体的语文训练，跨学科、跨领域，开拓课程学习领域，优化语文教育，培育语文素养。

（三）促进全面发展

《义务教育语文课程标准（2011年版）》指出：九年义务教育阶段的语文课程，必须面向全体学生，使学生获得基本的语文素养。语文课程应激发和培育学生热爱祖国语文的思想感情，引导学生丰富语言积累，培养语感，发展思维，初步掌握学习语文的基本方法，养成良好的学习习惯，具有适应实际生活需要的识字写字能力，阅读能力、写作能力、口语交际能力，正确运用祖国语言文字。语文课程还应通过优秀文化的熏陶感染，促进学生和谐发展，使他们提高思想道德修养和审美情趣，逐步形成良好的个性和健全的人格。

语文教育的目的，就是要在语文学习和训练过程中，培养学生高尚的道德情操、健康的审美情趣和民族精神。学科知识教学固然可以通过教材来进行，但它毕竟是不全面的、有限度的。语文学科活动在这方面能起到感知学习难以起到的作用，它可以在不同的场合，用不同的内容、方法融入情感因素，对学生进行思想教育和审美教育，促进全面发展。例如，组织社会调查、社区服务，可以使学生接触社会，感受生活，从中受到感染和教育，促进学生素质全面发展。[6]

五、语文活动的组织与指导

语文活动，有的是在课内展开的，更多的是在课外进行的，而且大多是由学生组织的，但教师不能放手不管。语文教师应该把它纳入语文教学计划之中，加强指导和检查。教师尤其要注意以下几点。

（一）课内教学与课外活动相统一

课内教学和课外活动是学生获得知识、发展智力、提高能力的两个不同渠道，它们是相辅相成、互相促进的。

第一，以课内教学带动课外活动，“得法于课内，拓展于课外”。首先，可以结合课堂教学指导学生进行课外阅读。讲读从长篇小说中节选的课文，可要求学生阅读原著；讲读某个作家的作品，可推荐阅读他的其他作品；教完一篇课文后，还可以介绍题材或写法相近的其他作品，让学生进行比较阅读。例如，教了《分马》，可以要求学生课外看《暴风骤雨》；教了《社戏》《故乡》，可以推荐鲁迅小说集《呐喊》《彷徨》；教了老舍的《小麻雀》，可以指导学生读一读高尔基的《小麻雀》。其次是作文，可以通过对课本范文的分析，指导学生的课外习作。教了《雨中登泰山》，可以要求学生用同样的手法（移步换景法）写一篇游记；教了朱自清的《春》，可以带学生踏春、寻春，指导学生认真观察，然后写一篇描绘春天景物的作文。

第二，以课外活动补充和促进课内教学。语文课在中学教学计划中虽然占课时比例较大，但光靠课内教学，对于学好语文、用好语文来说仍然是远远不够的，还必须利用课外大量的语言实践机会去运用知识、巩固知识，使知识变为能力。课内打基础，课外

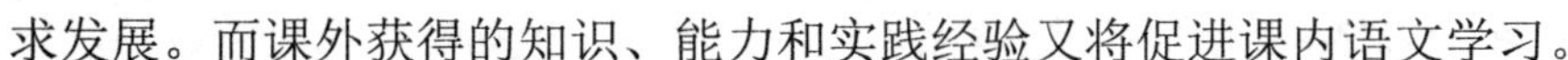

求发展。而课外获得的知识、能力和实践经验又将促进课内语文学习。

第三，通过课外活动，增加学生学习语文的自觉性和主动性。语文课外活动的内容丰富多彩，形式灵活多样，能吸引众多的学生。但不论参加哪种活动，都需要掌握一定的语文基础知识，具有一定的语文能力，而这些知识和能力的获得，又主要靠语文课堂教学这个主渠道。所以，课外活动能使学生充分认识到课堂教学的重要性和必要性，从而增强课堂学习的自觉性和主动性。

（二）全面带动与重点提高相统一

我们在进行语文活动的时候，要面向广大学生，让大家都来参加活动，把语文活动普及化；但在普及的基础上，又要有目的、有重点地培养一些有特长的学生，使他们的个性得以发挥和发展，并通过这些骨干影响和带动全班。例如，为了提高学生的写作能力，可以要求大家都写日记或周记，号召大家都参加作文比赛，还要注意从课内外写作中发现一些写作能力较强的学生，对他们进行重点指导，可以把他们组织成一个写作兴趣小组，指导他们开展活动，鼓励他们多读多写；发现优秀习作，可以鼓励学生向中学生报刊投稿或代其向有关报刊推荐。他们的习作一旦发表，一定会大大激发他们的自信心，激励他们加倍努力，同时鼓舞其他同学，全面推动写作活动的开展。

（三）适合年龄与因地制宜相统一

学生的年龄不同，兴趣、爱好有所不同，知识水平、能力水平也有差别。语文活动的内容、形式必须适合教育对象的年龄特点和知识水平、能力水平，否则就很难扎实、有效地坚持开展下去。初中学生，年龄较小，知识面较窄，各种能力也较差，但他们活泼好动，争强好胜。针对这些状况，可以开展一些容易组织、趣味性较强的活动，如故事会、朗诵会、猜谜语、参观、游览等，还可以结合教学内容开展查字典、朗诵、背诵等比赛活动，开展书法、手抄报展览评优活动等。

高中学生，知识面较宽，能力也较强，则可以进行一些要求较高的活动，如办刊物、演讲、辩论、文艺评论等。语文活动，还受到师资、设备、环境等条件的制约和影响，因而必须从实际出发，因时、因地制宜。例如，农村学校可以组织学生访问各种类型的私营企业主，然后写访问记或调查报告；还可以组织学生搜集整理当地流传的民歌、民间故事等。[7]

（四）学生主体与教师主导相统一

为了使学生在各项语文教育活动中真正得到锻炼，学到实际本领，必须充分发挥学生的积极性和主动性，鼓励他们独立自主开展活动。但教师不能放弃督查疏导，只有做好这项工作，学生的积极性和主动性才能真正调动起来，活动才能扎扎实实地开展。

教师的督查疏导工作主要有如下几方面：首先，要帮助学生明确语文活动的意义、开展语文活动的目的，正确处理实践学习和课堂教学的关系，防止只顾个人兴趣而忽视课堂学习的倾向。第二，要帮助学生做好语文活动的组织工作，从选择活动内容、制定

活动计划到活动开展和总结，给学生当好参谋和顾问。第三，帮助学生及时解决活动过程中出现的问题和碰到的困难，如小组不团结、情绪不稳定、资料不足等。第四，及时做好督查、总结、反思工作，鼓励学生的创造性，表扬进步和成绩，并指出存在的问题和努力的方向。

（五）学校组织与社区支持相统一

语文活动内容多，涉及面广，所以要加强各个方面的联系，相互配合。校内，要争取学校领导、班主任和其他学科教师的支持；校外，要得到家长或社区的配合和帮助，使各方面的教育因素汇成一股教育合力，推动语文教育活动的顺利开展。

综上所述，语文活动是语文教育的一个重要途径，是学生学好语文不可忽视的一个重要环节。语文教学除了学科知识学习外，更要重视学生的语文实践活动。语文活动与其他学科活动相比，其特点、类型、组织形式、价值是不同的，需要教师精心指导。[8]

参考文献

[1] 李臣. 活动课程研究[M]. 北京：教育科学出版社，1998：1.

[2] 田慧生，郁波. 活动教学研究[M]. 武汉：湖北科学技术出版社，1999：1.

[3] 张秉平，薛中国. 活动的特点与组织活动课程的方法[M]. 长春：东北师范大学出版社，1999：1.

[4] 陈佑清. 教育活动论[M]. 苏州：江苏教育出版社，2000：1.

[5] 靳玉乐. 活动课程与学生发展[M]. 重庆：重庆出版社，2001：1.

[6] 梁志顺. 综合实践活动课的理论与实践[M]. 北京：气象出版社，2003：1.

[7] 郭元祥，任香平. 综合实践活动课程的理念[M]. 北京：高等教育出版社，2003：1.

[8] 于年河. 中学语文教材教法[M]. 石家庄：河北大学出版社，1997：1.

第四节 语文对话

对话作为一种重要的活动形式，最早可追溯到古希腊的“苏格拉底对话”和我国春秋战国时期的百家争鸣时代。对话是当时学者的一种思维方式，同时也是学者之间进行学术研讨、思想交流和感情沟通的主要方式。

对话从哲学理论引向教育理论，首推当代巴西教育家保罗·弗莱雷。他在《被压迫者教育学》中充分论述了对话教学的思想。他用“银行储蓄”生动地比喻传统的灌输式教育：教师讲解，进行储蓄；学生接受输入，并存储知识。在灌输式教育中，学生成为知识的容器，被动地接受所处社会的意识形态，失去了人之为人的生命特质——批判意识和创造力量。这种教育导致了教育的“非人性化”。因此，弗莱雷主张用“解放教育观”来代替“储蓄教育观”，用“对话式教学”来代替“讲解式教学”。[1]

语文教学在20世纪经历了由“训诲—驯化型”到“传授—训练型”再到“对话—素养型”的巨变。雅斯贝尔斯说过，训练是一种心灵隔离的活动。教育则是人与人精神相契合，文化得以传递的活动。[2]语文教学呼吁非“训练”而是“教育”的对话教学。王尚文指出：语文学习的本质是一种对话。语文学习，是学习者以言语形式为舞台，通过与文本的对话，或与自己的对话，实现语感图式的同化、顺应，从而提升语感品质，乃至生命的质量，从根本上提高对话能力的活动。[3]

语文对话教学，通过增强对话意识、营造对话环境、确立对话主题、选择对话方式、提高对话技能和评价对话结果等策略，能让学生走进自己的内心世界，走进文本世界，走进作者的世界，从而提高语文素养。

一、增强语文对话意识

语文教学中增强对话意识，是针对传统语文教学观念而言的。我国的语文教学一直重视学生的读和写，后来又加上听和说。听、说、读、写这些外显行为本身并没有错，而是人们对听、说、读、写的性质、功能的认识有错误。“训诲—驯化型”教学把它们当成学生学道明理的途径，而“传授—训练型”教学则把它们当成学习使用语言的知识、技能、技巧的途径。两者都把教学视为单向的授受活动，都不是对话的过程。

所谓对话意识就是师生自觉对话的思想。强化对话意识是我国新一轮课程改革的一大亮点。据统计，在2001年教育部颁布的《全日制义务教育语文课程标准（实验稿）》中，“对话”一词出现两次。一次是在“教学建议”的论述中：“语文教学应在师生平等对话的过程中进行。”另一次是在“教学建议”的“关于阅读”的论述中：“阅读教学是学生、教师、文本之间对话的过程。”在2003年教育部颁布的《普通高中语文课程标准（实验）》中，“对话”一词又出现三处。第一处是在“课程目标”的论述中：“（学生）根据自己的学习目标，选读经典名著和其他优秀读物，与文本展开对话。”第二、三处出现在“实施建议”中：“教师应适应课程改革的需要，继续学习，不断提高自身的素养，在和学生平等对话的合作互动中，取得教学相长的双重效果。”“阅读教学是学生、教师、教材编者、文本（作者）之间的多重对话，是思维碰撞和心灵交流的动态过程。阅读教学中的对话和交流，应指向每一个学生的个体阅读。”新课标中反复强调对话，足见对话对于语文教学的重要性。因此，在贯彻落实新课标的精神时，应尽快让对话理念走进课堂，融入广大师生的灵魂和意识之中。

要树立对话意识，就要求学生和教师的关系是平等的。师生之间的交往，作为一种特殊的对话，理所当然首先要以平等为其根本的基础。人与人之间的关系是平等的，师生之间的关系也应该是平等的。在对话教学中，教师必须意识到这一点，并且培养学生的主体意识，让学生充分参与到对话教学中来。

二、营造语文对话环境

对话教学环境主要是指对话教学开展的场所、教学设施、组织形式和人际关系。语文对话教学环境的创设包括硬环境和软环境两个方面。

语文对话教学的硬环境是语文对话教学赖以进行的、有形的、客观存在的环境。它主要涉及桌椅的摆放、小组的划分、室内上课的环境等。在我们所熟悉的教育环境中，授与受从来都是单向的，传授知识与接受、学习知识似乎是教师与学生在校园和教室里天经地义的分工。知道得多的人把他所知传授给知道得少的人，循环往复，以至无穷。教师站在学生视觉水平线以上的位置不光是为了授课的方便，更是将这种授与受的关系在物理上和心理上固定化。这种布局也限制了学生之间作为个体相互沟通和交流的机会。为改变这一局面，我们在桌椅摆放方面，可以尝试各种形式，如圆形、椭圆形、三角形、马蹄形、对称形等。当然，为了提高对话教学的整体效果，小组还可以采取“异质”的分组方法，就是把学习成绩、能力、性别、个性、家庭背景等方面不同的2～8名学生分为一个小组，便于学生互相学习、互相激发、互相帮助、互相交流与对话。

软环境的建设主要是指支持对话教学的人际关系，以及人际关系中渗透的心理氛围等，包括建立“我—你”的师生对话关系和建构合作型的生生关系。被称为现代对话概念之父的马丁·布伯认为，对话是“从一个开放心灵者看到另一个开放心灵者之话语”[4]。“存在”并非“我”自身所具有，而是发生于“我”与“你”之间，他指出个体“我”不应当把他者视为客体而形成“我—他”关系，而是应当建构平等的“我—你”关系，使人与世界、与他人之间构成平等的相遇，这种“我—你”关系和敞开心怀便被称为对话。“我—你”的师生对话关系，倡导的是“你”中有“我”，“我”中有“你”，但不是互相同化。“我—你”的对话关系意味着师生之间的民主、平等、尊重、信任、宽容和爱。[5]教师不是知识的拥有者和教学的主宰者，而是学习的组织者、促进者；学生是学习的主体，教师在师生之间是“平等中的首席”。教师要尊重、信任和爱护每一位学生，学会倾听学生的话语，把“话语权”交给学生，鼓励学生发表自己的意见。建构合作型的生生关系是建构一种学生和学生之间相互学习、相互合作、平等交流和友爱的关系。合作型的生生关系是对话教学开展的重要保证。它需要教师引导学生形成良好的班级氛围，正确处理合作和竞争的关系，需要多给学生一起学习的机会，使学生理解和体会相互合作、相互学习的意义与价值。

创设对话教学开展的环境是对话教学起始阶段的主要任务，只有努力创设良好的语文对话环境，语文对话教学才能卓有成效。

三、确立语文对话主题

最近发展区理论是由苏联教育家维果茨基提出来的。维果茨基的研究表明，教育对

儿童的发展能起到主导作用和促进作用，但需要确定儿童发展的两种水平：一种是已经达到的发展水平；另一种是儿童可能达到的发展水平，表现为儿童还不能独立地完成任务，但在成人的帮助下，在集体活动中，通过模仿，却能够完成这些任务。这两种水平之间的距离，就是“最近发展区”。把握最近发展区，能加速学生的智力发展。维果茨基的最近发展区，主要是就智力而言的，其实在学生心理发展的各个方面也存在最近发展区。

在语文教学过程中，确立对话主题一般应该考虑三个方面的内容。

第一，根据学生现有水平确立对话主题。按照维果茨基的最近发展区理论，确定对话主题也应该符合最近发展区理论。太浅了，学生已经吃饱，不想再吃；太深了，学生置若罔闻，云里雾里，就会对自己的能力产生怀疑，甚至引起厌学等心理问题。因此，对话主题也一定要让学生“跳一跳，摘到桃”。选择合适的话题和主题，一定要是学生感兴趣的，有所了解的，熟悉的，或者可以查得到相关资料的，但又不是太容易的。语文对话教学的话题应高于学生现有的发展水平，但又不能高于学生可能达到的水平，使学生既能获得问题的解决，但又需要克服一定的困难，这样才能使学生感兴趣，也有利于学生的发展。

第二，根据教材的需要选择对话主题。在“对话”精神的作用下，教师与学生在合作的氛围中进行平等交流，真诚沟通，互相借鉴，各自生成和建构自己的认知。跟传统教学相比，整个教学过程是充满创造色彩的。对话教学的核心是问题，没有问题就没有对话。对话教学的问题不是简单的认识性问题，而是能够启发和促进学生积极思考的教材中要求的重点和难点问题。一个优秀教师应该具备恰当处理教学内容的能力。教师只要能够充分挖掘学科课程资源，寻找并呈现更具教育意义的开放性问题，引导学生参与文本的理解和问题的解决，对话式语文教学就可以得到有效的实施。

第三，在教学情境中生成对话主题。上海师范大学卢家楣教授研究调查发现，优秀教师必须具备七种特殊能力：对教学内容的处理能力、运用教学方法和手段的能力、教学组织和管理的能力、语言表达能力、教育科研能力、教育机智以及与学生交往能力。而其中的教育机智，通俗地说，就是在教学实践中知道如何处理突发事件和问题的能力。表现在语文对话教学中就是教师在特定的教学情境中必须具备处理和回答学生提出的关于语言、文学、文化等方面的一些特殊问题的能力。

四、选择语文对话方式

对话教学理论必须依附于外显的方式才具有可操作性，从而为师生对话建构支架。语文对话教学的实施方式主要有言语型语文对话教学模式和非言语型语文对话教学模式。

言语型语文对话教学模式是指以言语为主要表现形式的教学对话形式，它是师生基于个体经验以及人同文本对话而进行的合作性、建设性的意义生成过程，凸显了教学过程的沟通与合作的本质，体现了师生之间、生生之间的社会交往。言语型语文对

话教学模式的主要形式有：第一，问答式。这种方式是教师在课堂中运用频率最高的教学形式。其理论基础是教师能够设计出引导学生探究真知的问题，并在一定程度上做到有的放矢，但是，从学生角度考虑，他们仍处于被动地位。当然，问答也可以学生问老师答、学生问学生答。对话和理解是双方思想的碰撞，不仅表现为提问和回答，更应是一种交流和讨论、欣赏和评价。第二，启发式。启发式教学是指学生在教师的启发下自主探究，并运用相关知识和经验解决疑惑，攻克难关，从而达到教学相长的目的。启发式教学可以追溯到春秋战国时期，其创始人是孔子。孔子强调教师应当把握时机，对学生进行适度启发，学生则自主学习，独立思考。不愤不启，不悱不发，举一隅不以三隅反，则不复也。在启发式教学中，教师不再过多地干预学生的学习思考过程，而是提供学生独立思考、自由探索的广阔空间和充足时间。第三，讨论式。这种教学形式建立在师生关系平等的基础上，依存于民主、和谐的对话氛围。讨论主题通常是由教师启动，先由学生辐射扩散，而后由师生共同深入探讨。在讨论过程中，学生可以参与对话，发挥主体性作用，使学生的思路得到扩展，让他们学会从多角度来看待问题。

非言语型语文对话教学模式分为理解型和反思型两种。理解型语文对话教学模式主要有教师与文本的对话和学生与文本的对话。教师与文本的对话即“师本对话”，是指教学过程中，教师以其所持有的“成见”为前提对文本进行理解，需要教师有扎实的专业知识、丰富的文化背景和教师自身的效能感等。学生与文本的对话即“生本对话”，这个过程实际上是让学生独立地去体验和感受，通过用自己已有的经验、知识和情感把握文本的意义，在和文本的相互作用中建构文本意义世界的过程。在此过程中，学生永远不停地发生着从简单接受到批判性地理解、从被动接受到主动探究、从认识的审美标准到超越的新的生成的转换。反思型语文对话教学模式是指个体对自身知识经验和外部世界的认识、考察与批判。这里主要是指师生的自我对话。自我对话是人性的一种欲望和需求，他揭示了对话教学的深层含义。为了提高教学效果，教师要对自己的教学态度进行重新审视和检查，要及时发现课堂中出现的问题，分析问题并找到问题出现的原因，并加以改正和提高。在自我对话中，学生是反思者，通过不断地、自觉地对自己的学习方式、认知方式、理解程度、思维过程等方面进行自我认识和自我评价，以及对自己学习进度、学习心理进行自我监控和对教师的观点进行质疑，由被动接受者变成主动探究者。

不管是用什么样的方式对话，必须记住：对话首先是学生与文本的对话，然后才是师与生、生与生之间的充分交流。师生之间采用什么样的对话方法，可以依据对话的教学情境和教学对象的具体特点展开。

五、提高语文对话技能

对话是指教育者与受教育者在相互尊重、信任、平等的基础上，以语言等符号为形

式而进行的精神上的双向交流、沟通与理解。技能是一种在交流主体身上体现出来的心理结构和能力，它是与主体双方的艺术修养、语言经验、气质个性、习尚趣味以及对于文本的独特感受方式结合在一起的。对话技能，就是主体双边交流、交往和对话的一种技巧和能力，包括问答技能、谈话技能、讨论技能、辩论技能等，在语文对话教学中，表现为语文教师用来提高语文教学对话效果、效率的技巧和艺术。

就教师而言，对话教学技能主要包括交谈技能、提问技能和答问技能。首先，交谈技能是指在教学过程中，教师通过与学生语言上的交流与沟通，了解学生，调动学生求知欲望，启发学生思考探究，并和学生一起探讨学习内容的一种教学技能，主要表现为能否选择恰当而适宜的交谈话题，能否有效控制谈话的内容和进程以及巧妙地结束交谈等。其次，提问技能是指提出问题的能力。提问可分为记忆型提问、了解型提问、理解型提问、评价型提问和运用型提问。提问有化解重点难点、获取反馈信息、增进师生交流、启发学生思考和发展口语交际能力等作用。教师提问可以直问、曲问、追问、设问和反问，提问时要面向全体，因人而异，把握好时机。最后，教师可以据需答问，也可以因人答问、依境答问。《学记》云：善待问者如撞钟：叩之以小者则小鸣，叩之以大者则大鸣；待其从容，然后尽其声。

对话是一门艺术。在对话教学中，学生很容易偏离主题，如何把它收回来？当对话主题深入不下去时，又如何引导深入？教师应该有一种随场发挥的能力，主题偏离了，要及时引导学生回归主题；主题冷了，气氛不活跃了，要鼓动激励，营造热烈的气氛；主题无法深入，要暗示、提示，让学生慢慢领会、探究，直至得到最终的答案。

在对话中要不断地提高学生和教师的对话技能。对话节奏不要太快，太快了，会影响理解；也不要太慢，太慢了会让学生失去对话的兴趣。对话话语不要含糊其词，含糊其词是思维不清的标志；对话语调不要类似发牢骚，牢骚语气是一种自我放任的心理流露；对话声音不要太高太刺耳。不要用一种专横的方式对话，这意味着固执己见、高傲无理；不要用一种做作的方式“对话”，这是一种害羞和不成熟的写照。快乐的对话是诚挚自然的、饱含着信心与智慧的，隐含着一种轻松的微笑。

六、评价语文对话结果

评价，作为一种活动，渗透在人类生活的各个方面。评价的核心是建立在某些准则和价值标准之上的价值判断。教育评价的主旨是以目标为中心，通过学习者具体的行为变化来判断教育目标的达成程度。对话式语文教学评价是指对对话式语文教学进行价值判断的过程，即根据对话式语文教学目标，运用科学的评价方法和技术，搜集对话教学各方面的信息，对对话式语文教学活动的价值做出客观衡量和科学判定，以促进教学主体的发展，为教学管理和决策提供指导的过程。我们这里所谈的主要是对对话结果的评价，其实评价也是对话。

对话教学中，教师对学生的评价反馈会影响学生的参与状况。如果教师对于学生提

出的问题不是积极的鼓励，而是反面的抑制或冷嘲热讽，这就必然会挫伤学生提出问题的积极性，不愿意参与到对话中来。同样，当学生回答问题出现错误时，教师的恶意批判也会使学生产生恐惧心理，于是，学生就会小心翼翼，不敢越雷池一步，这也会影响一些学生特别是缺乏自信的学生参与对话教学的热情。

在对话教学中，教师要给予学生积极的评价反馈，使学生体验到自己的价值和意义，产生进一步参与对话教学的热情和欲望。在话语上，教师始终要用鼓励性的评价语，如"你的想法真有创意""你回答得很好""不错，继续努力"等。在眼神表情上，教师也始终要以友善、期待的目光关注学生，微笑的表情面对学生。在行为上，学生回答完问题或发表完自己的意见时，教师可以抚摸学生的背或后脑勺，或者鼓掌表示赞同，等等。这种有声或无声的积极评价反馈会让学生得到鼓励和肯定，建立起自信，进一步参与到对话教学中。

当然，评价反馈其实也应包括师生双向的评价与反馈。学生通过评价反馈，疑问豁然开朗，问题得到解答，则可建构新的知识体系，同时又形成新的疑惑，从而不断学习。教师通过评价反馈，可以及时调整教学过程，改进教学策略，为进一步开展对话教学积累经验。另一方面，通过评价反馈，发现问题探讨中存在的遗漏和失误，学生会重新对问题进行分析，运用相关知识，对问题内容再次理解，并尝试新的解决办法。因此，这一环节在对话教学过程中相当重要。

综上所述，对话就是通过教师的提问、激励与引导，学生自由思考、自由表达自己的疑问和见解而获得知识技能、发展能力与人格的教学方法。教学对话不能单单以形式来判断，关键要看其是否具有对话精神，在教育教学中，对话精神就是理解、启发和平等交流。语文对话教学有助于培养学生自主意识和批判能力，有助于培养学生合作意识和交往能力，有助于培养学生创新意识和探究能力。

参考文献

[1] 保罗·弗莱雷. 被压迫者教育学[M]. 顾建新，等，译. 上海：华东师范大学出版社，2001：1.

[2] 雅斯贝尔斯. 什么是教育[M]. 邹进，译. 北京：生活·读书·新知三联书店，1991：2.

[3] 王尚文. 语文教学对话论[M]. 杭州：浙江教育出版社，2004：21.

[4] 马丁·布伯. 人与人[M]. 张健，韦海英，译. 北京：作家出版社，1992：16.

[5] 张增田. 对话教学研究[D]. 重庆：西南师范大学，2005：50.

第二章
现代教育理论与语文教学

第一节 自然主义教育与语文教学

在传统语文教育中，教师的“强干预”教育、应试的“唯一性”教育、语文的唯“政治思想教育”普遍存在。1997 年的“语文教育大讨论”拉开了语文教育改革的序幕，2001 年《全日制义务教育语文课程标准（实验稿）》和 2003 年《普通高中语文课程标准（实验）》颁布，语文“新课改”正式开始。在此背景下，解除学生的束缚，还学生学习的自由、自主之身成为教育改革的当务之急。在此，自然主义教育理论成为“新课改”的理论支柱之一。

一、自然主义教育理论的产生与发展

自然主义教育理论在国内外都有一个较为长久的发展过程，它备受很多教育家的青睐，了解这个理论的产生与发展的过程将为理解这个理论奠定基础。在此，以几个典型教育家的教育思想为代表，大致介绍一下国内外自然主义教育理论的产生与发展情况。

（一）国内自然主义教育思想

我国的自然主义教育思想最早起源于先秦时期的老子，其自然教育观的核心是“无为”。“为学日益，为道日损，损之又损，以至于无为。无为而无不为。取天下常以无事，及其有事，不足以取天下。”[1]在老子看来，知识和学习都属于“人为”，多一分人为，也就少一分自然，若要求得自然，就必须不断地减少人为的作用，最后才能达到“无为”，也就达到自然。因此，他提出了“越名教而任自然”的自然教育观点。

汉初的黄老之学将“道法自然”的思想创造性地运用到教育上。所谓“道法自然”是指以自然为师，它包含了遵循人的天性和事物发展规律的因素。但黄老之学与老庄道家的“自然无为”有不同之处：老庄的“自然无为”强调任其自然，反对主观上的有所作为；黄老之学反对“自然无为”，强调“无为”中“无不为”的一面，且强调要尊重自然规律，反对盲目行动，发挥人的主观能动作用的积极意义。

魏晋南北朝时，较为典型的是嵇康，他认为教育要符合自然发展的规律，并在《声无哀乐论》中描绘了理想中自然教育的模式：古之王者，承天理物，必崇简易之教，御无为之治。君静于上，臣顺于下；玄化潜通，天人交泰。枯槁之类，浸育灵液，六合之内，沐浴鸿流，荡涤尘垢；群生安逸，自求多福；默然从道，怀忠抱义，而不觉其所以然也。然后文之以采章，照之以风雅，播之以八音，感之以太和。[2]可见，嵇康提倡的教育不是强迫进行的教育，而是根据万物（自然）的本性来进行的教育，人只有在这样的教育下，才能发展得更好。

唐朝时，柳宗元的自然教育观主要体现在《种树郭橐驼传》中。文中有人问主人公

郭橐驼，为什么他种的树“或移徙，无不活，且硕茂，早实以蕃”[3]？郭橐驼回答道：“能顺木之天，以致其性焉尔。凡植木之性，其本欲舒，其培欲平，其土欲故，其筑欲密。既然已，勿动勿虑，去不复顾。其莳也若子，其置也若弃。则其天者全而其性得矣。”[4]柳宗元借郭橐驼的口来阐述自己的教育主张：人的成长是有规律可循的，教育要遵循儿童自然发展的规律，即“顺木之天”，这样才能让儿童得到“硕茂早实以蕃”的结果，也就是“以致其性”。

明清时期，李贽的自然教育观主要表现在提倡“随其资性，一任其道”，主张重视发展学生的个性，在教学中要注意因材施教，让每个学生都得到充分的发展。王守仁也提出“大抵童子之情，乐嬉游而惮拘检，如草木之始萌芽，舒畅之则条达，摧挠之则衰萎”[5]，强调儿童教育必须顺应儿童的天性。

近代中国民主主义教育家蔡元培先生以近代自然哲学为基础提出了“尚自然”“展个性”的教育主张，将中国的自然主义教育推向了顶端，发展到极致。

（二）国外自然主义教育思想

在西方教育史上，古希腊教育家亚里士多德首次提出教育应当“效法自然”，提倡自然教育。他指出：教育的目的及其作用犹如一般的艺术，原来就在效法自然，并对自然的任何缺漏加以殷勤的补缀而已。[6]他认为，人的成长进程的顺序依次是躯体、非理性灵魂和理性灵魂，合理的教育就应当遵循人的这种自然进程，通过体育、德育和智育使人得到多方面和谐的发展。

自亚里士多德之后，在相当长的时间里，自然教育停步不前，文艺复兴时期，培根的出现，才让自然教育观得到一些复苏。

近代捷克伟大的教育家夸美纽斯，其教育思想的核心是教育适应自然。夸美纽斯认为，在自然界中存在着一种起支配作用的普遍法则，他称其为“秩序”或“事物的灵魂”。教学是自然事物的一部分，也要遵循自然的“秩序”。

卢梭是自然教育的一面旗帜，极大地发展了自然教育，其伟大著作《爱弥儿》可以称得上是自然教育的圣书。《爱弥儿》开篇第一句话就是：出自造物主之手的东西，都是好的，而一到了人手里，就全变坏了。[7]卢梭的自然教育的核心是，教育必须遵循自然，顺应人的自然本性。

德国的教育家巴泽多受《爱弥儿》影响，创办“泛爱学校”，第一次使卢梭顺应儿童天性发展的自然教育思想付诸实践。这所学校顺乎儿童天性，废除宫廷生活的服饰和一切陋习，把儿童看成儿童，而不是成人，鼓励儿童的主动性和积极性，以奖励代替体罚。这为当时德国刻板的教育注入了一股全新的活力。

德国古典哲学家康德称赞巴泽多的工作是“快速的革命”，在其《论教育》中主张教育必须重视儿童自然的发展，要求保育阶段应完全让儿童顺应自然。他以花木生长为例，认为“自然”已安放好了各种各样的种子，它们的发展不过是一种合宜的播种和栽培问题。人有许多种子不曾得到发展，教育的责任便是设法使这些种子生长，平均地发展它的各种自然禀赋，这样，种子才能彻底地发展。

对自然教育观的发展起重要推动作用的是瑞士著名教育家裴斯泰洛齐，他非常重视人的天性，要求根据人的天性自然地进行教育，认为教育的目的是促进人的一切天赋能力和力量全面、和谐地发展。

德国教育家福禄倍尔认为，父母对儿童的教育要遵循自然的规律，不要粗暴地干涉儿童的成长。违反儿童本性，急于求成的拔苗助长，是错误的。

19 世纪中叶，德国著名的民主主义教育家第斯多惠也深受卢梭自然教育观影响，强调自然适应性的教学原则，并将其置于首要地位。他说："教学必须符合人的天性及其发展的规律。这就是任何教学的首要的、最高的规律。"还说："你要倾听和遵从自然的声音，准确地遵循自然所指示的道路。"[8]

自第斯多惠以后，自然教育思想虽然有一定程度的发展，但已与教育心理学化思潮融合在一起，成为教育心理学化运动的重要依据。

二、自然主义教育理论的基本观点

自然主义教育理论在我国可追溯至老子，在西方起源于亚里士多德，是开始时间较早、发展时间较长的一个教育理论。它有很多重要的观点，我们主要总结了以下基本观点。

（一）自由的教育

自然主义教育理论的核心就是，强调对儿童进行教育必须遵循自然的要求，顺应儿童天性的发展，反对按照传统与偏见强制儿童接受违反自然规律的所谓教育，干涉或限制儿童的自由发展。自然主义教育理论重视儿童自由的教育，坚决反对压制、束缚儿童的封建的、经院式的教育模式，反对强硬灌输的传统习惯和死记硬背的教育方法，希望儿童能有充分自由的时间和空间，自由地发展自己的潜能。

（二）个性的教育

自然主义教育理论认为，人是有差异的，教育必须尊重人的这种差异，尊重人的不同个性。学生的这种自我个性，就是学生的一种天性，压制学生个性的发展就是违反学生的自然发展，是有违学生自身成长规律的。

（三）"大自然"的教育场所

自然主义教育理论认为，儿童只有在乡村自然、纯朴的环境中接受教育，才能培养和发展人的纯真本性。穷人是不需要接受教育的，因为他们已经从自然的劳动和生活环境中获得了自然的教育，保留和发展了人的纯朴本性；相反，富人却最需要接受自然教育，因为他们所处的环境恶劣，会影响他们本性的发展，只有通过自然教育才能把他们解救出来。虽然这样的观点有一点偏激，但是，从中体现出来的是对大自然的青睐，相比城市，乡村更接近大自然。

（四）“自然人”的教育目标

“自然人”就是完全为自己生活，不依靠任何的社会地位和职业，并且能够适应各种变化的、生活在社会中的人。可以看出，对“自然人”的培养离不开社会，“自然人”的发展要能够适应社会的发展，而不能远离、脱离社会。

（五）“消极教育”的教育方法

“消极教育”就是任何事情大自然都按照自己的方式去教育儿童，成人没有必要去干预，教育会按照自然的方式进行，随着它的步伐前进。当然，“消极教育”并不是放任自流，不管不问。教师对学生要以指导、引导为主，而不是指挥、命令为主。

（六）自然发展的教育进程

自然主义教育理论的代表人物卢梭把人的学习时间和任务，按照人的自然成长规律分成四个阶段：婴儿期（0～2 岁），主要是进行体育教育。这一时期，教育的主要任务是促进儿童身体的健康发育。儿童期（2～12 岁），主要是进行感觉教育。这一时期，儿童的身体活动能力和语言能力都发展了，他们的感觉能力也发展了，但还不适宜进行抽象的概念和文字知识方面的教育。因此，不要强迫儿童去读书。少年期（12～15 岁），主要是进行智育和劳动教育。由于儿童已经受到良好的体育和感觉教育，因而已经具备了进行智育和劳动教育的条件。但是，智育的任务不在于传授系统的科学知识，而在于发展儿童获得知识的能力，激发他们对所学知识的兴趣和热情。青年期（15～20 岁），主要是进行道德教育。现在的学校教育可以参考这个教育进程，对学校教育进行适当改革。[9]

三、自然主义教育理论对语文教育的影响

（一）对课程观的影响

1. 开设实践活动课程

自然主义教育理论强调学生要面向大自然，从大自然中汲取知识，在大自然中成长。同时卢梭也强调，要培养一个“自然人”并不等于把一个人变成野蛮人，不一定要把他赶到森林中去，“自然人”是生活在社会中的“自然人”。由此，我们主张不仅要让学生面向大自然，还要让学生面向社会。应试教育在很多学校占据主导地位，学生每天的活动范围大多只限定在校，学校生活就是学生在学习阶段即成长过程中的全部内容，很多学生不了解学校以外的世界，不了解课本以外的知识，甚至不了解课本中提到的事物在现实生活中的原形，课本中的“死知识”束缚了学生。因此，学校要适当地打开封闭的大门，让学生到大自然中去探索书本上的疑问，让学生到现实生活中去观察社会。学生很多的疑问和不解，在大自然和社会生活中会很容易得到答案，而且学生自己解决这些

问题，会记得更深刻。当然，我们并不支持把学生完全放到大自然中放任不管这种激进的观点，在学校教育中，还是要让学生坐在教室中接受一定的正规教育，对其进行一定的管理。所以，为了解决这样的矛盾，就要设置实践活动课程。

2. 调整课程安排

当前学校，尤其是中学，课程安排得很多很紧，按照卢梭的观点，中学生正处于12～15 岁的少年期，应该主要对他们进行智育。但是卢梭强调的智育并不是对学生灌输知识，而是要激发学生学习的热情和能力。为了让学生能够自然地发展其能力，学校需要对传统的课程安排做出调整。为此，我们提出两点建议：

第一，课程安排张弛有度。学校要真正能够把体育、美术、音乐等能让学生缓解身心压力的课程实施起来，这些课程不要只是课程表上写着，实际上却不上。只有让学生适当放松，才能让学生更好地适应紧张的学习，所以，课程的安排首先要张弛有度，符合学生身体的承受能力，让那些名存实亡的课程重新复活。

第二，开设选修课。课程类型的丰富多样，既能让学生开阔视野，了解更多的知识，又能让学生挖掘自己的特长，发展其个性，这就需要学校开设选修课。学生可以根据自己的兴趣爱好选择课程，而且这些课程不用考试，取消学生的应试心理，让学生在身心放松的情况下，认真审视自己，发展自己被掩埋的潜能，展示自己的个性，这是自然教育所追求与期望的。

（二）对教学观的影响

教学是教师进行实践的途径，在多个实际教学环节中，这里仅选取教学内容和教学方法来研究。

1. 教学内容

自然主义教育理论主张教学内容要能激发儿童兴趣，启发其自觉性和独立思考的能力。针对当前语文教学内容乏味无趣，繁、难、偏、怪等弊端，我们运用自然教育理论的原则对语文教学内容进行如下改革。

第一，教学内容要有趣味性。学龄期的学生还不成熟，不能理性地判断知识是否有用，学生学习知识在很大程度上依赖于知识的趣味性，而非知识的有用性，这是由学生心理发展的特点所决定的。当然，有些知识本身就具有一定的趣味性，学生很愿意去学，也很乐意去学。但是，有些知识本身不具有趣味性，这时，教师就要采用一定的方法使所要教的内容变得有趣起来。例如，教师可以通过讲故事的方式把知识传授给学生，用故事来吸引学生的注意力；也可以通过辩论赛的方式让学生各抒己见；还可以通过做游戏、搞室外活动等形式，让学生在玩中学。

第二，教学内容要适合学生的认知水平。传统教学内容有一些知识偏难偏怪，超出了学生的理解能力，学生学习起来有一定困难，这会使学生对学习产生畏惧心理，从而怀疑自己的学习能力。在改革教学内容时，教师要注意让教学内容符合学生的能力发展水平，过高的提高教学内容的难度，不会使学生有挑战的想法，只会使其畏惧与不解。

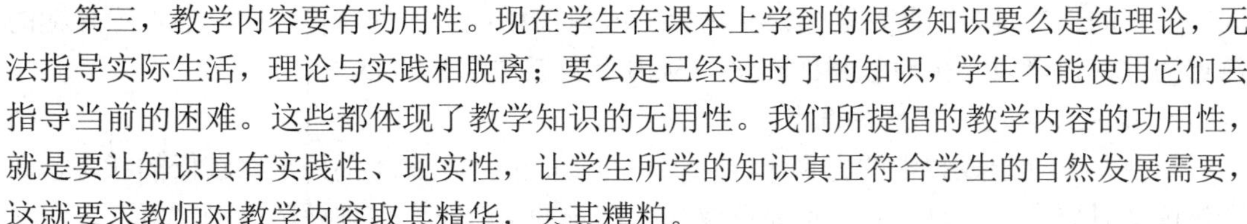

第三，教学内容要有功用性。现在学生在课本上学到的很多知识要么是纯理论，无法指导实际生活，理论与实践相脱离；要么是已经过时了的知识，学生不能使用它们去指导当前的困难。这些都体现了教学知识的无用性。我们所提倡的教学内容的功用性，就是要让知识具有实践性、现实性，让学生所学的知识真正符合学生的自然发展需要，这就要求教师对教学内容取其精华，去其糟粕。

2. *教学方法*

自然主义教育理论反对教条主义的刻板方式，反对填鸭式、说教式及揠苗助长式的教学方法，主张教学方法要符合学生自身发展规律，提倡“消极教育”的教育方法。但是，学生是正在成长中的人，思想、能力的发展都还没有达到一定的高度，“消极教育”还不能完全拿过来用，教学仍需要教师的启发与引导，引导只是自然的引导，而非强硬的带领。因此，我们在借鉴“消极教育”的基础上，提倡自然引导式的教学方法。当然，从自然主义理论基础上，还可以引申出其他的方法，在这里主要讲一下自然引导式教学方法应注意的几点：

第一，教师的教课进度要与学生的思考速度相一致。按照自然主义教育理论的要求，语文教师在对一篇课文进行讲解时，除了按照自己的思路解说文章以外，还要时刻注意学生的反应，看学生是否跟上了自己的思路，若是学生跟不上自己的思路，那教师的讲解速度就要慢下来，以适应学生的反应水平。教师不能只顾自己的讲解而不顾学生的思考水平，一厢情愿地把知识硬塞给学生，让学生被迫跟着教师走，这样只会让学生越听越困惑，甚至导致学生由于听不懂而直接放弃听课。教师的课堂速度提上去了，教学效率却降下来了。

第二，教师要基于学生的思路进行引导。当学生对教师讲解的内容表示怀疑和不解时，教师首先要明白学生的想法，并在理解学生想法的基础上，逐渐引导学生向正确的方向转变，教师要牵着学生的手，把学生从偏执的方向引向正途，而不是直接告诉学生他们的想法是错的，如果没有中间教师的引导这个过渡环节的话，学生就不明白为什么自己的理解是错的而教师的理解是对的，拿着正确答案而不知所措，所以教师要以学生的思路为基础，对学生进行自然的、适当的、符合学生理解水平的引导。

第三，教师对于学生的答案要给予肯定。不管学生理解的对与错，教师对于学生的答案都要支持，因为学生的能力水平有限，对很多事情不可能理解得很透彻，曲解的、错误的答案是不可避免的，这是学生能力的自然展现。教师可以在肯定学生以后，再对学生进行指导，若是教师一开始就无情地否定学生，是对学生自然能力的摧残，会影响学生能力的自然发展。

（三）对教材观的影响

当前，语文教材是饱受学术界争议的，语文教材选文陈旧、单调等问题已经引起很多人的不满，以自然主义教育理论为基础对语文教材选文可以进行以下改革：

1. *语文教材选文要有趣味性*

有趣是学生对课文的第一要求，学生对一篇课文能否集中注意力，很大一部分原因

取决于它的趣味性，因此，语文课文需要一改以前枯燥乏味的风格，选取学生感兴趣的热点为内容，激发学生对教材的热情，从内容上抓住学生的心。

2. 语文教材选文难度要适当

学生是正处于成长中的青少年，见识、阅历、能力水平还都处于比较低的状态，在教材选文时要考虑到这一点，不要选取那些过难的、超出学生理解范围的文章，选取文章的水平要使学生抬起脚就能尽量够得到的。过难的文章会打击学生学习的积极性，使学生产生厌学心理。

3. 语文教材选文要贴近大自然和社会生活

学生现在大部分时间都在学校里，很少有机会去接触大自然，接触社会，如果语文教材的选文也脱离大自然和社会的话，那学生就真的是“与世隔绝”了。因此，教材中的选文要有一定篇数描写祖国的大好河山、自然风光，还要有一定篇数反映现实，紧跟时代步伐，让学生通过课文的学习，可以了解大自然，了解社会。

（四）对教师观的影响

具有不同思想、不同理论的教师会形成不同的教师观，受自然主义教育理论影响的教师，其教师观也产生了一定的变化。

1. 尊重每个学生的差异

首先，教师要因材施教。每一个学生都有他的优点，有他的与众不同之处，这些特点有的外显，有的内隐，有的合乎常规，有的独特，但是，不管是哪一种形式，它们都是存在于学生身上的。教师要运用多种手段去寻找学生身上的这些闪光点，针对学生各自的差异，寻找适合学生学习和发展的方法，因材施教。当然，实际操作起来是比较困难的，教师不可能对每一个不同的学生用不同的方法去教，但是在集体上课教学时，教师要关注每一个学生的不同反应，及时调整教学计划，尽可能地照顾到全部学生，适应每一个学生的学习特殊性。其次，教师要建立多元评价标准。加德纳认为，智能是多元的，包括语言智能、数学逻辑智能、空间智能、音乐智能、身体运动智能、人际关系智能、自我认识智能、自然观察智能等，八种智能同等重要。因此，教师要以多元智力为依据，建立多元的评价标准，针对每一个学生的特点、特长给予肯定性的评价，不要让学生只注重学习，而忽视其他方面的发展。教师要认识到学生的发展是多方面的，学习只是其中的一个方面，在与学生的交往过程中，教师要发掘学生的其他潜力，让不同学生在不同方面找到自信。

2. 承认学生的主体地位

教师在传统应试教育中处于主导地位，具有权威的影响性，但是“新课改”提出要转变教师的这种“独裁”地位，强调教师地位和角色的转换，从而突出学生的主体地位。在教学过程中，学生和教师具有同样的主体地位，教师成为“平等中的首席”，这是符合自然主义教育理论的。学生作为学习的主体，学科教学（当然包括语文教学）对这一点要不容置疑，这是现代社会民主平等思想的体现，是人自身发展的规律，不以任何人的意志为转移。[10]学生同样有权利对自己的学习发表自己的看法，表达自己的言论。因此，在语文教学中，教师要摒弃传统的“一统天下”的局面，给予学生思想的自由，尊重学生的主体地位。当然，自然主义教育理论仍存在一定的缺陷，缺乏一定的实践基础和理论基础，存在不少主观臆断甚至极端思想。但是，自然主义教育理论作为一个相对成熟的教育理论对语文教育是有很大影响的，对于其中的不足之处，我们要适当地摒弃，对其中的先进之处，我们要大胆地采用，取其精华，去其糟粕。

参考文献

[1] 李存山. 国当经典：老子[M]. 郑州：中州古籍出版社，2004：63.

[2] 嵇康. 嵇康集校注[M]. 戴明扬，校注. 北京：人民文学出版社，1962：221-222.

[3] 柳宗元. 柳宗元选集[M]. 吴文治，选注. 北京：人民教育出版社，1998：109.

[4] 柳宗元. 柳宗元选集[M]. 吴文治，选注. 北京：人民教育出版社，1998：110.

[5] 孙培青，李国钧. 中国教育思想史[M]. 上海：华东师范大学出版社，1995：318.

[6] 滕大春. 外国教育通史[M]. 济南：山东教育出版社，1989：290.

[7] 卢梭. 爱弥儿[M]. 李平沤，译. 上海：商务印书馆，1978：5.

[8] 张焕庭. 西方资产阶级教育论著选[M]. 北京：人民教育出版社，1979：352.

[9] 卢梭. 爱弥儿[M]. 李平沤，译. 北京：人民教育出版社，2001：95.

[10] 彭小明. 语文课程与教学新论[M]. 杭州：浙江大学出版社，2009：6.

第二节　人文主义教育与语文教学

传统的语文教学在知识传授上往往过于重视语文的工具性或人文性，对于学生的全面发展是极为不利的：重视工具性，忽视了学生作为个体的存在；重视人文性，忽视了科学对于提高学生知识和能力的作用。我国新一轮的语文教育改革，强调既要重视学生知识传授和能力的培养，又要重视学生人文精神的渗透。

所谓人文主义教育，就是反对把人当成一个“东西”来研究，因为人本身就是一个个活生生的个体，人本身就富有个性。人文主义的目标是学习知识、培养能力与发展人格等同步，做全面发展的人；途径是通过知识的学习来提高能力，通过知识和能力的积累来感染学生，让学生感受其中所蕴含的真、善、美，进而将自由、平等、博爱融入心田。

一、人文主义教育的发展

（一）古希腊、古罗马时期，人文主义教育思想萌芽产生

人文主义教育思想起源于古希腊，并一直贯穿于整个教育史。古希腊的雅典是奴隶

主民主政治，经济繁荣，且教育发展水平较高。雅典的政治制度和经济发展要求把他们的子弟培养成为“身心既美且善的人”，即“雅典的合格公民”。雅典还在教育史上首先提出了“人多方面和谐发展”的教育思想，所谓“人多方面和谐发展”，在希腊时代，主要指一个人在智、美、德、体诸方面都得到充分的塑造。

古罗马时期的教育思想是对古希腊文化教育的传承和发展。其教育的主要目标是将人培养成为善于辞令、精于文学、能言善辩的演说家。雄辩家应具备广博的学识、独特的修辞修养、优美的举止与文雅的风度等，其教育内容有修辞、文法、历史、文学等诸多文雅学科，被称为“博雅教育”（Liberal Education）。

然而，古希腊、古罗马时期，人们对教育的认识尚处于原始混沌状态，人文主义教育集中体现在学科训练、培养全面的人上。[1]

（二）文艺复兴时期，人文主义教育思想逐渐成形

人文主义被明确地提出是在文艺复兴时期。袁锐锷指出，文艺复兴时期的人文主义有两方面的内涵：一是指新兴资产阶级的思想家从事文化活动时所研究的对象，是与宗教神学相对立的、以人和自然为中心的世俗文化；二是指文艺复兴时期的思想家在各个文化领域中贯彻的基本思想是提倡“人”或人道精神。[2]

文艺复兴时期的人文主义教育尊重儿童，以发展儿童的个性，培养全知全能、身心和人格全面发展的人为目标。同时还强调使用新的教学方法，如直观的教学方法，用实物来激发学生的兴趣，发挥学生的积极性和主动性。

文艺复兴前后近三百年，虽然其中的人文主义仍然存在很大的局限性，但它作为当时思想的主流，广泛渗透到西方文化的各个领域，引导着社会和教育发展的方向。

（三）启蒙时期至 20 世纪初，人文主义教育思想遭遇挑战

培根的“归纳法”把科学的理念引进了教育，第一次工业革命促进了欧洲生产力的飞跃。随着工业化的发展，科学发展越来越快，社会也越来越需要科学技术，教育就必须符合这一客观要求，使其培养的人符合经济和科学发展的需要。因此，欧洲的教育由原来的贵族垄断逐渐向平民开放，教学的内容开始重视科学知识，接近生活实际。唯实主义和实用主义对人文主义形成了很大的冲击。这个时期教育的主要目标是培养能为资产阶级创造更多财富的培训工人和职员，教育体现出极强的功利主义色彩，把人异化成没有精神和情感的“机器”。“人”在这一时期的意义是理性的，是逻辑学、符号学概念上的“人”；教育所追求的是高效，而不是学生的成长。

（四）20 世纪下半叶，非理性人文主义诞生

20 世纪下半叶盛行于美国的非理性人文主义是针对科学主义和实用主义的泛滥，使人失去了自由，从而变成机器的奴隶而提出的，它是以人本主义心理学为基础的一种现代教育思潮。非理性人文主义教育观主张从学生的主观需求着眼，帮助学生学习他喜欢而且认为有意义的知识。

非理性人文主义教育与之前古典人文主义教育不同。首先，它更加重视个体本质的生成。古典人文主义主张重视全人类的发展，主张对人实施智、德、体的全面教育；而非理性人文主义则重视人的本质的生成，很少关注人的智、德、体的全面教育，使人自由地生成他自己。其次，由于近代科学的发展并未给人类带来福祉，因而非理性人文主义开始轻视科学；而古典人文主义的知识包罗万象，既有人文知识，也有自然科学知识。

（五）20 世纪后期，科学人文主义教育试图完善人文主义教育理念

在非理性人文主义教育走向另一个极端，受到社会谴责时，联合国教科文组织国际教育发展委员会提出了“科学人道主义”的概念：“科学人道主义”是人道主义的，因为它的目的主要是关心人和他的福利；它又是科学的，因为它的人道主义内容还要通过科学对人与世界的知识领域继续不断地做出新贡献而加以规定和实现。这一观点反映到教育上就是提倡科学主义和人文主义的高度融合，即科学人文主义。

科学人文主义既信奉科学，又崇尚人道。但科学人文主义并不是科学主义和人文主义的简单相加，它对社会和人的发展是极为有利的。

二、人文主义教育思想对语文教育思想的影响

人文主义教育的发展，同时也影响了现代语文学科指导思想的变迁，主要分为三个时期：

（一）唯工具论盛行

语文学科唯工具论的盛行是受到科学主义思潮的影响，即人文主义发展的第三个时期，人文主义遭受挑战。科学主义思潮过度注重分解和抽象描述，高度赞扬理性，重视技术因素，忽视人的情感。它无限地扩大科学主义的影响，认为科学主义是万能的，产生科学主义万能论，认为科学能够解决一切社会问题和人生问题，主张把科学主义应用到所有的学科领域中去。

在科学主义万能论的影响下，语文教育出现了唯工具论，即把自然科学中的理性化方式置于语文教育中。唯工具论认为，语文是学语言的，语言是工具，因此语文也是工具；认为学语文的目的是使学生学会掌握和运用语言文字的能力，忽视了语文教育中的思想文化熏陶，把语文当成一门“技术”来学，把形式上的目的当成根本目的。语文教育工具论表现出对本学科偏执，忽视学生个体的存在；强调知识的系统性、结构性，忽视学生的发展需求；片面强调科技知识的重要性，忽视人文素养的培养。在工具论的指导下，现在的语文教师在对课文进行分析时，往往将文章分解得支离破碎，探讨文章用了多少比喻、多少拟人，用科学的手段来分析文本，强调学生对知识点的把握，要求学生掌握多少，忽视学生的人文素养方面的熏陶，同时也与教育的根本目的和语文教育的根本目的相偏离。无论是教育还是语文教育，其根本目的是促进人的发展，而唯工具论严重忽视了这一点。

正是在这种“生存危机”的冲击下，现代人开始反思、批判语文教育的唯工具论，开始呼唤人文性的回归。

（二）人文性的回归

科学主义在主张科学技术万能的同时，忽视了人自身的发展。科学技术带给人类的一些灾难使世界各国开始对科学主义进行反思，越来越多的人开始提倡人文主义的回归，但人们又走向了另一个极端，即注重人文性，忽视科学，放弃科学对社会的重要作用——新人文主义即非理性人文主义产生。

新人文主义反映到语文中就是语文教育界要求其人文性的回归。吴治中说过：“语文教育人文性是一个古老而年轻的课题，它包含三层意义：一是指汉语汉字中所包含的民族的思想认识、历史文化和民族感情；二是指引导学生开掘汉语汉字人文价值，注重体验汉族人独特的语文感受，学习中华民族的优秀文化；三是指尊重和发展个性，培养健全的人格。概括地说，语文教育人文性就是教人如何做人。”[3]由于科学主义思潮的影响，原本丰富多彩的语文教学变得呆板和沉闷，为了还语文以它原有的面貌，新人文主义教育家极力呼吁语文人文性的回归，希望以此来促进语文这门母语课程的发展。新人文主义融合到语文教育中去，开始注重学生“人”的发展，注重学生德育的发展。然而，新人文主义者想要单凭人文性就把语文引向成功，培养出合格的人是不可能的，因为它摒弃了科学主义，否定了科学的价值，制造了科学教育与人文教育之间的对立。

（三）工具性和人文性的统一

《义务教育语文课程标准（2011 年版）》中提倡“语文学科的性质是工具性和人文性的统一”。这一观点符合当前科学人文主义的思想，是对以上两种偏激教育观的纠正和整合，是对语文学科的正确认识。

有关语文教育的任务，陆俭明教授认为，语文教育一是给学生真、善、美的熏陶和教育，二是培养学生的文学素养，三是让学生掌握恰到好处的语文能力和知识。[4]陆教授说的语文教育任务，前两个方面是指语文的人文性，第三个是说语文的工具性，我们要明确语文的工具性是其基本属性，但是语文教育的目的并不仅仅是教会学生语文能力和知识，而是在此基础上促进学生“人”的发展，培养其文学素养。

学生只有在语文知识的积累达到一定程度时，才能提高其语文能力；也只有在语文知识和能力得到实现和完善时，才能通过感受与鉴赏、思考与领悟、发现与创新等高级思维模式和致思途径，欣赏、感悟到语言文字的美，感受到语文中所蕴含的内容的美。语文教育这两方面的属性是不矛盾的，两者可以很好地交融。《普遍高中语文课程标准（实验）》指出：“工具性与人文性统一”，不是二者机械地相加，也不是简单地融合，二者之间应有一个递进的循环，这个递进的循环就表现在语文课程目标的积累与整合、感受与鉴赏、思考与领悟、应用与拓展、发现与创新的顺序中。[5]

我们把科学人文主义思想应用到语文教育中，就是要以其工具性为基础来促进其人文性的发展。工具性离不开人文性，没有了人文性，工具性就变得毫无意义；而没有了工具性，人文性就很难实现，工具性是人文性实现的基础。

三、人文主义教育思想对语文教育的启示

（一）语文教材改革的人文主义方向

教材是教师传授知识的主要依据，也是学生知识建构的认识客体和学习活动的认知对象，它对于学生和教师人文性思想的建立是非常关键的，因此，我们要认真研究教材，对教材进行开发，制定出符合学生发展需要的教材体系。我国的教材出现过不同方面的改革，但都是小修小补，已经很难适应语文发展的需要，为了促进语文的进一步发展，就要对其教材进行新的改革，以适应当前的发展趋势。

首先，语文教材应尽量选取学生身边的生活，选取学生熟悉、感兴趣的题材。例如，鲁迅的作品《社戏》《从百草园到三味书屋》就很富有情趣，接近学生的真实生活，学生也能从中体会到快乐，从而激发学习兴趣，所以这类文章要多选；而像《纪念刘和珍君》《药》《拿来主义》这类文章则晦涩难懂，读起来毫无生机，远离学生的生活，是特定时代背景下的产物，所以我们要少选甚至不选。教材是给学生用的，所以要尽可能满足学生的需求，符合学生的成长过程。自从“新课改”以来，许多一线教师开始在这方面做出努力，例如，苏教版语文教科书就把学生作品选进了课本，给课本增添了生机和趣味。另外，在“新课改”精神的指导下，校本课程的开发如火如荼地展开，把学生亲身感触的文化吸收进来，能激发学生的兴趣，促进学生不断进步。

虽然我们强调课本要符合学生的需求，关注他们所关注的问题，但这并不意味着要牺牲选材的审美性和思想性。由于年龄和生活阅历的限制，学生对于一些事物还不具有辨别力，他们所喜欢的东西有可能是低俗的、不雅的，所以我们在选材时要考虑到这一点，不要一味地迎合学生，而是要正确地引导学生，使他们转变自己的想法。

其次，我们在考虑选材关注学生、满足学生的同时，还要考虑选材在排列上的系统性和渐进性，排列要符合学生成长的规律。例如，苏教版中采用“模块”来构建知识体系，在关注人文性的同时考虑知识的排列，使其系统化，让学生学习时循序渐进，在知识点不断累积的基础上，逐步提升语文能力和语文素养。

（二）语文课堂教学的人文主义方向

课堂教学是一种双边关系，这种双边关系是指教师和学生的一种互动，而不是教师独自讲授。以往的语文课堂教学中，教师只管教，学生只管学，教师不会去考虑学生是否听得懂，只负责教“书”；学生也不会去思考自己是否理解，只是不停地往脑袋里灌输。长时间下来，学生越来越厌倦语文课，语文学科也很难取得发展。

语文课堂教学的改革，首先是要立足于学生，强调学生的自觉性和个性，使用多种方式来提高学生的语文知识和能力，促进学生“人”的发展，教师不再是主导者，而是

参与者、指导者。在这里，我们注意到这样一个问题的存在：教师为了改变课堂教学，使用了多种多样的手段，如使用多媒体、组织各种各样的活动等，但在考试的压力下，这些手段往往只是流于形式，没有实质性的东西。这样对学生的全面发展仍然是没用的。

学生是灵动的生命个体，有自主性，课堂完全可以成为探讨式、研究式课堂。教师在课堂上要注意引发学生的思考，教师抛出引子，让学生自己进行调查、研究、讨论，并不断获得成长。教师在课堂上要真正做到以学生为中心，教学方法和教学手段适应学生发展的需要，而不是学生被动地来适应教师教什么和怎么教。教师要通过课堂教学改革激发学生的积极性，使他们成为知识的探索者和创新者。

其次，我们在语文课堂教学时还要注意到，课堂教学强调学生的主体性，但并非放任自流。教师要对学生进行积极的正确引导，让学生发表自己的观点和见解；同时，教师要敏感地注意到学生思想中存在的问题，并对其进行正确的引导。所谓“一千个读者一千个哈姆雷特”，可“他还是哈姆雷特”，尊重学生主体，但也要对课本有基本的尊重，这样才不会偏离教学目的，让学生在学习课本基础知识的同时，使其主体意识也不断增强。

（三）师生关系调整的人文主义方向

首先，由于语文这门学科的特殊性，教师对于师生关系的把握很模糊，而师生关系往往会影响到语文教学的效果。语文学科中师生关系的特殊性主要表现在，作为一门人文学科，教师在与学生交往过程中要注重学生的情感，关注学生个体的存在，强调学生的主体性和个性；但同时，语文学科所具有的工具性，使得教师在与学生的交往过程中还要注意使用科学的教育管理方法，完成语文学科的基本任务。

其次，语文学科中的师生关系要求教师时刻关注学生的生活，关注他们的心灵世界，为教学创造一个和谐的环境，促进语文学科的发展。语文不像数学，它本身含有浓厚的人文气息，它应该存在于一种和谐的人文环境当中，所以师生关系的构建应该向着人文主义方向前进，改变过去师生关系冷漠、教学环境紧张的局面。

最后，语文教学的师生关系还要强调教师与学生交往的科学性。教师在对学生关注的同时，要学会使用适当的科学方法，积极引导学生的发展，引导学生的方向，巧妙运用科学手段，促进学生的发展，师生关系也会在这种进步、科学的环境中得到改善。

所以，在处理师生关系时要沿着科学和人文两个方面同时进行，不断融合完善。

（四）教师评价体系的人文主义方向

教师评价体系应该改变过去单一的评价标准，使之多样化，不要以考试分数作为评价学生的唯一标准，而要全面关注学生，欣赏学生的优点，肯定学生的长处，促进学生个性化发展。

首先，语文教育评价体系应该是多元化的。语文含有丰富的内容，如基础知识、写作、朗读能力、口头言语表达能力等。像口头言语表达和朗读通过笔试是无法进行评价的，而它们在日常生活中却是非常重要的。一个学生可能考试考不好，但在这些方面却很优秀，这样的能力对于今后的发展也是很有利的，甚至会成为学生生存的本领。教师

不应该忽视学生的这种能力，教师要促进学生个性的发展，这不仅对学生来说是正确的评价方式，而且对国家来说也是很重要的，它可以为国家培养出一批富有个性的学生，使国家的人才多样化，使我国的教育界充满生机和活力。

其次，语文教育评价还要制定可行的、科学的、能操作的评价体系。语文学科和数学、生物、地理等自然学科不一样，作为自然科学的评价体系，对就是对，错就是错，即使是问答题，其主要观点仍是确定的，可是语文的评价体系有很大的灵活性。语文基础知识部分的评价是可操作的，可是像阅读和作文等的评价则具有很强的主观性，很难有效地实施。例如作文部分，大家都知道诗歌在我国古代是非常流行的一种文学体裁，可是在我们的考试中却对诗歌进行了限制，一般体裁要求都是“除诗歌外”，这是为什么呢？这是因为，诗歌没有很好的可以具体操作的评价体系。另外，像其他题材的作文，不同的阅卷人就会产生不同的感触，其好坏也就不同，所以其评价体系也是比较薄弱的。对于语文教育中存在的这些无法操作的评价体系，我们要制定出科学的、可以执行的评价体系，以促进语文学科的发展。

因此，语文教育评价体系应该是人文性和科学性的有机融合和统一。

人文主义在人类存在的几个世纪中，不断被提出，不断成为教育的主要研究思想，可见它对教育的意义之深远。语文作为教育中的一个分类，自然要受到人文主义的影响，而且在它的影响下，语文教育不断向前发展。语文学科人文精神的回归，形成工具性和人文性并重的局面，这更有利于学科的发展，更有利于培养出21世纪合格的、有健康人格的人才。

参考文献

[1] 陆建平，田金美. 人文主义教育思潮的发展轨迹及现代意义[J]. 山东师范大学学报，2005，50（3）：144-147.

[2] 袁锐锷. 外国教育史新编[M]. 广州：广东高等教育出版社，2016：1.

[3] 吴治中. 人文性——语文的根本属性[J]. 职教通讯，1997，（3）：1

[4] 陈文燕. 论中学语文教学中人文精神的流失与回归[D]. 昆明：云南师范大学，2003：1.

[5] 中华人民共和国教育部. 普通高中语文课程标准（实验）[M]. 北京：人民教育出版社，2003：6.

第三节　后现代课程观与语文教学

19 世纪末，后现代主义思潮犹如一股新鲜的血液注入整个人类社会，为人们提供了一种全新的认识世界的思考方式。其中，后现代主义的课程观强调对传统课程观的怀疑、解构与重构。就语文课程来看，它强调以下几点：

一、语文课程的性质——更强调人文性

在语文教育界，工具性与人文性的争论一直没有停止过。而在以往，工具论一直占

据主导地位。工具论者认为，语文是一门言语交际课程，言语只是一种交际工具，无论从最初的字、词、句的掌握还是文章的段落、层次、结构、主题、写作特点的归纳，都有一个完整的步骤及知识体系。学习这些也只是为了更好地运用语言这种交际工具。从某个角度说，语文学习也是一种理性知识的学习，并且语文学科的发展最终依赖人们对语文教育科学化理性的逐步探索。而后现代主义以反理性的面目出现，对语文的科学化道路不屑一顾，对教材中的解释系统和设计的练习也表示不满，认为不是无味就是烦琐。后现代主义认为，那套所谓的解释体系把经典作品都讲偏讲歪了，讲得味同嚼蜡、刻板无趣，仿佛全世界的作品都可以用反对封建主义、批判资产阶级、同情人民大众诸如此类的词来概括，再加上阶级局限性、消极面，就万事大吉、天衣无缝了。所以，在语文课堂上归纳中心思想、段落大意，划分句子成分等无异于肢解一个美好、完整的客体。后现代主义者认为，语文课就不应该去具体分析课文细节，它更强调一种直觉，一种自由，即更强调语文的人文性；认为语文本是以形象思维取胜，常常是一种感性的认识，应靠感悟来理解而不是如数学课般地分析，感悟应取代技能训练。

《全日制义务教育语文课程标准（实验稿）》中说语文“是人类文化的重要组成部分”，其用意在于指出，作为文化之物则不可避免会含有人的情感、意志、态度和思想观念的成分。然而过去在现代理性主义的影响下，语文最多是“文化的载体”，语文学习是“技术操练”。后现代主义在否定技术主义的同时让我们看到了语文更重要的一面。袁振国在谈到人文教育时引用奥地利哲学家布贝尔在《我与你》一书中的话说，教育的目的不在于传授知识，而在于精神生活的养成。[1]

语文课程是情感化的，强调想象与迁移、审美与思辨、怀疑与批判，强调独特性、意外性、复杂性、创造性，强调培养学生的创新精神。语文课程重视熏陶、感染、潜移默化的作用，不能指望立竿见影。如果像学习数学那样，围绕知识点、能力点做大量的练习，是难以让学生领悟语文丰富的人文内涵的。语文课程应尊重学生在语文学习过程中的独特体验，这是对学生作为人的尊重。这种人文性，不仅体现在“培养学生热爱祖国语文的思想感情”“培养爱国主义感情、社会主义道德品质”“培养学生主动探究，团结合作，勇于创新”“逐步养成实事求是、崇尚真知的科学态度，初步掌握科学的思想方法”等方面，也体现在“要注重继承与弘扬中华民族优秀文化”“理解和尊重多样文化”“认识中华文化的丰富博大，吸收民族文化智慧，关心当代文化生活，尊重多样文化，吸取人类优秀文化的营养”的方面，更体现在“关注人类”“关注自然”“尊重学生的个体差异，鼓励学生选择适应自己的学习方式”上。

二、语文课程的目标——更强调生成性

毫无疑问，语文课应该有目标，但问题是目标由谁来设定？设定的依据是什么？这两个问题涉及谁是课程的主体的问题。很显然，如果依旧按照过去的观点来考虑，那么应该由语文教师根据教材和教学参考书先期设定教学目标。然而，这样是否符

合学生实际是无法顾及的。教师和学生都是课程的主体，课堂教学目标的设定必须是师生共同确定的，唯有如此才能真正做到根据学生的实际情况来设定教学目标。语文教育目标应该是开放的、灵活的；有清晰的一面，也有模糊的一面；有一定的精确性，也有不确定性。例如，积累自己喜欢的成语和名言警句，这个目标有确定的一面——必须积累成语和名言警句，又有不确定的一面——没有规定数量和具体内容。这样的目标，其意义不仅在于它的弹性，更在于激发学生的学习兴趣，体现了以人为本的思想和中国语文的特点。在现代主义课程理论指导下，我们过分追求语文教学目标的清晰和精确，反而不像中国语文课了。

所以，现代有越来越多的教育工作者推崇后现代课程的观点：后现代课程观反对课程目标的中心主义和精确性，提出“去中心化”和“边界松散”等观点。素质和能力是学生本身潜在的东西，教育的目的在于激发这种潜能，而不像传统所认为的那样：学生只是一个空瓶子，所有的一切知识和技能都是外在于个体的，必须强加给个体。因此，语文课程决不能仅限于一些既定的、死板的框架，应注重目标实现过程中的生成性，即多元目标的综合、教学时静态的知识目标和动态的能力目标、过程目标以及隐性的情感态度价值观目标应有机融合，整体推进。语文课程内容的不确定性和多层次性，以及教学对象——学生的个人体验、经历、性格、智商等的不尽相同，使语文课堂时时充满变数，是动态的和不可预先确定的，教师在课前的所有努力都只能是一种准备而不会成为课堂进程的预设模式。教师应主动为课堂设置干扰和有价值的疑问，以“挑起事端”，促进课堂目标的生成并增加课堂的深度与层次，要根据学生的实际和教学的进展情况及时对教学目标进行适当的调整。

三、语文课程的内容——更强调模糊性

后现代课程内容的特点之一是丰富性，“所谓丰富性是指课程内容应该具有适量的不确定性、多种可能性或多种解释”[2]。作为我们母语课程的语文是生活的学科，具有鲜明的实践性。

以学生的阅读和写作为例，阅读文本源于作者的生活实践，教学过程就是对作者生活经验的还原与体悟和对师生生活经验的唤醒与重构；写作则是学生在大量间接生活认知（如阅读）和直接生活体验的基础上，以口头或书面的形式对生活的一种个性化表达。事实上，学生的生活世界是复杂的，体验是丰富的，那么语文课程的内容也理应是不确定的和多重解释的。另一方面，从汉语言与其他国家母语的横向比较看，汉语言更具模糊性和隐喻性的特点。这也为学习个体对语文课程内容的理解增添了不确定性理解的深度与层次。

语言并不仅仅是一种交流工具，任何语言中的字词都含有既定社会中社会关系建构的意识形态痕迹（包括政治、文化等）。语言只有在具体的语境中才有意义，同一字词在不同的语境中也有不同意义，同一句话把字词的顺序变换一下可能意思就有所不同，

甚至语调上的微小变化也可以有无数种理解。汉语言更具有模糊性，不仅表现在语义的模糊性上，而且表现在语法的模糊性上。汉语是具象的、灵活的、富有弹性的。汉字由形、音、义构成，其中“形”是关键。象形、会意、指事、形声都是汉字特有的极富创意的造字方法。汉字组词灵活，常用的汉字只有 3000 多个，却可以组成不计其数、层出不穷的词。词法、句法大体靠意会，没有多少性、数、格的区别。词的组合富有灵活性和弹性。总之，汉语是一种真正从人的思维与表达的需要出发的、以人为本的、没有多少强制规矩的语言。这种语言适合在模糊中求准确，用技术分析的条条框框来对待汉语往往让人尴尬。再加上人们对语文材料的反映又往往是多元的，这使得不同的人，甚至同一个人在不同的时期，对同一个材料完全可以有不同的理解。特别是在阅读文学作品时，汉语言的模糊性表现得更为突出。

四、语文课程的教学——更强调对话性

在语文课堂教学中主要有三种对话。

（一）教师与学生对话

把认识对象作为要解释的文本，解释者之间通过对话，达成对事物的共识。在后现代主义知识观看来，教学就是师与生通过不断对话与反思而探究未知领域的过程。后现代课程理论专家多尔曾集中地表述过一种“互联性”的师生关系，认为教师是“平等中的首席”，在这样的师生关系中，“教师不要求学生接受教师的权威，相反，要求学生延缓对一切权威的不信任，与教师共同参与探究，参与那些学生所正体验的一切”[2]。教学活动中，知识不再是由教师向学生单向流动的，而是需要在共同的学习主题面前，经由教与学的主体在积极的对话中进行思想的冲突、碰撞、交汇，继而融合生成的。对话是师生教育交往的主要形式。[3]

（二）学生与学生对话

学生与学生的知识水平和智力水平基本上没有太大的差别，不同学生对文本意义的理解在范围、程度上均存在差异。对话给学生了解和交流这些差异提供了机会。不同的理解会使每个学生产生内部的认知矛盾，这种矛盾将会引起每个学生内部知识的重新建构。在生生互动性对话中，每一个学生都“彼此拥有他人的片段信息，从而引起同样的情感与经验，产生知识，是‘彼此共振’”。这样的“对话共振”，可以使每一个学生在比较中发现不同于自己见解的观点，获得从多个角度思考问题的机会。这样才会促成新的意义的创造。[4]另外，学生在对话中不仅需要说明自己思考的结果，而且为了说服同伴，往往还同时伴随说明自己思考的过程、方法和策略的强烈欲望。这样，他们在对话互动中，不仅交流了阅读理解的结果，而且交流了取得这些结果的过程、方法和步骤。这种交流会进一步促进学生对自己认知活动的反思。

（三）师生与文本对话

立足于境遇性、流动性、不确定性、主观性的知识观之上，后现代主义者指出，课程与教学活动是师生之间围绕教材这一文本而展开的异常对话和交流的过程。其目的不是要形成学生定论性的认识，不是要拓展学生的知识库存，而是为了维系师生间的这场对话的不断开展和继续。

如果说教师和学生作为个体读者，在与创作文本与教学文本对话的时候，更多的是凝神倾听和揣摩作者与编者的心声，沉浸于自己沉思默想的状态之中。那么，当教师和学生读者，带着与文本初次对话的结果进入课堂，一场多主体、多维度、多层次的阅读教学对话，就有声有色、生动活泼地展开了。他们各自发现的文本的空白不同，各自选取的介入文本的对话策略不同，他们各自的初步理解和存疑也有差异，这些都要在课堂这一共有的对话情境中汇聚、碰撞。他们之间的质询、答疑、赞赏、批判，给语文教学提供了丰富的话题，其中蕴含了重要的教育主题和教学内容。

五、语文课程的学习——更强调非线性

非线性是复杂系统演化的外在特征，是与线性相对而言的。线性是指两个变量之间所存在的正比例关系，在直角坐标系中呈直线；而非线性是指两个变量之间没有正比例那样的直线关系。在物理学中，我们把由线性函数描述的系统称为线性系统，把由非线性函数描述的系统称为非线性系统。对于线性系统，由于其内部作用为线性，所以系统的整体性质就是各子系统孤立存在时性质的简单叠加，即整体等于部分之和；而非线性系统往往也是由大量子系统组成，但由于子系统之间的相互作用为非线性，系统不再满足叠加原理。[5]线性系统没有意外，一切都是确定的和可预见的；非线性系统则恰好相反，多变的方向、非均匀的分布、可变的速度等，都使系统具有种种内在的不确定性，新颖而不可预料。把思维对象作为线性系统来识物想事或把思维活动作为线性系统来运作的思维方式，是线性思维；反之则是非线性思维。语文课程是一个非线性的、开放的系统，各个子系统之间的关系不是按固定的规律组织排列的，读和写的关系、口语能力和书面语能力的关系、前后课文之间的关系、应用文写作能力和文学写作能力的关系等，都无法线性地表达。语文课程的这种情况从一个角度表现出其非线性的特点，汉语言具有鲜明的形象性、模糊性和隐喻性的特点，使语文教学不适宜线性讲解与精确分析，而适宜学生的自主体验与探究。因此，语文教学活动应具有自组织特征。在体验中，“没有人拥有真理而每个人都有权利要求被理解”。这种消解权威与真理的课程活动不再是一元结论的获取，而是多元思维的对话，为学生的多重体验与探究提供了可能。

语文学科几乎涵盖了人类思维所有的思维形态——形象思维和抽象思维、分析思维和直觉思维、再现性思维和创造性思维、发散思维和聚合思维等等。语文学科思维形态

的广泛性和多样性，决定了学生思维的发展远比其他学科复杂得多。这种复杂性主要表现为学生的思维并不像一些学科那样是单线和直线发展的，而是各类思维都在同时不同程度地发展着，并且各类思维是在交互作用中协调向前发展的，显现出非线性的特点。[6]过去我们在语文课程建设中，更多地使用线性思维的方法，并把语文课程当成一个线性系统来看待，教学大纲和教材的编制、教案的设计、教学的实施及评价都体现了线性思维的特点。从后现代主义的视角来看语文课程，我们就会发现它的非线性特点，这种特点会引导我们看到它新的境界。

六、语文教学的师生关系——更强调交互性

后现代课程观强调课程是参与者交互作用、师生共同建构的结果，摒弃了传统的课程即是教育者、教育行政部门事先单方面制定的知识与语文教育材料的观念。参与者的交互作用指的是他们之间的激发、讨论、协调，即对话，这种对话是教师与学生之间、文本与读者之间、经验与意义之间的一种信息的传递。不管是教师还是学生都需要“同情而具有批判性”地倾听对方，从而发现不同的观点，开阔自己的眼界，进而达成自身的转变。只有教师和学生都成为活动的主角，他们之间才能平等对话，互相激发、共同建构课程才成为可能。教学是教师和学生的教与学的统一，这种统一的实质是交往，交往的基本属性是互动性和互惠性，师生间通过信息交流实现互动，相互沟通，相互影响，相互补充，从而达成共识、共享、共进，这是教学相长的真谛。教学不再是教师教、学生学的机械相加。目前的教育基本上是一种单向教育，是教师将自身的认知、研究、判断传承给学生，有的甚至包括认知水平、认知结构、认知方式等的传递。现代信息社会的发展表明，信息的获得、拥有、加工、发布等是交互的，没有交互的信息活动，就不能实现信息的增值。由于学科分工的细化，每个人所精通的只是很少的一部分，即使是这一小部分，这种精通也还是很短暂的，因而教师与学生的关系只是相对的，在现时已知的信息上说，你可能是信息的发布者，是教师；而在另一些未知的方面，你就成了学生。学生同样如此，他可能是信息的获得者，也可能是信息的发布者。在学校教育中，讨论式、研究式、合作式、协调式将是教师与学生的基本活动方式。传统的严格意义上的教师教和学生学，将慢慢让位于师生互教互学，彼此形成一个真正的“学习共同体”。对教学而言，交往意味着对话，意味着参与，意味着相互建构，它不仅是一种教学活动方式，更是弥漫、充盈于师生之间的一种教育情境和精神氛围。对学生而言，交往意味着心态的开放，主体性的凸现，个性的张扬，创造性的解放。对教师而言，交往意味着上课不是传授知识，而是一起分享理解；上课不是无谓的牺牲和时光的耗费，而是生命活动。专业成长和自我实现的过程，意味着教师角色定位的转换：教师由教学中的主角转向“平等中的首席”，从传统的知识传授者转向现代的学生发展的促进者。

七、语文课程的环境——更强调开放性

在美国率先兴起的服务性学习，把教学、实践的场所搬到了社区之中，打破了只在教室、学校进行教学的环境局限，把视野放宽放远，把语文的学习和运用同学生所能接触的任何环境联系起来，包括学校、家庭、社会等，并不断引导学生把自己学习的触角向学校之外的环境拓展延伸。这要求我们对课程的认识要侧重从对学生发展的功能、价值的角度去理解，而不能只从表面的、具体的存在形态、类型或构成要素去理解。凡是对学生发展有价值、有影响的东西，均可能成为语文课程内容。现在，网络、电视等传媒进入了人们的生活，学生所面对的是无限广阔的时间和空间。这些时空中无限的信息，不再拘泥于课堂这个小小的时空和教师这个窄窄的个体信息渠道。学生可以多方面获得各类信息，而不必遵循课堂中的各种繁文缛节；学生可以随心所欲地加工各类感兴趣的信息，而不必依照教师的各种作文规范与评价；学生可以随时随地进入网络生活，而不必去经受白昼的高强度课堂学习。

相对于传统封闭、一元的教育模式和强调权威和中心的教育观念，这种现代教育则强调开放、多元的教育理念。它大致表现为以下几个方面：没有一个永恒的真理，也不存在对事物绝对正确的理解，不是为了呈现一个命题、一个真理，教育的意义在于通过对话和与他人的讨论“超越事实而进入解释”。教学的目的不在于证实观点的正确性，而在于通过对话建构自己的思想系统，从而使教育进入一个“没有人拥有真理而每个人都有权利要求被理解的迷人的想象王国”[2]。

在后现代的开放性课程观指导下，教师不仅要有效地进行课堂教学，还应该把学生引向课外、引向自然、引向学生的实际生活；学校和教师要努力为学生提供学习语文的一切可能机会，并引导学生抓住一切可利用的学习内容进行学习。这样我们才能构建语文教学的开放系统。

八、语文课程的评价——更强调多元性

后现代课程视野下的语文课程的动态性和内容的模糊性，注定了对学生语文学习的评价也将是动态的和多元的。《义务教育语文课程标准（2011 年版）》在评价建议中提到，“语文学习具有重情感体验和感悟的特点，更应重视定性评价”，建议将形成性评价和终结性评价、定性评价和定量评价、教师的评价和学生的自我评价以及学生之间的评价结合起来。这在很大程度上体现了后现代主义所主张的开放性。教师要关注学生学习的过程，以发展的眼光看待学生的学习活动，多角度发现学生的闪光点，并适时予以激励。后现代主义强调丰富性、不确定性，而语文教学是富有情境性、过程性和启发性的。平等对话要求教师不仅是诉说者还应该是耐心的倾听者，语文教师在教学交往中要善于

听取学生的不同意见。每一位学生的生活经历、家庭环境、思维方式、性格特征都不相同，他们提出的问题、认识事物的方式也肯定是多元的。因此，教师的评价不能仅限于知识层面，也不能只针对学生的一两次表现进行评价。教师要转变角色，仔细了解学生丰富的、有差异的心理变化，尊重他们的人格，正确认识其缺点，从而激发其学习的动机和兴趣。在这种评价活动中，教师的评价是学生知识增长、能力提高的梯子，同时，教师通过与学生一起探究，知识和思想达到共享和交流。

在后现代主义课程观的影响下，我国中学语文教育不管是从教育理念还是教育实践上都呈现出一番新景象，摒弃了传统语文教学的诸多弊端。然而要正面看待的是，后现代主义课程观并不是对过去的全面否定，而是在超越过去的同时面对过去，这就意味着后现代主义对事物的理解往往建立在现代主义的理解之上，是对过去的一种转化和重构。

参考文献

[1] 袁振国. 教育新理念[M]. 北京：教育科学出版社，2002：169.
[2] 小威廉姆·E·多尔. 后现代课程观[M]. 王红宇，译. 北京：教育科学出版社，2000.
[3] 王尚文，等. 关于“对话型”语文教学的对话[J]. 语文学习，2001，(7)：1.
[4] 钟启泉. 学科教学论基础[M]. 上海：华东师范大学出版社，2001：232.
[5] 苗东升. 非线性思维初探[J]. 首都师范大学学报（社会科学版），2003，(5)：94.
[6] 卫灿金. 谈谈语文学科的非科学性[J]. 语文建设，2003（1）：5.

第四节　主体间性理论与语文教学

长期以来，受传统语文教学模式的束缚和影响，一方面，语文教学遵循主客二元的思维范式，采用的是单子式的主体性教育模式，即认同作为教学中主体的教师具有师道尊严和不可侵犯的知识权威地位，教师凌驾于学生之上，以严格要求为借口，以训斥、羞辱和评低分数等手段来迫使学生服从教师意志。主体（教育者）主要通过单向灌输进行教学，不管是科学知识还是人文知识，在实际教学过程中作为“霸主形象”的教师“目中无人”，进行填鸭式教学。另一方面，传统教学不考虑学生适应社会发展的需要，把知识的传授奉为至尊，课堂教学只重视认知的培养，忽视情感上的交往和互动，极大地扼杀了学生的积极性、创造性和个性，违背了教育的基本规律，也违背了学生身心发展的规律。

主体间性教育思想在这样的背景下产生和发展。

一、主体间性及其对教育教学的影响

主体间性，又称交互主体性，是现象学和解释学的核心概念，由德国现象学大师胡

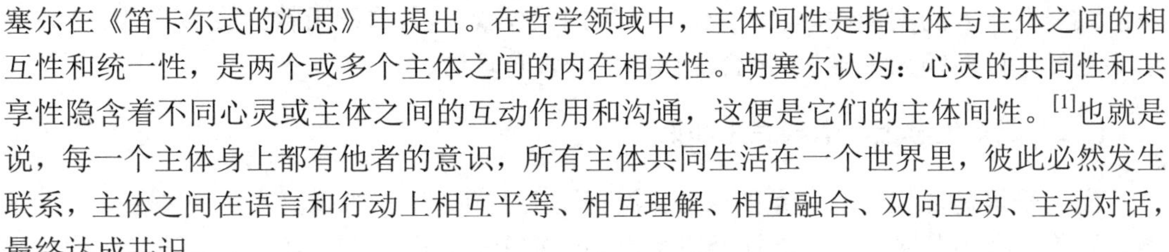

塞尔在《笛卡尔式的沉思》中提出。在哲学领域中，主体间性是指主体与主体之间的相互性和统一性，是两个或多个主体之间的内在相关性。胡塞尔认为：心灵的共同性和共享性隐含着不同心灵或主体之间的互动作用和沟通，这便是它们的主体间性。[1]也就是说，每一个主体身上都有他者的意识，所有主体共同生活在一个世界里，彼此必然发生联系，主体之间在语言和行动上相互平等、相互理解、相互融合、双向互动、主动对话，最终达成共识。

主体间性理论在胡塞尔之后经海德格尔、伽达默尔、马丁·布伯和哈贝马斯等人的发展，已经得到哲学界的普遍认同，对教育学也有很大的影响。

冯建军认为：教育活动是学生主体性和主体间性的统一。主体间性把教育看作是主体间的交流，从而确认了教育是人本真的生存方式。[2]正如冯建军所言，主体间性并非排斥主体性，而是以每个单个主体性的积极展示为前提。因为只有个体具备自由独立的价值判断，才会在与他人进行互动交往时取得平等的话语权，由之而进行的交流才会生发出新意，对人的成长和发展才有意义。

由此可见，主体间性是指两个或多个个人主体之间的内在相关性，是主体间内在关系的规定性，是对主体性这一理论的超越和突破。主体间性由传统的单极走向多极，打破了主客二元的束缚，师生关系回归到人格平等、思想平等的状态，教学过程回归到交往实践的科学状态，为教育理论提供了新的方法论和哲学范式，从而在新的理念和操作层面上追求教育真正的本体。

二、主体间性理念对语文教学的启示

传统的语文教学模式只注重教师的作用而忽视学生的作用，只强调知识的传授而轻视学生自身的发展。这种单子式的主体性教育模式把教师凌驾于学生之上，阻碍了学生个性的发展，同时也违背了教育的规律。

哲学视阈中主体间性理论为我们研究语文教育提供了很多新的视角，例如，语文教学中，由主客二分的主体性语文教学向主体间性语文教学转变，即由单极主体性转向复合主体性。我们认为，在语文教学中引入主体间性教育理论对语文教学有着重要的意义，对改变语文教育的现状也有非常积极的作用。

（一）师生地位上，坚持“双主体”

在以往“师道尊严”的师生关系中，学生为教师的附属品，既无师生和谐可言，也压制了学生的创造力，不利于培养优秀人才，不利于培养学生的独立人格，不利于学生健康心理和情感的形成。教师和学生是教育过程中两大主要参与者，如何处理两者的关系，在教育界曾一度引起了强烈的争议。

要正确处理好两者之间的关系，就要转变传统的师生关系，用主体间性的哲学思维思考两者的关系。在语文教学过程中既要关注学生的主体性，也要注重教师的主导性，

不能只强调一方的主体性，而忽视另一方的主导性。著名的特级教师钱梦龙提倡“以学生为主体，以教师为主导”，符合主体间性的教育理念。

（二）课堂生态上，倡导民主和谐

民主平等是现代师生关系的核心，没有民主平等，也就难以真正实现师生关系的和谐。随着社会的发展与进步，社会成员更加注重公平、正义和平等，这就决定了现代师生关系应当是平等关系。这种平等指教师和学生在教育教学中都是主体。

“合作教育学派”代表人物阿莫纳什维利认为：只有师生关系建立在人道援助基础上的教育过程，才是对学生的个性发展，同时也是对作为个性特点的认识积极性的发展最有效的教育过程。[3]阿莫纳什维利对师生平等、互相信任、互相尊重、互相合作，这样一种被他称为是“人道的、合作的教育学”极为推崇。他认为师生关系的民主平等，应该体现在教育教学活动的全过程中。在语文教学活动中，师生都应具备民主意识，营造教育教学活动的民主氛围，以尊重相互主体为基础，相互对话，享有同等的地位和相同的权力。同时还应该意识到，民主平等并不排斥必要的集中，只是这种集中是在民主基础上的集中，虽然教师比较多地处在情景中的领导者位置，即“平等中的首席”，但并不是处在教育教学中的专制者位置。语文教师在具体教育教学活动中的角色，应当考虑学生的多样性要求和教育教学活动的目标。这种民主、平等、自由、理解、和谐的交流方式，才是真正的民主社会人的生存方式。从课堂生态看，它就是教育中个体生命的一种诗意栖居。

（三）教学目标上，追求人文陶冶

传统语文教学过于强调工具性，片面追求知识的系统性，注重对知识的巩固、强化，忽视获取知识的过程与方法以及以知识为载体的情感态度与价值观的养成。在语文教学中倡导人文性，无疑将有助于纠正片面强调工具性的偏差，使知识的获取与学生的个人体验与感悟相联系，与学生的身心发展规律相适应。此外，倡导人文性，还有助于打破语文教学中的“知识实用主义”观，强调非实用知识（如古代诗文）的教学，注重发挥其对人的潜移默化的影响，从而有助于学生良好人文素养的养成。主体间性理论在语文教学领域的阐发有助于语文作为人文学的本原意义的回归，同时意味着特殊的人文学方法论。

在主体间性理念指导下强调语文人文性和陶冶性意味着：首先，教师观的转变。倡导人文性和陶冶性，势必打破“教师中心”和语文教学中的“权威主义”“话语霸权”，使教师的地位和角色由传统的灌输者、命令者、训练者变为商讨者、组织者、引导者。其次，学生观的转变。注重人文性，必然认识到学生是人，是受人类文化熏陶的人，是有其独特个性心理特征和情感体验的人。因此，在人文性的语文教育中，学生的独特情感体验将受到尊重，学生的学习方式将受到鼓励，学生将始终被看成是一个大写的“人”，从而为我们科学、全面地认识学生的发展奠定基础。最后，教学中师生观的转变。主体间性的确立，有助于凸显教师的人文关怀，体现教师对学生生命和文化个性的重视，把

人文精神的养成作为一种价值取向；有助于学生主体意识的回归和教师主导作用的发挥。例如，在教学中，教师一方面可抓住精彩传神的关键性字、词、语句，把学生引入它所展示的优美境界，鼓励学习自由探索、自由鉴赏，使他们在美的艺术享受中得到陶冶；另一方面，又可以抓住文本中那些令人迷醉的意象、词句，引导学生细细品味，领悟语言艺术技巧，提高表情达意的能力。

（四）教学方式上，强调平等对话

我们对近年来有关学者关于对话教学的概念界定进行了梳理和归类，大致有如下三种：一是以对话理论为基础，生发出对对话教学的理解。例如，郑苗苗、沈小碚认为对话是双方在互相尊重、平等的基础上以言语为主要中介进行的话语、思想、情感等方面的交流沟通的方式。二是从教学实践的角度进行界定。例如，朱德全认为对话教学是将师生、生生交互对话作为教学的表征与载体的一种教学活动。[4]三是从对话理论与教学实践相结合的角度对其进行的界定。例如，靳玉乐、张增田认为对话教学是指师生在真正民主、平等、宽容的氛围中，以言语、理解、体验、反思等对话方式共享教学意义，提升人生品位、境界及价值的教学形态[5]。

主体间性维度下的对话教学作为教育交往理论的实践形态，打破了教师“话语霸权”的局限，有利于营造活力课堂、生命课堂、思想课堂，把教育意义的单向传达变为师生互动，使传统教学中被动接受的被教育者回归到师生主体间教育生活的本真状态，并成为一种渗透于人类一切行为的意识和理念。主体间性下的对话已经完全超越了原始的语言学意义，成为人们的一种生活方式或生存状态，进而凝聚成一种时代精神。

基于此，在语文教学中如何落实主体间性理论指导下的对话教学呢？教师应该努力做到以下几点：第一，积极创设对话情境，由传统走向开放。教师在语文课堂教学中，要创造一种心理自由、心灵翱翔的氛围，使学生回归到学习者的本位，注重学生参与合作意识、探索创新精神的培养。第二，灵活设置对话话题，由已知生发未知。在主体间性视域下，我们应该按照最近发展区理论，精心设置对话的问题，克服简单的“满堂问”“一问到底”。问题的设置要能激发师生共同探讨的乐趣，问题的答案应该开放、多元，有助于学生发散思维的训练。第三，丰富课堂对话形式，倡导学生主动探究。语文课堂教学中的对话不仅仅局限于言语的沟通，其实，教师对学生的一个微笑、一个眼神也是对话的范畴。教师要更加自觉地运用主体间性理论来指导语文教学，具体到对话教学领域，就要考虑师生对话、生生对话、师本对话、生本对话，每个主体都要克服盲从心理和思维惯性，深入思考，大胆质疑，大胆表达，只有这样才会产生思维的火花和情感的交融，才会更好地促进学生的发展。

（五）教学实施上，注重探究学习

布鲁纳认为，教学过程就是在教师的引导下学生发现的过程，要求学生主动地进行学习，强调要自我思考和探索事物，而不应消极地接受知识，要像数学家那样去思考数学，像历史学家那样去思考历史，亲自去发现问题的结论和规律。苏霍姆林斯基指出：

学生学习的一个突出特点，就是他们对学习的对象采取研究的态度。[6]

主体间性理论倡导“自主学习、合作交流、探究创新”这一理念。这一理念不仅强调了学习方式的变化，更主要的是，强调了学习和发展的主体是学生，学生的地位得到了进一步的确认，教师的主导作用得到进一步的彰显。在语文教学方面倡导研究性学习，其目标指向主要是学生兴趣的满足和能力品性的提高；强调学生对所学知识技能的运用、经验的获得和能力的形成；注重学生通过亲身体验激发学习的兴趣；在思想意识、情感意志、精神境界等方面得到升华，使素质教育得以具体呈现，促进理想的教育生态逐步形成。

语文课堂中把研究性学习方式与主体间性理论有机结合，发挥“双主体”作用，应该从以下方面努力：第一，教师要更新观念，转变角色。教师在课堂上不能有“唯我独尊”的传统滞后思想，而应该蹲下身子与学生交流、沟通，成为学生学习过程中的助手、导航和参与者。第二，研究性学习作为类似科学研究方式的学习活动，一定要科学、合理地做好主题、方式、计划、进度等方面的安排，要做到研究主题举一反三，研究进度循序渐进，研究结果启发共鸣。第三，师生在充分彰显“双主体”地位的过程中，在评价阶段要重视形成性评价。研究性学习的评价是整个研究性学习的重要环节，应重在学习过程而不只是研究的结果，重在知识技能的应用而不只是掌握知识的数量。研究性学习评价应该是一种形成性评价，重视的是学习内容的丰富性和研究方法的多样性。此外，师生在紧扣文本的基础上要发挥主动性，深入汲取日常生活中的营养，练就一双发现美、发现问题的“火眼金睛”。

参考文献

[1] 余纪元. 西方哲学英汉对照词典[M]. 北京：人民出版社，2001：58.

[2] 冯建军. 主体教育理论：从主体性到主体间性[J]. 华中师范大学学报（人文社会科学版），2006，(1)：1.

[3] 阿莫纳什维利. 学校没有分数行吗？[M]. 朱佩荣，译. 北京：教育科学出版社，1986：18.

[4] 朱德全，王梅. 对话教学的模式与策略探析[J]. 高等教育研究，2003，(2)：1.

[5] 张增田，靳玉乐. 论新课程背景下的对话教学[J]. 西南师范大学学报（人文社会科学版），2004，(5)：1.

[6] 苏霍姆林斯基. 给教师的建议[M]. 北京：教育科学出版社，2000：1.

第三章
语文教学新模式与新流派

第一节 生活语文

我国传统语文教学的缺陷有三：第一，封闭。语文教育的目的是适应科举的需要，把学生的思想和写作完全禁锢在“四书五经”及前人阁墨的牢笼和案臼中，忽视了语文教育广阔的社会生活基础。第二，灌输。强调死记硬背，忽视学生的认知规律和学习意愿。第三，脱离。脱离学生的思想和生活，脱离社会。德国一位学者有一句精辟的比喻：将 15 克盐放在你的面前，无论如何你难以下咽；但当将 15 克盐放入一碗美味可口的汤中，你就在享用佳肴时，将 15 克盐全部吸收了。生活之于教育，犹如汤之于盐。盐需溶入汤中，才能被吸收。教育需融入生活中，才能具有生命的活力。语文教学亦是如此。

一、生活语文教学的提出

早在两千多年前，我国古代思想家、教育家孔子就说过：“不观于高崖，何以知颠坠之患；不临于深渊，何以知没溺之患；不观于海上，何以知风波之患。”（刘向《说苑·杂言》）他形象、生动地阐明了知识与生活实践之间的关系。

在国外，苏联教育家苏霍姆林斯基也特别重视学生的生活体验和社会实践，他一周两次把学生带到野外去，到“词的源泉”去旅行，他把这称为“蓝天下的学校”“快乐的学校”。他曾说：“宁静的夏天拂晓，我跟孩子们来到池塘边，印入我们眼帘的是朝霞那令人惊叹的美。于是孩子们感觉和体味到朝霞、拂晓、闪烁、天涯这些词在感情色彩上的细微差别。”[1]在苏霍姆林斯基那里，对生活的直接观察活动充满了情趣，学生的学习兴致提高了，他们不仅体验了生活，而且从中获得了美感经验。

美国实用主义哲学的集大成者，实用主义教育思想的创始人杜威，批判传统的教育理论与实践，批评以教师和教科书为中心无视儿童内部本能和倾向的主张，提出“教育即生活”“教育即生长”“从做中学”等一系列教育观点。[2]

杜威的得意门生，我国现代著名教育家陶行知先生，根据中国的国情，把他老师的学说进行了再创造，明确主张：生活即教育、社会即学校、民众是中心，要让社会和学校实行“教学做合一”。他说：“生活主义包含万状，凡人生一切所需皆属之。其范围之广，实与教育等。”陶行知先生在倡导生活教育运动 12 年的实践之后，对生活进行了进一步阐释：从定义上说，生活教育是给生活以教育，用生活来教育，为生活的向前向上需要而教育。他认为：教育必须是生活的。一切教学必须通过生活才有效。[3]陶行知先生提倡教育与生活、社会的广泛联系，提倡教育与实践的紧密结合，不仅使社会教育充满了生机，而且也为教育手段和教育方法的革新带来了活力。

著名教育家刘国正先生在 1981 年发表的《把语文基本训练搞活》一文中就提出了

“生活是发展语文能力的基础”的观点。1990年，他根据语文教学改革的现状，提出了语文教学改革的三个基本点，其中再次强调：要使学习语文同生活紧密联系起来，把教学搞得生动活泼。这生活，包括学生自己的生活，家庭、学校、社会的生活。语言产生于生活，并为生活服务；脱离了生活，就变成毫无生气的空壳。语文教学也要同生活相联系，脱离了生活，就会变得呆板枯燥。他还具体指出：读（包括听），是通过语文认识生活和学习怎样生活；脱离生活，就变成无意义的活动，吸收鉴赏都失去辨别优劣美恶的基本标准。写（包括说），是运用语文反映生活，表达自己的见解，并服务于生活；脱离生活，写就变成无源之水，技巧就变成无所附丽的文字游戏。而与生活相结合，则读有嚼头，写有源头，全局皆活。[4]

著名特级教师于漪曾多次呼吁：要变语文自我封闭性为开放性，开发语文教育空间，面向生活，面向社会，面向活泼的中学生，不用机械训练消磨学生的青春。[5]

笔者在《学语文》2002年第1期上发表的《21世纪中国语文教育的必然走势》中指出：21世纪我国语文教育将发生素质化、个性化、生活化、审美化和“大语文”化等九大变革，从而形成语文教育现代化的基本走势。[6]我们的语文教学，一定要跟上时代的节拍，真正面向社会，面向生活，这是时代发展向生活语文教学提出的挑战。

《义务教育语文课程标准（2011年版）》反复强调：语文是实践性的课程，应着重培养学生的语文实践能力，而培养这种能力的主要途径也应是语文实践。语文课程是学生学习运用祖国语言文字的课程，学习资源和实践机会无处不在，无时不有。因而，应该让学生多读多写，日积月累，在大量的语文实践中体会、把握运用语文的规律，把“联系学生现实生活，加强语文实践”作为积极进行教学改革、提高教学质量的重要途径。《义务教育语文课程标准（2011年版）》还提出了“综合学习”的要求，以加强语文课程与其他课程及生活的联系，促进学生语文素养的整体推进和协调发展。生活语文教学的研究正是体现了这种精神，更是接受新课程及新教材的挑战提出的积极有效的应对策略。

二、生活语文教学的特点

生活语文是以生活为根基的语文教育，它突破了要求教材统一、过程统一、结论统一、注重技术训练等传统的语文教学观，将语文学习领域从单纯的课堂拓展到校园、家庭、社会生活的各个领域，深入人的精神生活、社会交往等各个方面。生活语文在课程设置上贴近生活，注重生活素材的选择和运用，在教学中强调师生双方共同感受生活，再现生活，经历生活，表达生活。生活语文将教学活动置于现实的生活背景之中，激发学生作为生活主体参与教学活动的强烈愿望，同时将教学的目的、要求转化为学生作为生活主体的内在需要，让他们在生活中学习，在学习中更好地生活，从而获得有活力的知识，并使情操真正得到陶冶。生活语文教学还语文教学以生活的本来面目，学习语文就是经历生活。

（一）开放性

生活语文教学以课堂生活为中心，其外延延及学生社会生活、情感生活、道德生活、审美生活等生活空间的各层面，它的核心是将语文教学与学生的思想生活密切联系，以语文课堂教学为主体同时兼顾多种多样的课外活动，既有一定的语文基础知识和基本技能的训练，又有计划、有组织地开展形式多样的语文学科课外活动，充分利用学校、家庭、社会语言环境学习语文。在课程的开发上，生活语文教学允许教材具有开放性和弹性，给学校、教师留有开发和选择的空间。生活语文教学开放语文课程结构，使多学科渗透融合。

（二）情景性

生活语文教学在教学过程中注重设置情景，使学生在情景中学习。生活语文教学正是一种在生活背景下的情景化学习。生活语文教学是以学生生活作为教学知识建构的根基，改变了传统的教学过分注重知识的系统性和科学性，开始重视学生原有的知识、经验对新知识的建构作用。课程的选择根据学生的已有知识和经验，教学的过程是已有的知识和经验的情景化再现过程。因为生活语文注重生活的情景的再现，学生在需要解决实际问题时可以很容易联想到有关学习情境并能够举一反三，使知识真正学以致用。

（三）主体性

生活语文教学是建立在学生的生活基础之上的，没有学生主体对生活的感受和体验，没有解决实际生活问题的经验就谈不上生活语文教学，生活语文教学具有主体性的特点。学生的知识和能力是自主建构的，学生的学习过程和方法是自主经历的，学生的情感态度和价值观是自主养成的，这些都与学生的生活紧密联系在一起，是源于生活、用于生活的。教学中须尊重每个个体的智力特点，让每个个体的特殊才能得到充分展示，才是真正意义上尊重个性的表现，是关注人的个性化发展的体现。

（四）实践性

语文是一门实践性很强的学科，培养学生语文能力的主要途径应是语文实践活动。生活语文教学实践性特点使语文教学的出发点由教师的教变为学生的学，把让学生自己看书看成是尊重他们的生活权利。实践性能够充分促进学生的自主合作、探究性学习，使每个学生都能参与，教学的各个环节互相渗透。生活语文教学就是要改变和突破原有教学高高在上的姿态，消除其脱离生活实际的弊病，教学过程不再是单纯的教师对学生的知识和思想的灌输，而是学生自主建构知识，形成情感、能力的过程。

三、生活语文教学的实施策略

在传统教学中，学校的课程体系追求系统化、专门化和学术化，漠视学生对生活的体验、理解和感受。教师在传授知识时注重统一——统一教材、统一教学过程、统一结

论，学生以识记统一结论作为学习的最高目标，教学活动因而失去了生活的特性。教育使学生生活世界贫困化，导致教育与生活脱节，理论与实际应用脱节。人的价值、情感、态度、地位被忽视，语文与生活、语文与人的社会化的需要完全被割裂。生活化语文教学的实施可以在一定程度上改变语文长期以来慢少差费、高耗低效的现状，提高学生运用语文解决实际生活问题的能力。

（一）研究文本，挖掘语文教材的“生活元素”

研究语文的课堂教学，首先要研究语文教材。语文教材，在学科教育中具有教育引导功能，对学生的自主学习同样具有指导价值，对学生的个体发展和学生语文素养的培养都具有重要意义。因此，要开展生活语文的课堂教学研究，首先要对研究的新教材有一个透彻的分析和认识。

《义务教育语文课程标准（2011 年版）》对教材编写有一个明确的要求，就是教材选文要文质兼美，具有典范性，富有文化内涵和时代气息，题材、体裁、风格丰富多样。新教材在课文编排上，改变了旧教材按文体编排课文的模式，而是以“生活主题”组合全册教材的单元。每个单元又以一个单元主题统领单元内几篇相关的课文。这样使几篇课文既有共性，又有各自的特点，在同主题的比较教学中更有利于学生在学习中求同存异，进行比较鉴别。

以“人教版”六年级第一学期的语文教材为例，第一单元的单元主题是“有家真好”，感受亲情是这个单元的主旨。它选取了六篇课文，从不同的角度表现平凡的家庭环境，透视常见的家庭矛盾，展现美好温馨的家庭亲情。因此，在具体内容的编排上依次为享受亲情、感悟责任、增进理解、表达孝心。学习这些课文，可以引发学生情感的共鸣，有利于他们认识生活，提升情感品位。《祖父和我》展示了一幅充满情趣的祖孙生活图卷；《散步》则截取很生活化的场景，让学生在阅读过程中感悟生命传承的意义，感受代代相传的责任。这样的教材选文，为生活语文的教学提供了最合适的教材保障。可以这么说，新课程的教材选文让语文走向生活。

（二）立足课堂，营造课堂教学的“生活气息”

1. 创设生活情境

生活是对书本知识学习的一种印证、补充、拓展和超越。因此，创设生活课堂教学情境，对开展生活语文教学具有最直接的效用。情境教学，就是架设在书本知识与学生感悟之间的一座桥梁，是结合课文教学目标，创造出具体生活情景的教学方法。因此，在教学过程中，教师应根据教学需要创设出多样的教学情境，激发学生情意。情境的展示，主要采用多媒体课件，还可用图片、师生表演、师生口头描摹等多种途径。教师通过创设这些情境，把抽象的文字知识点转化为具体、鲜活的情景，充分调动学生的学习兴趣，活跃课堂气氛，激活学生的思维，唤醒学生的生活记忆，把学生的注意力、情感、想象引入具体的生活情景中，使学生有感有悟，打通认识通道，能更好地理解课文，体会其中的思想感情。例如《沁园春·长沙》这首词，语言精练而极富形象，内容丰富，

气势恢宏，意境深远。学生缺少生活体验，领悟意境有一定难度。在课堂教学中，使用多媒体课件辅助教学，通过课件显示湘江秋景图、峥嵘岁月图和浪遏飞舟图等一系列历史动画、图片资料，图文声情并茂，情景交融，让学生仿佛回到了风起云涌、大革命高潮即将到来的 20 世纪二三十年代的旧中国，身临其境地体味毛泽东的博大胸怀和以天下为己任的历史使命感，能够收到事半功倍的教学效果。生活化的教学情境设计，使语文课堂教学具有了真实的言语交际性质，其效果不仅是激发学生的学习兴趣，活跃教学气氛，更主要的是它能够使学生产生真实的“言语体验”，这种“言语体验”是培养学生语文能力、塑造学生整体人格的有效途径。

2. 生活换位体验

把课文编排成课本剧，让学生演一演，这是进行“生活换位体验”最常用的形式。在演的过程中，体验文本情境，将抽象的文字变换成课文所描绘的生活画面，能使学生如临其境，愉快地、创造性地解读文本内容，真切地体会作品语言文字所表达的情感，感受到学语文的乐趣。在学习《田忌赛马》一文时，为了让学生深入了解第一场赛马比赛之后，田忌、孙膑、齐威王三人的不同表现，加深对人物品质的理解并从中受到启发，教师为学生提供一个展示才能的舞台：根据自己对人物不同心理的把握，选择自己喜欢的方式进行学习。在教师精心剪辑的画面面前，学生思维涌动，积极投入，通过声情并茂的朗读、精彩形象的表演、富有创造性的采访，将三个鲜明的艺术形象活灵活现地再现了出来，顺利地跨越了时代的鸿沟，感悟到了田忌的有勇无谋、缺乏自信，齐威王的骄傲自大，以及孙膑的仔细观察、胸有成竹。

3. 个性阅读感悟

语文课堂的“生活气息”还来自学生的个性阅读感悟。朱熹主张“读书穷理，当体之于身”。说的就是要心领神会，身体力行。从读书法的角度来看，朱熹强调读书必须联系自己，联系实际，将学到的理论转化为行动，这个观点是可取的。《普通高中语文课程标准（实验）》中也提到注重个性化的阅读，充分调动自己的生活经验和知识积累，在主动积极的思维和情感活动中，获得独特的感受和体验。学习探究性阅读和创造性阅读，发展想象能力、思辨能力和批判能力。

（三）学科融合，架构语文学习与生活的桥梁

语文学科的社会性、实践性，决定了要把语文教学延伸到社会生活中去，开发语文课程的生活资源。语文教学要突破课堂时空，给学生学习时空上的自由，让他们走进社会、走进生活，进行广泛的语文实践活动。自然风光、文物古迹、风俗民情，国内外的重要事件，以及日常生活话题等也都可以成为语文课程的资源。这正是脱胎于陶行知的“生活化教育”理论——我们的实际生活，就是我们的全部课程；我们的课程，就是我们的实际生活。这是陶行知先生在长期教育实践中，对于课程资源的全新思考。他始终认为，生活是一部活的教科书。生活中，活的人，活的问题，活的文化，活的世界，活的宇宙，活的变化，都是活的知识之宝库，都是活的书[7]。新教材的内容编排，每个单元后面都有一个与单元主题息息相关的“综合学习”

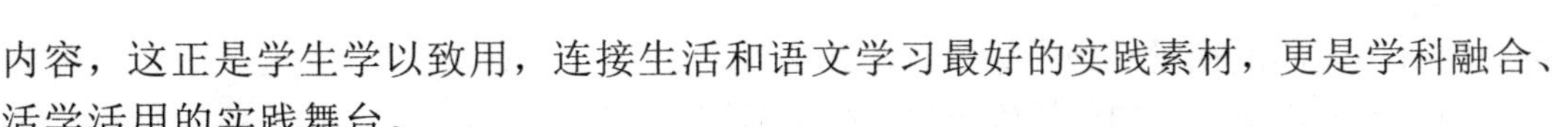

内容，这正是学生学以致用，连接生活和语文学习最好的实践素材，更是学科融合、活学活用的实践舞台。

生活语文教学以人为本，立足于学生的实际生活，为学生自主学习提供了广阔的平台，在实践中有利于学生变被动学习为主动学习，最大限度地发挥主体性、实践性，从而培养自主意识和创新意识，获得全面发展。现代教育面临的一大课题就是恢复生活的教育力量。生活语文教学在理论和实践方面都有其巨大的发展空间，但在具体操作方面还需继续探索和实践。

参考文献

[1] 苏霍姆林斯基. 帕夫雷什中学[M]. 北京：教育科学出版社，1983：1.

[2] 杜威. 民主主义与教育[M]. 北京：人民教育出版社，2001：5.

[3] 陶行知. 陶行知论文集[M]. 南京：江苏教育出版社，1997：356，820，785.

[4] 刘国正. 实和活——刘国正语文教育论集[M]. 北京：人民教育出版社，1995：1.

[5] 于漪. 弘扬人文改革弊端[J]. 语文学习，1995，(6)：1.

[6] 彭小明. 21 世纪中国语文教育的走势[J]. 学语文，2002，(1)：1.

[7] 陶行知. 陶行知论文集[M]. 南京：江苏教育出版社，1997：1.

第二节　生命语文

“人”是教育的起点，也是教育的终点。哲学人类学对人的本质和特性的关注和思考以及语言哲学对语言主体性和生命意识的阐释，启示我们要站在人的生命发展的高度重新审视语文教学，并挖掘语文课程的人文内涵和蕴藏着的生命活性因素，使其成为帮助学生领悟生命本真、激发生命潜能、实现生命价值的过程，让语文课堂呈现勃勃生机，以开拓出语文教学新的境域。

一、生命语文的提出

语文教育长期以来一直存在生命缺失的现象。我国古代语文教育是以儒家思想为主导精神的，而儒家更关注的是人在社会中的现实存在，他们往往过于重视人在社会中的关系，即人与人之间的等级定位与调适合作，而不太重视个体存在状态的自由与真实，用一句不太确切的话来说，他们习惯于以“共性”为不言而喻的前提，而不习惯于以“个性”为不容置疑的依据。许慎《说文解字》中对“教”的释义：教，上所施，下所效也。教育就是一个由外而内的注入、灌输过程，教师只是将其当成谋生的手段而不是自身生命的重要历程，学生沦为被动的承纳者而遮蔽了个体生命的光华。科举应考、八股取士

更是将对生命的漠视发展到了极致。尤其是近半个世纪以来，纯“工具论”把语文视为与其他非人文学科一样的应用性学科，过于强调语用功能，导致中学语文教学深受科学主义思潮的影响，已经越来越偏离方向，滑向技术主义、工具理性的深渊，忽视了人的生命性，忽视了教育的生命价值，忽视了语文作为人的生命活动的意义以及对人的精神世界的构建价值。语文教育陷入要么顾此失彼、要么非此即彼的泥潭之中，日复一日的重复与单调乏味消磨了师生的生命情趣。语文教学成了非生命载体知识的简单转移或搬运过程，没能真正走进人的生命，与人的精神、心灵、生命和生活越来越疏远。

当代，我们依然对语文教育在培养学生人文精神和完善生命人格上的无力感到忧虑，“生命”在语文教学中依旧缺失。为了重构语文的生命，湖北省优秀青年教师熊芳芳在2003年7月《中学语文教学参考》发表论文《生命语文》时，首次公开提出“生命语文”，开启了语文教育的新境域。2009年4月，她开始在《中学语文教学参考》主持生命语文写作专栏，并著写了《生命语文》一书，生命语文在全国的影响越来越大。

二、生命语文的内涵

语文教学本真的内涵就是使学生认识生命，并引导他们领悟生命、欣赏生命、尊重生命、爱惜生命，建立正确的生命价值观。

熊芳芳认为，生命语文，就是以生命为出发点，遵循生命的本质属性，与生活牵手，让生命发言，让语文进入生命、唤醒生命，并内化为深厚的文化底蕴和丰富的人格内涵，是为帮助我们认识生命的美丽和宝贵，探索生命的方向和意义，提升生命的质量和品位，使生命变得更加美好、更有力量、更有意义而进行的语文教育。生命语文是为生命而为的教育，也是用生命而为的教育。[1]

可见，生命语文的基本内涵包括三点：首先，尊重人的个体性。生命语文认为，每个人的生命，都是上帝给予的一份珍贵的礼物。生命语文尊重生命的主体发展，让不断发展的语文素养成为人的生命的独特符号。其次，关怀生命的独特性。“世界上没有完全相同的两片树叶。”生命语文摒弃整齐划一的发展模式，提倡以人为主体，尊重每个人的个性、差异、思想，注重激发其主体性、创造性，强调关怀人的独特个性，扬长避短，成就每个生命的卓越。最后，相信生命的潜在性。生命具有超越生命的能力，生命过程是不断超越生命本身、不断发展自身的过程。语文学科的各项训练使人发展的潜在可能性转化为现实的存在。生命语文唤醒自我发展的内在动力，创造一个有助于生命安全、生命舒展、生命涌动、生命创造的环境，营造一个崇尚民主、开放、多元、包容的氛围，让每个学生学习语文的心灵更为自由，语言潜能得到充分的开发，人格上获得最大的享受，让学生觉得每天都有新进步，让语文学习的过程成为学生超越自我、超越生命的过程。

三、生命语文的特点

语文潜隐着生命的血脉，流转着生命的光彩，语文教学的过程就是人的生命成长与发展的过程。正如日本教育家小原国芳所说：国语不是训治之学，而是活的思想问题，是川流不息的生命。[2]熊芳芳在《生命语文》中提出了生命语文的两大特性：生活性，与生活牵手；生命性，让生命发言。生命和语文的结合构成了生命语文独特的特点。

（一）三位一体

语文的生命包括教师、学生和语文课堂的生命。富有生命性的语文不是静态的，它是教师、学生和课堂之间的一个动态过程。这种动态生成性使得生命语文有其独特的价值。钱梦龙提出的“学生为主体，教师为主导，训练为主线”充分表明了语文教学不能仅仅立足于一个角度，在教学的整个过程中，教师、学生、课堂是密不可分的。生命语文是用生命而为的语文教育，对教师而言，是从教育的手段和过程来说的。在这样的教学中，教师不仅仅是在用自己的知识与智慧，甚至不能仅仅用自己的爱心与奉献去教育学生，而必须用自己整个生命去教育与影响学生。教师与学生都是在以自己的生命全方位地进入语文，又从语文中得到丰富的生命。在这样的语文学习中，师生都是以平等的生命体的身份出现的，自由交流，相互理解，相互欣赏，共同推进教学的进行。这样的教学，是心灵与心灵的沟通，生命与生命的碰撞，其过程充满不确定因素，充满新的可能，这种过程本身就散发着生命的热力。在这种充满了生命力的教育生活中，师生生命意识的唤醒、创造行为的展现都成为可能。生命语文使学生更好地掌握学习语文的方法，感悟语文和自身的生命；使教师实现自己的教学目标，体现生命的意义；使语文课堂焕发勃勃生机，创造生命灵动。

（二）文道合一

一方面，语文是对日常平淡的、无意识的生活的一种抛弃和对诗意生活的一种发现和创造，语文的存在就是要从纷繁平淡的生活中发现美、创造美、体验美，就是使学生在真实的生命体验中向往生命的辉煌。文采是语文的生命之一，富有生命力的语文必定是极具感染力的，而语文的感染力离不开美的语言。另一方面，生命语文是为生命而为的语文教育。对学生而言，是从教育的目标和职能来说的。生命语文的教育目标不再是单单指向字、词、句的获得，语法的操练，不再是对课文的肢解与分析，而更强调生命性的感悟与表达，是为了丰富个体生命的内涵而展现的一种新的生存方式。这样的语文教育能够成为生命成长的摇篮，成为个性张扬的天空。因此，生命语文既体现着语文的诗意美，也体现着生命包含的规律。

四、生命语文的实施策略

生命语文实施的策略在于用语文激发学生的生命和用语文开启教学的生命。

（一）用语文激发学生的生命

1. 用语文唤醒生命意识

山东师范大学文学院教授曹明海认为，生命语文教学本质上就是一种“唤醒教育”，因为语文教育就是使学生在语文学习过程中吸收文化营养，获得人生经验，充实生命内容，达到生命与人性的“全面唤醒”。关注人的生命，关键要让学生个体在生命感知、体验的基础上形成对生命的认识和观点。生命是可贵、可爱的，需要倍加珍视、爱惜；生命是脆弱的，需要用心呵护；生命并非一路坦途，其中一定存在很多个体无法摆脱的困境，需要深刻领悟其艰辛；生命是有个性差异的，要像珍爱自己生命一样尊重他人生命存在的权利；生命有着丰富的内涵、更高的价值和更深蕴的意义，需要以自身力量克服困难、超越忧患，在与命运抗争中去自我体认、不断探求。为了培养学生的生命意识，语文教学需要紧扣文本材料，深挖文本的生命意识，将生命视为教学的内容和形式。例如《再塑生命》中，海伦·凯勒是一位因病导致又聋又瞎又哑的小女孩，厄运几乎毁了她。但她用自己的行动向别人证明，在困境面前她依然可以做一个出色的人。她用自己的笔写下了对生命的感悟，写下了失去光明后在黑暗中、万籁寂静中听到的最美丽的声音，看到的最美丽的风景。“假如给我三天光明”，她的作品中散发着她对生命强烈的珍爱，这足以引发中学生思考：无论在什么条件下，我们是否都能具有强烈的生命意识？

2. 用语文树立生命本位

叶澜教授指出：要从生命的高度、用动态生成的观点看课堂教学。课堂教学应被看成是师生人生中一段重要的生命经历，是他们生命中有意义的构成部分，要把个体精神生命发展的主动权还给学生。生命只有一次，正是因为生命的唯一和神圣，我们没有任何理由不因此而善待生命。当代中学生受成人世界的熏染，把追逐金钱财富和名誉地位、追求刺激和享受作为人生的幸福。这样把生命的手段当成生命本位的本末倒置的做法，会使人陷入深深的精神迷惘和生命危机之中。长期下去，就会怀疑生命的意义与生命的价值，甚至轻视或放弃生命。语文教学就是要纠正这些错误的生命态度，让学生感知到生命的存在是第一位的，是人的生命创造了一切艺术和文明，人的喜怒哀乐等情感、忠孝礼义等道德，都是生命的一部分。生命语文就是通过语文的学习，让学生潜移默化地树立生命本位的思想，渗透到学生的知、情、意、行中，丰富学生的生命内涵。

3. 用语文提升生命质量

刘再复教授于 2000 年 9 月至 2002 年 10 月在香港城市大学任客座教授时指出，21 世纪应踏入教育学的世纪，重新肯定人的价值与尊严；教育的第一目的在提高生命质量，

培养优秀的人性。提升人的生命质量，是教育本身的职能，也是每一个教育者的神圣职责，这对于语文教师而言尤为重要。用语文提升生命的质量，可以从三个方面来实现：首先，拓展生命的宽度。“你不能决定生命的长度，但是你可以控制它的宽度”，力求让有限的生命活出无限的价值来。事实上，在语文教材中，有许多作家在其作品中也以各种形式发表了这一生命宣言，如果我们能够让语文真正走进学生的生命，那些宣言是能够扎根的。其次，锻造生命的厚度。生命有了厚度，才有分量，也才能经得起敲打。用心锻造生命的厚度，才算是不辜负语文，也不辜负生命。最后，发掘生命的深度。凿井非到一定的深度是不能有水流汩汩而出的，一口没有深度的井，不仅不能滋润万物，连自身也难保全，随时都会干涸。任何一种生命，都必须达到一定的深度，才会具有很强的自我再生能力，才能得以长存，若是没有深度，是很难实现自我生命的价值的。

（二）用语文开启教学的生命

1. 让文本灵动，滋养生命

生命语文的教学离不开教师对教材富有创造性的把握。王尚文说：语文教学的弊病，我以为病象虽在“教学”，而病根却往往是在“语文”，“语文”缺乏一定的根底，“教学”往往会越研究越糊涂，甚至远不如不研究好。如果教师自身对文本都无法准确把握，课堂教学就一定会出问题。从生命语文的视角解读文本，文本是有生命的，文本是有情感的，文本是有灵魂的。例如莫怀戚的《散步》，从亲情、感动上升到生命，让人从生命的自然过程中体会到人生百味——欢乐与希望，痛苦与失落。作者笔下的生命是什么？世间无论哪条生命都不可能重活一次，哪个人生阶段都不可能重来一遍。因此，生命就是不可重复、不可选择、不可复制、不可替代的，具有唯一性。这种唯一性使每条生命都是神圣而高贵的。这样的解读就是要使学生认识到，关心孩子更要关心老人，关爱人更要关爱生命。语文教学理应心系人的生命，深挖文本的生命资源，“披文入情”，“为情造文”。张志公说：语文教学不能喧宾夺主，热热闹闹搞了许多名堂，却没有把语言文字训练本身搞好。对此，熊芳芳指出，语文教学的根本任务就是引导学生学习语言，理解和运用祖国的语言文字，提高听、说、读、写的能力，因为语文学科最根本的性质是工具性和作为语言文字的性质。

2. 让课堂灵动，启迪生命

生命语文从构建生命课堂开始，坚持以人为本的原则。教育是人为的，更应是为人的。爱因斯坦说：学校的目标始终应当是：青年人在离开学校时，是作为一个和谐的人，而不是作为一个专家。教育无非是一切已学过的东西都忘掉的时候所剩下的东西。也就是说，知识的意义在于内化为情感、智慧和观念。通过实践，教师应当构建生命语文“‘我’课堂”教学模式，其蕴含的是终身学习的理念。“我”是整个模型的中心，也是原点。这提醒师生，学习过程应当以人为原点，尽力去拉伸半径，体现的是因材施教的个性化教育理念。生命语文“‘我’课堂”以学生为中心，引导学生带着兴趣出发，乘着动力攀升，载着快乐投入，更加充满激情地进入课堂，走上自主学习、主动学习、终身学习的轨道。这样的课堂以人为本，最适应学生发展层次，最接近学生最近发展区，强调师

的支持与服务，引领生的眼更“慧”，嘴更“巧”，脑更“智”，在尝试、讨论、感悟、体验、合作、总结、拓展中多维互动，实现教与学的有机融合，实现课堂的“天时地利人和”。“‘我’课堂”教学模式，从人本主义伦理哲学的高度把课堂还给学生，将“他者”的课堂还原为“我”的课堂。“‘我’课堂”是学生的课堂，也是教师的课堂、第一人称的课堂，是最具生命活力的课堂。

3. 让过程灵动，润泽生命

生命语文，一方面倡导用阅读去铺陈生命、积淀生命、滋养生命、丰盈生命；倡导在阅读中体验他人，在阅读中感受幸福，在阅读中提升文化品位、审美情趣和文学素养；倡导阅读的自由灵动，以此启迪智慧，陶冶性情，温暖心灵，充盈精神，润泽生命，达成生命的自我实现。另一方面又提倡用写作去记载生命。熊芳芳认为，写作是人“诗性智慧”的一种呈现方式，并且这种呈现，是一种生命的需要。萨特说：写作的真理是我拿起笔，我的名字叫萨特，这就是我所想的。我的作品使我永恒，因为，它就是我。在新课程理念的指引下，作文教学从写虚假回归到现在的写真实、写个性，这固然是一个进步，但是也潜藏着一种危险，就是以为只要有本真的感知和体验都值得写。原生态包含一种原始的美，但是原始的感知并非都是美好的，人性、个性也是需要打磨切磋的。熊芳芳指出，生命语文的写作教学，应当致力于养成学生高尚纯正的趣味，这种趣味会直接影响其作品的品质。语文教学的过程主要包括阅读和写作，这两者都应以读为本。“劳于读书，逸于写作”，看似清闲懈怠，实为“积小流”以“成江海”。以读为本，大读书，读大书；好读书，读好书。在读的过程中生成对话，积淀语感，感悟情思，掌握方法。语文的学习是有季节性的，生命语文强调根据学生生命的成长节律适时阅读。生命语文把语文学习的过程当成充满魅力的灵魂探险和精神漫游，并在这个过程中体验生命的律动，收获审美的愉悦。

参考文献

[1] 熊芳芳. 生命语文[M]. 延吉：延边教育出版社，2009：2.

[2] 潘涌. 语文教育理念的最新发展：评新修订的高中语文教学大纲[J].山东教育科研，2001，(4)：43-46.

第三节 生态语文

生态语文首先由江苏省语文特级教师，张家港市教研员蔡明提出。几十年来，他一直以生态语文教育为抓手，带领团队研究生态阅读文化、生态作文教学和生态课堂建设。在他的影响和带领下，一批一线语文教师找到了精神栖息的家园，走上了专业成长的道路。生态语文也正在成为改革中国中小学语文教学，乃至基础教育的一股重要力量。下面将就生态语文的概念、基本理念、主要特征、实施策略以及本质意义五个方面进行论述。

一、生态语文概念的厘定

蔡明认为，生态语文是语文的一种信仰、理想。生态语文自身否定了试图给它定义的任何轻举妄动。无论如何，你不能把语文当成一门孤立和静态的学科来观察。什么时候，你第一次感到了生态？或者是在什么样的时候，你感觉到了语文需要生态？你就会默许生态语文这一存在。[1]朱治国提出：生态语文就课堂学习而言，是指课堂中的语文生长状态。生态语文所关注的语文生长状态是在教学活动中师生的语文活动状态，而“珍惜独特性、尊重多样性、强调关系性、追求和谐性”，是将生态语文与其他语文教学区别开来的本质，是生态语文的基本价值取向。[2]徐凌云认为：生态语文，就是我们在语文教学中，一方面要注重系统观、生态观，促使课堂与自然社会的关系发生转变，注重实践与体验；另一方面要促使教学生态的改善，通过转变教学生态中的教师行为、学生行为，来平衡课堂群体生态，建设和谐的语文教学生态环境。[3]

综上观点，生态语文是一种用生态理念去学习、教授、研究语文的语文教学新模式、新流派。生态语文的关键在于生态，而生态的本质就是遵循规律。遵循规律体现在语文教学中主要有两点：第一，遵循语文学科自身的规律。语文是工具性和人文性的统一，在生态语文教学中既要体现语文的工具性，也要重视语文的人文性。第二，遵循学生学习语文的规律。教师与学生是教学的两个主体，尊重学生在课堂中的主体地位即“以生为本”，充分尊重学生，理解学生，站在学生的角度看待问题，承认学生是有不同个性的个体，让语文课堂真正充满“生态”气息。

二、生态语文的基本理念

语文课堂是教师、学生和文本共同的课堂，生态语文课堂是在教师的引导下充分发挥学生和文本作用的课堂。保持学生和文本的活跃性是生态语文课堂的主要任务。因此，生态语文的课堂教学理念集中起来主要体现在以下四个方面：

（一）基于学生

基于学生就是以生为本，从学生经验出发，重视学生的兴趣。语文的意义只有在课程的执行中才会发生，无论你对语文有怎样完美的认知，如果失去了与学生的紧密关联，就失去了价值。有些风靡一时的语文教育思想之所以成为明日黄花，就在于它是教师的语文，而不是学生的语文。生态语文课堂以人为本、基于学生的理念具体体现在四个方面：第一，要满足学生的发展需要，提高学生语文的基础知识和基本技能；第二，要尊重学生的主体性，发挥学生的积极性与主动性；第三，以学生为本，培育发展学生鲜明的个性；第四，基于学生的经验，关注学生语文学习的兴趣。

（二）以文为本

语文教学从某种意义上说就是阅读教学，所以生态语文首先强调生态阅读教学。如果一节语文课对文本的诠释不是生态化的，生态语文也就没了载体。文本自身具有丰富的生态文明内涵，具有生态本质，应当成为引领课堂教学的生态化设计的依据。文本生态维度应该成为生态语文课堂建构的核心。解决语文课堂生态危机的根本出路在于，用科学的方法合理调适不同个性、不同基础的学生对文本的充分理解与吸纳，使语文学科真正满足学生的文化需求和精神需求。教师必须从文本内在生态性这个维度出发，建构学生丰满、自主的精神家园。

（三）个性教学

课堂既是学生的课堂、文本的课堂，也是教师的课堂。在生态语文的课堂上，教师除了要尊重学生的学习个性之外，也要注重自身教学个性的开发。一位合格的语文教师，应该有自己鲜明的教学个性与教学艺术，并且这个个性是符合自身特点的，能够扬长避短，将自己的优点发挥到最大程度。生态语文课堂除了尊重学生、尊重文本之外，还要尊重教师，彰显教师教学个性。

（四）适性发展

蔡明觉得生态语文倚重“习来”而非“学来”，学生具有与生俱来的语言学习的能力，教师是“学习共同体”的成员之一。[4]生态语文价值追求的核心是“自然的、自在的、自由的”。凡是用各种所谓的形式和教条来制定出的种种“规范”，都与真正的生态语文有距离。语文就是它本身，每个学生天生都有学习语文的能力，生态语文课堂提倡尊重这种能力和天分，不过分干涉，顺其自然，适性发展。

三、生态语文的主要特征

生态语文是围绕“生态”和“语文”两个词展开的，既具有生态性的基本特征，同时也兼有语文性的特质。因此，生态语文的主要特征可以概括为以下四点：

（一）自然性

生态语文就是“教育生态学”理念指引下语文的研究与实践。蔡明认为，自从提出生态语文到现在，我们一直以为生态之于语文是最好的修饰，生态是全息的，生态是系统的，生态是和谐的，生态是生命的，生态是生活的，生态是自然的。因此，生态语文，不再是为了语文而语文，更不是为了所谓崇高而又虚无的理想而语文，而是为了人的生存、发展、文明而语文。

（二）自主性

生态语文课堂是自由、自主的课堂，课堂是丰富多彩的，应充分展示学生的个性。而要达到这种境界，就必须还学生以自由精神，充分展示学生生命的原生态，这是生态语文课堂教学中最重要的。要让学生好奇地问、自由地想、舒畅地说。清水出芙蓉，天然去雕饰，让我们的语文课堂教学切实提高学生的听、说、读、写能力和语文素养，真正返璞归真，达到“原生态”的境界，这便是我们所追求的理想语文课堂教学。

（三）生命性

课堂是真正的生命活动，应充满生命的激情。生态化的语文教学应致力于提升学生的生命质量，建构语文教学的内容、方法、过程，培养学生在学语文、用语文的过程中，对生命的认识、理解、体验，以生命哲学的思想指导语文教学，激励人的主体意识和创新精神。每一个学生都是一个生命的个体，他们所反映出来的学习情感、学习态度、学习方法、学习过程以及人生的价值观都应得到尊重，教师应站在“尊重生命”的高度，建构生态语文教学课堂。

（四）创新性

教育的目的是培养人，发展人。所以，教育所培养的人，不应该是机械的、呆板的、千人一面的，而应该是高素质的、充满活力、富有个性的。当今时代是知识经济时代，它呼唤高素质的创新型人才，而创新型人才的培养需要教育的改革，尤其是要改变传统的、非生态的教学方式。因此，提倡独特的、灵活的、生态的教学方式是时代的要求。这种要求反应在教学中就是倡导教师教学要有个性、创新性。倡导教学个性、创新性的目的是用多样化、生态化的教学模式让学生生动活泼、健康主动地发展，成为具有独特个性的创新型人才，以适应时代的需要。

四、生态语文的实施策略

生态语文的理念是符合时代要求的，但更重要的是要把先进的理念付诸实践，这就需要教师对课堂进行精心的设计和引导。关于生态语文的策略可以从以下五个方面来实施。

（一）语文课程体系生态化

生态语文提倡创建家庭、学校、社会、自然、网络“五位一体”的课程体系，形成“大语文教育”的基本体系。“大语文教育”最早是特级教师张孝纯创立的一种新型的、带有突破性的语文教育思想。这种思想主张语文教育以课堂教学为轴心，向学生生活的各个领域拓展，全方位地与他们的学校生活、家庭生活同社会生活有机结合起来，并把

教语文同教做人有机结合起来，把传授语文知识同发展语文能力、发展智力素质和非智力素质有机结合起来，把读、写、听、说四方面的训练有机结合起来，使学生接受全面的、整体的、强有力的培养和训练。“大语文”所建立的课程体系正是建构生态语文课程所需要的。新的生态课程体系是一种开放的、动态的、和谐的、生长性的和可持续发展的课程体系。

（二）语文教材编制人性化

语文教材在语文教学中具有非常特殊的地位，语文教材是语文课程的形象载体，教材内容体现着课程要求与目标；语文教材又是语文教学的重要媒介，更是语文课堂教学十分重要的凭借。语文教材的编制对语文教学具有重大影响。生态语文教学所需要的教材应该人文化、人性化，充满人情和人道的气息。在编制语文教材时要充分考虑学生的生理和心理特征，符合学生的需要，所选编的课文要能够引起学生的兴趣，使学生与教材产生共鸣。教材在选文时既要选一些传统的经典文章，同时要与时俱进，适当地选入一些时文。社会在进步，教材的编制当然不能落后，在传承中国经典文化的同时，要注重教材的人文性、时代性，让教材的编写深入学生的内心，对学生产生潜移默化的影响，实现真正的生态语文。

（三）语文课堂教学生活化

语文课程来源于生活，它本身就是生活的一部分，因此，应在课堂中尽量将课文所叙述和描写的内容还原于生活，使学生的生活经验与文本融合，语文学习与社会生活融为一体。在美国，语文课是在语文情境的创设与开发运用中进行的。小学一年级第一堂语文课，老师提出一个孩子们普遍感兴趣的问题：“我们是怎样从妈妈的肚子里生出来的呢？”孩子们七嘴八舌议论纷纷。到底是怎样生出来的呢？老师说：“从今天起我们一起来做一个实验。”老师把事先准备的一对老鼠请进教室。于是从这一天起，语文课就变成了老师和孩子们养老鼠、观察老鼠生育过程的活动。同时，在这样一个特定的语言环境中，引出了一系列词汇。一个月左右，小老鼠生出来了，孩子也掌握了不少词汇。第二个月，老师又提出了一个问题：“鱼是怎么生出来的？”于是老师和孩子又在教室养了一对鱼。第三个月，老师又问孩子们：“校园里的树有没有妈妈？”于是，老师带着孩子们走出教室，在校园里开垦一块土地，种下树种。第四个月，老师再问孩子们：“山上的石头风吹雨打，日晒夜露，他们有没有妈妈呢？”于是，老师带着孩子走出校园，采集各种石头标本……这就是生态的、生活的语文。

（四）语文学习方式个性化

个性化学习是基础教育课程改革中所提倡的学习方式。在以终身教育为典型特征的学习型社会，具有个性化特征的学习方式已成为学生健全人格建构的必经之路。《义务教育语文课程标准（2011年版）》主张以人的终身需要及和谐发展为目标，强调学生在语文学习中的主体地位，要求学生“能主动进行探究性学习”“具有独立阅读的能力”

“学会运用多种阅读方法”“注重情感体验”“发展个性、丰富自己的精神世界”，并将学习语文的自信心作为养成良好学习习惯的先决条件。每个学生都是不同的个体，有着其独特的感受，面对同一个文本，会产生不同的理解，“有一千个人就有一千个哈姆莱特”，同样，“有一千个语文教师就必然会有一千种语文课程”“有一千个学生就会有一千种独特感受”。所以，语文学习没有千篇一律的程式，每堂课都是不可重复、不可复制的。每个学生都有不同的思想、个性，在生态语文的课堂上要允许学生自由地表达，尊重学生的个性，运用不同的学习方式，实现语文学习的个性化。

（五）语文教学评价多元化

生态语文在教学评价上要求多元化。这里所说的多元有三层意思，即语文教学评价主体的多元、教学评价方式的多元和评价标准的多元。新课程语文评价要求注意评价主体多元性，即教师评价、学生自我评价、同学互评和家长参与相结合。语文教学评价方式的多元化是指根据评价内容的不同，可以采取不同的评价方式。例如，对于基础知识的评价，可以采取笔试，或将基础、阅读和作文三部分合为一张试卷；对于听说能力的评价，可以灵活一些，进行口试、朗读、口语交际等。评价标准的多元化是指语文具有人文性和文化品格，而文化本身又具有包容和多向的特点，再加上学生语文学习存在个性差异，语文素养存在差别，这些都决定了语文教学评价要遵循价值多元化标准，使每一个学生在评价过程中都能领略成功的喜悦。

五、生态语文的本质意义

生态语文的提出，对语文教育产生了重大影响，是语文在新世纪的新诠释，其意义主要表现在对语文教学的意义、对学生的意义、对教师的意义三个方面。

（一）对语文教学的意义

生态语文是对近年来语文“非生态”现象的拨乱反正，引起人们对语文教学的重新思考：语文到底教什么？语文课到底该怎么上？它的提出给语文教育界带来了新鲜的气息。

（二）对学生的意义

生态语文强调尊重学生的个性和话语权，充分发挥学生的主动性和积极性，真正站在学生的立场上，为学生着想。生态语文更多的是尊重学生生理和心理的发展规律，按规律教学，以求教育影响的长远性和深刻性。

（三）对教师的意义

生态语文一改以往“教师中心”的思想，敢于打破教师的权威，把课堂还给学生，

而不是把教师的思想强加给学生。在生态语文的课堂上，教师是一位引导者、激发者、生命之火的点燃者，这对教师角色的转换有重要的意义。

总而言之，生态语文是符合教学规律的语文，是符合新课标要求的语文，是符合学生身心发展规律的语文。构建生态语文课堂，充分尊重学生，生态解读文本，绿色写作，实现语文教学的生态发展和学生学习的生态发展，是生态语文的生命和奋斗目标。

参考文献

[1] 蔡明. 新课程背景下的生态语文课堂研究[J]. 语文教学通讯，2012，(25)：13-16.

[2] 朱治国. 新课程背景下的生态语文课堂研究[J]. 语文教学通讯，2012，(25)：17-19.

[3] 徐凌云. 叙说生态语文[J]. 新课程研究（基础教育），2007，(01)：38.

[4] 蔡明. 新课程背景下的生态语文课堂研究[J]. 语文教学通讯，2012，(25)：14-15.

第四节 绿色语文

绿色是草木的颜色，是大自然的颜色，更是生命之色。绿色是一抹让人清新的心灵色彩，一股充满希望的生命活力，一种返璞归真的和谐境界。这里用“绿色”来形容语文课堂教学，旨在说明语文应追求浓浓“绿意”：和谐、健康，饱含情感的课堂。《义务教育语文课程标准（2011年版）》的制定，引发了我们对传统语文课堂的反思，我们试图构建一种与新课标最合拍的课堂——绿色课堂。

一、绿色语文的提出

清华附中赵谦翔在《用“绿色语文”救治“文字恐惧症”》一文中明确主张实行绿色语文教育。他认为，绿色语文不是“传教士”的语文，而是师生共建、共享的语文——它使师生在对话的互动中认识自我、表现自我、提升自我。这种语文，不是唯科学主义的语文，而是充满诗意的语文——它使课堂充满灵动、充满情趣、充满个性。[1]赵谦翔指出，绿色语文的真谛是“纯天然”和“可持续发展”。语文的“纯天然”是指工具性与人文性统一的学科属性；语文的“可持续发展”是指不仅“为高考”学语文，更“为人生”学语文。[2]

林丽霞则对语文模式赋予了“绿色”，她认为的语文“绿色模式”是通过开辟自读自悟课、选读课文欣赏课、好书推荐课、收集资料汇报课、编辑自己的作文选课等途径，开展绿色语文教学活动，这种语文教学是在绿色理念的指导下，师生共建、共享的语文教学，它使课堂充满灵动、充满情趣、充满诗意、充满个性。这种语文良性循环教学，使学生感受到在生活中学语文、用语文的快乐，使语文教学这块园地生机勃勃，具有生

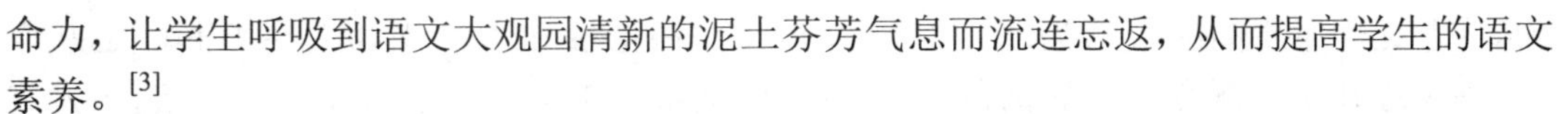

命力，让学生呼吸到语文大观园清新的泥土芬芳气息而流连忘返，从而提高学生的语文素养。[3]

李晓芹在《新“课标”呼唤绿色评价：评析新课堂标准下的语文课堂教学》一文中提出：绿色语文要进行“绿色评价”，新课标下的语文教学评价应坚持以人为本，以促进学生人格和谐发展为根本目标，注重评价方式多元化和科学化，最终实现学生的全面发展。首先，评价的目的要明确。在课堂教学中，不管采用哪种评价方式，不管是针对学习内容的评价，还是针对学习习惯、学习方法、情感态度和合作学习等方面的评价，都要注重每个学生的感受。其次，评价的观念要“刷新”。重视发展，淡化甄别与选拔，实现评价功能的转化；重视综合评价，关注个体差异，实现评价指标的多元化。由“重他评”走向“重自评”，实现评价主体由“单一化”走向“多元化”。最后，评价的方式要多样，包括教师对学生的评价，学生间的相互评价。[4]

课堂教学是贯彻新课标的主阵地。语文作业作为对语文课堂教学的有效延伸和补充，对于学生来说是对单位时间内所学知识的复习与巩固；对于教师来说是进行检查反馈，并据此调整、改善自己的教学。在教育改革呼唤生态语文课堂的今天，如何根据语文学科的特点，有针对性地布置“绿”作业，让学生通过“绿色养料”的吸收，掌握和巩固知识，实现“生态”学习，应成为语文教师的孜孜追求。“绿色作业”不仅可以巩固一堂课所要求掌握的知识，而且可以激发学生的学习兴趣，开发学生的智力，拓展学生的知识面，点燃学生创造思维的火花，提高学生的语文素养。[5]

二、绿色语文的界定

《义务教育语文课程标准（2011 年版）》明确提出：语文课程丰富的人文内涵对学生精神世界的影响是广泛而深刻的，学生对语文材料的感受和理解又往往是多元的。这不得不引发我们对传统语文教学进行反思。我们要正确认识语文，教学活动是生命之间的对话和交流，教育的本质是对学生生命的关怀，是解放学生自由发展的时间和空间，那么，如何营造一个有利于学生健康成长的“绿色生态园”，让语文学习从枯燥乏味变得趣味盎然，让语文的天空一片“绿色”，充满生机呢？这就需要我们从“绿色阅读”“绿色作文”“绿色模式”“绿色评价”“绿色作业”等方面来发展、丰富绿色语文。

顾黄初先生早在《语文教学要贴近生活》一文中就指出：语文教学的改革，关键在贴近生活。这是“根”。刘国正先生也强调：要使学习语文同生活紧密联系起来，把教学搞得生动活泼。这生活，包括学生自己的生活，家庭、学校、社会的生活。语言产生于生活，并为生活服务；脱离了生活，就变成毫无生气的空壳。语文教学也要同生活相联系，脱离了生活，就会变得呆板枯燥。[6]

所以，我们认为，绿色语文就是树立学生的绿色意识，开发利用社会生活中的语文资源，努力培养学生的健康审美情趣，根据学生的个性特点，把语文教育与人的发展相结合的一种语文教学主张和教学模式。绿色语文的核心是对学习主体的尊

重，是以教师高尚的人格为动力，以自然性、和谐性和人性化为主要内涵。它从学生的心灵出发，摒弃了“题海战术”的机械训练，在教学过程中为学生创造一种自然、和谐、平等和人性的成长环境，让学生愉快地去学习，轻松地去认知，从而达到教育的目的。

三、绿色语文的特点

（一）人文性

钱理群教授曾这样描述语文课程：这门课程打破时空的界限，克服个人生命的有限范围，把同学引入民族与世界、古代与现代思想文化的宝库，与百年之远、万仞之遥的大师巨匠，与古代最出色的哲学家、历史学家、文学家、军事家，与现代一流的小说家、剧作家、诗人、散文家进行心灵的交流、精神的对话。你将触摸集中了人类大智大勇的高贵的头颅，融会了人间大欢喜、大悲悯、大憎恨的博大情怀的颗颗大心；你将在有声有色有思想有韵味的语言世界里流连忘返，透过美的语言你窥见的是美的心灵、美的世界。德国教育家斯普朗格指出：“教育绝非是单纯的文化传递，教育之为教育，正在于它是一个人格心灵的‘唤醒’，这是教育的核心所在。”语文是生命之声，是文化之根，是人的精神家园，因此，语文课程具有丰富的人文内涵。语文从课程广度看，上至天文，下至地理，古今中外，无所不包；从课程效度看，可提升道德境界，可培养审美情趣，可启迪人生智慧，可丰富文化底蕴。语文教学过程以厚实的人文内涵为其底蕴，对学生的情感、态度、价值观的影响必然是广泛而深远的。可以这样说，绿色语文教学的本质特点就是人文性。钱理群教授认为，中学语文教育要打好两个底子，即“终身学习的底子”和“精神的底子”。而打好“精神的底子”就是为了“立人”，就是为了“在他们长大以后，真正面对社会与人生时，就能以从小奠定的内在生命中强大的光明面，来抗拒外在与内在的黑暗”。这就是语文人文性的根本所在。[7]

（二）体验性

体验是伴随着积极心理活动寻求未知的实践过程，是获取直接知识、形成学习能力、唤起创造潜能的基本途径，是一种“文化·心理”的过程，符合教育教学的本真。绿色语文教学强调体验，主张教学应以学生对文本的体验为核心，通过体验使学生感悟文本内涵，解读生命意义。具体而言，它注重引导学生对学习过程的全程参与和全力体验。它以人的发展及对生命的关怀为本，以对文本、生活的体验及智慧的开启为目标。它要求从学生已有的生活经验和知识背景出发，向他们提供充分的学习和交流的机会，突出学生的主体地位，拓展学生自由学习、思考、体验的时空，崇尚个性化理解，注重体现学生认知、思维等心理活动过程。正如张敬义所说：语文是一门充满感受和体验的学科，只有当学生的心灵为墨韵书香所浸染，与作品产生共鸣，对生活移情体验，才能获得人生的启迪、精神的丰富；语文是一门实践性很强的学科，只有让学生更多地接触语言材

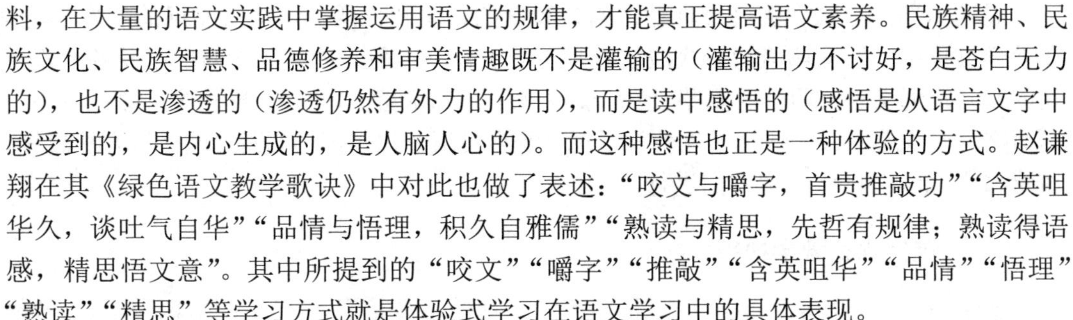

料，在大量的语文实践中掌握运用语文的规律，才能真正提高语文素养。民族精神、民族文化、民族智慧、品德修养和审美情趣既不是灌输的（灌输出力不讨好，是苍白无力的），也不是渗透的（渗透仍然有外力的作用），而是读中感悟的（感悟是从语言文字中感受到的，是内心生成的，是人脑人心的）。而这种感悟也正是一种体验的方式。赵谦翔在其《绿色语文教学歌诀》中对此也做了表述："咬文与嚼字，首贵推敲功""含英咀华久，谈吐气自华""品情与悟理，积久自雅儒""熟读与精思，先哲有规律；熟读得语感，精思悟文意"。其中所提到的"咬文""嚼字""推敲""含英咀华""品情""悟理""熟读""精思"等学习方式就是体验式学习在语文学习中的具体表现。

（三）开放性

与传统语文教学的"唯教材是教"不同，绿色语文教学强调语文与生活的关系，将语文教学的空间从教材与课堂拓展向生活，构建无比广阔的教学空间，也开拓无比丰富的教学资源。所以，开放性也是绿色语文教学的特点之一。在绿色语文教学的视野中，生活处处皆语文。例如，在生活交际中学习如何听话和如何在不同场合、面对不同的对象恰如其分地表情达意；在影视中学习人物表演与语言的艺术，了解服饰与历史的关系，了解社会万象，关注生活热点，拓宽知识视野；在电脑网络中接受强大信息浪潮的冲击，感受网络语句的鲜活与另类。可以说，只要带着语文意识看生活，语文资源俯拾皆是，语文学习别有洞天。这正如刘国正先生所说：教室的四壁不是水泥的隔离层，应是多孔的海绵，透过各种空道使教学和学生的生活息息相通。这样，会使教学充满生气，使语文训练多趣而有效。

以上是对绿色语文教学主要特点的几点粗浅的认识，此外，语文课程本身的特点，如工具性、实践性、对话性及创新性等，也是绿色语文教学所必然具备的特性，这里就不再赘述了。《义务教育语文课程标准（2011 年版）》提出了"努力建设开放而有活力的语文课程"的基本理念，其具体的要求与绿色语文教学的基本理念是一致的，同时，绿色语文教学也具备较为成功的实践基础，而不是仅限于空泛的理论探究，从这个意义上说，它对"新课改"的推进无疑更具有现实的指导意义，值得语文教育界同仁予以更多的关注与探讨。

四、绿色语文教学的实施

（一）确立绿色教学目标

自 2001 年教育部制定的《全日制义务教育语文课程标准（实验稿）》正式颁布实施以来，"新课改"已陆续在各地展开。课程改革的核心环节是课程实施，而课程实施的基本途径是教学，因此，课程方案一旦确定，教学改革就成了课程改革的关键。如果教学观念不更新，教学方式不转变，课程改革就只能流于形式。

以新课标的观点来看待"绿色"的语文课堂"生态环境"，其核心是"以人为本，

以发展为本”，它强调的是一种动态的、和谐的、生长性的、可持续发展的生态环境。在教学过程中，生态环境的模式注重教师、学生、内容和环境各要素内部以及各要素之间的相互沟通关系，四个要素整合在一起则形成了充满活力的、生长性的“绿色生态”的语文教学课堂环境。确立绿色教学目标，仍然要从知识与能力目标，过程与方法目标，情感态度价值观目标三个方面进行。

（二）选择绿色教学内容

教学内容是学与教相互作用过程中有意传递的主要信息，一般包括课程标准、教材和课程等。当下正值新课程改革，基于生成性教学思维理念，人们对于教学内容有了新的认识：教学内容，系指教学过程中同师生发生交互作用、服务于教学目的达成的动态生成的素材及信息。

基于语文课程的特殊性，绿色语文的教学内容主要包括：第一，绿色作文。所谓绿色作文教学，是指在作文教学中，使学生在写作中追求情感的真诚、思想的真实、个性的真切，使作文和做人协调发展的作文教学方法。赵谦翔指出：“灰色作文”特产假、大、空、废“四话”，其中尤以“假话”最为厉害；“绿色作文”针锋相对，自然倡导“真话”为其纲领。第二，绿色阅读。绿色阅读要求学生读书要多。读好书，好读书，读书好。读好书，利人；好读书，养人；读书好，成人。第三，绿色文言。绿色文言教学不再是那种单纯追求文白对译的教学，而是在理解“文言”的基础上深思熟虑“文化”精华的教学。

（三）组织绿色教学活动

在教学实践中，我们常常会看到这样的现象：同样一份经典的活动方案，由不同的教师执教会产生不同的活动状态。由此可见，一个成功的教学活动，除了要制定合适的目标、精心设计活动过程外，教师在教学现场的互动水平、处理预设和生成的能力等，也是影响教学活动质量的重要因素。“绿色”的语文活动，首先从活动的外显和内隐上说，包括以听、说、读、写为核心的语文外显活动与语文思维为核心的内隐言语心智活动；其次从学习领域上说，包括识字写字活动、口语交际活动、阅读活动、写作活动、综合性学习活动；再次从语文活动目的上说，包括基于阅读文本的活动、基于开发资源的活动、基于生活的语文活动；最后从学习方式方法上说，包括感知性活动、体验性活动、探究性活动、创造性活动、综合性活动等。

（四）使用绿色教学方法

传统的语文教学方法，最常见的就是讲授法，教师一本书、一张嘴，45 分钟讲到底。这样的课堂永远是“灰色”的，没有“绿色”可言。

达尔文说：最有价值的知识是关于方法的知识。黑格尔说：方法是任何事物所不能抗拒的、最高的、无限的力量。可见方法是多么的重要。教学方法有很多，可分为以语言传递（听）为主的教学方法，如讲授法、谈话法、讨论法、读书指导法；以直观感知（看）为主的教学方法，如演示法、参观法；以实际训练（做）为主的教学方法，如练

习法、实验法、实习法、活动法；以引导探究活动（研）为主的教学方法，如发现法；以情感陶冶（赏）为主的教学方法，如欣赏教学法、情境教学法；综合交错（总）的方法，如综合性学习；等等。教学方法没有好坏，只要方法是基于学生兴趣，符合教学规律，课堂运用得当都是“绿色”的方法。

（五）进行绿色教学评价

绿色语文背景下的教学评价应坚持以人为本，以促进学生人格和谐发展为根本目标，注重评价方式多元化和科学化，最终实现学生的全面发展。《义务教育语文课程标准（2011 年版）》指出：教师评价应以表扬、鼓励等积极的评价为主，采用激励性的评语，从正面加以引导。“绿色”的语文教学评价，首先，要“刷新”评价的观念，要重视发展与促进，淡化甄别与选拔，评价的真正目的是促进被评价者的发展。其次，要注重评价主体的多元化。注意将教师的评价、学生的自我评价与学生间相互评价相结合。加强学生的自我评价和相互评价，还应该让学生家长、社会积极参与评价活动。最后，评价方式要多样化。考试只是评价的方式之一，要综合采用多种评价方式。语文教学评价方法还包括测验法、观察法、面谈法、自我评价法、问卷法、档案袋法和苏格拉底式研讨评价法（“班级参与”“课堂讨论”等作主要评价参考）等。

参考文献

[1] 赵谦翔. 用“绿色语文”救治“文字恐惧症”[J]. 中国教育报，2004，(5)：1.
[2] 赵谦翔. 赵谦翔与绿色语文. [M]. 北京师范大学出版社，2005：10.
[3] 林丽霞. 绿色语文教学模式[J]，中国科教创新导刊，2009，(30)：1.
[4] 李晓芹. 新“课标”呼唤绿色评价：评析新课程标准下的语文课堂教学[J]. 山西教育教学，2010，(3)：1.
[5] 陈伟. 生态的语文，绿色的作业[J]. 考试周刊，2011，(23)：1.
[6] 徐余忠. 绿色语文：理念与生命的回归[J]，教学与管理. 2005，(8)：1.
[7] 陈玉芝. 绿色语文的四个特点[J]，教研天地，2008，(3)：1.

第五节 情境语文

有人说，语文如同滋味甘醇的美酒，让人回味无穷；有人说，语文如同和煦温暖的春风，让人心旷神怡……语文，其实是培养学生审美情趣的最好工具。可在日常教学中，大多数教师“一支粉笔、一张嘴”的传统教学模式导致学生学习积极性不高，往往没能让学生体会到语文之美，当然不能收到很好的教学效果。那么，采用何种方式才能在课堂上让学生易于进入课本情境，真切感受语文之美，从而提高审美情趣和文学素养呢？叶圣陶先生曾说：作者胸有境，入境始与亲。《义务教育语文课程标准（2011 年版）》亦指出：语文教学应激发学生的学习兴趣，注意培养学生自主学习的意识和习惯，为学生创设良好的自主学习情境。所以，在现代语文教学中，教师应针对学生心理特点，结

合课文，改变教学方式，善用情境教学法来激发学生学习语文的兴趣，调动学生学习的积极性，最终让学生学得有趣、有效，事半功倍。

一、什么是“情境语文”

心理学认为，情境是指对人引起情感变化的具体自然环境或具体社会环境。从生态学视角来看，情境作为课堂教学中富有感情色彩的场景和氛围，在完整意义上分人文情境和科学情境。两种情境和谐而自然地并存于课堂教学中是促进学生整体发展、培养学生完善人格的前提。

李吉林以学生的个性全面发展为目标，依据马克思关于人的活动与环境有机统一的原理，借鉴心理学中暗示、移情、角色效应以及心理场等理论，逐步构建起自成体系的“情境教学法”。她吸收了中国有关“意境”论的有益养分和近代王国维“境界论”的某些论述，又借鉴了当代西方教育实践中的理论，在半个多世纪的教学实践中，不断学习，反复实践，创造了符合学生特点的情境教学。情境本来是一个普通的词，但被李吉林赋予了新内涵后，便成为教育界一个新颖的概念。如今，情境教育已成为一大新兴教育流派，对国内外教育改革产生了深远影响。

从语文教学的角度看，情境是指从事语文活动的环境、产生语文行为的条件，是一种优化了的学科教学环境。它以情感调节为手段，以学生的生活实际为基础，激发学生的情绪、丰富学生的情感。情境语文包括“情”与“境”两个不可分割的部分，这就要求语文教学工作者将学生学习的兴趣、情绪、情感体验等摆放在教学应有的位置上，以学生的生活实际为基础，创设相应具体的教学情境，充分调动课堂中的各种因素，高效、愉悦地完成教学任务。

二、为何选择“情境语文”

尽管长期的封建专制教育使我国近现代教育相对落后，但其中也不乏许多优秀的教育思想等待我们去发掘。李吉林就是在这些宝贵财富中找到了适于自己教学的“矿藏”，然后加以挖掘、改造，同时又不断吸收西方先进教育理念加以“锤炼”，从而熔铸成了自己的“情境教学”。

（一）历史传承

中国教育数千年，其间精华与糟粕兼有。儒家的经世致用，道家的崇尚自然，佛家的精神超越等，在今天仍然是优秀的教育思想。李吉林的情境教育思想，正是对这些优秀教育思想的继承与创新。

孔子说：学而时习之，不亦说乎。这便启发了李吉林，应该让学生通过多练习来掌握语言这一工具性学科胡瑗主张“必游四方，尽见人物情态，南北风俗，山川气象，以

广其见闻，则为有益于学者矣”[1]，李吉林便带学生观察大自然，观察社会。王守仁说：大抵童子之情，乐嬉游而惮拘检，如草木之始萌发，舒畅之则条达，摧挠之则衰萎。今教童子，必使其趋向鼓舞，中心喜悦，则其进自不能已。[2]李吉林就创设轻松自由的情境，让学生在玩中学习。

李吉林创造情境语文其实源于偶然。一次，她无意接触到外语中的“情景教学法”，觉得生动有趣，遂开始迁移到语文教学中。起初，学生十分喜欢课堂上创设的片段情景，理解和表达能力得到明显提高。但她没有就此止步，因为中国古代文论给她打开了更宽广的天地。境非独谓景物也，喜怒哀乐亦人心中之一境界。故能写真景物真感情者，谓之有境界，否则谓之无境界。[3]她很快领悟到王国维《人间词话》的精髓，那就是“情”“景”交融。对情境教学的反思使她认识到：之所以成功是因为所提供的场景激荡了学生的情绪。刘勰《文心雕龙》所说的“情以物迁，辞以情发”，让她想到了应该提供情景来激发学生的情感。

经过一段时间的实践，李吉林意识到自己的教学与外语“情景教学”的不同——教材之差异，语文教材那一篇篇文章已创造了一个个“情”“景”交融的“意境”，那么，教学中情景的创设就应激发学生的想象、再现作者所描写的“深远意境”，体会文章的情感。为与“情景教学”相区别，李吉林提炼出“情景教学”的“情”，“意境”中的“境”，提出“情境教学”的概念。

（二）理论积淀

从 20 世纪 80 年代开始，教育改革实践中涌现出不少与语文情境教学相关的教育思想、方法和模式，其中包括：刘国正先生的语文生活观，主张“语文教学与生活相联系”，强调学生的生活体验；于漪的“情感教学法”，指出语文教育要弘扬人文精神，让学生感受到人文关怀；钱梦龙的“三主四式法”，体现了科学的教育观、学生观；魏书生的语文教育民主观，鼓励学生参与教学决策和管理，培养学生强烈的主体参与意识；宁鸿彬的思维训练模式，把学生看成认识和实践的主体；张孝纯老师的“大语文教育”，打破了语文教学封闭的局面，让学生进入更广阔的天地。

李吉林的专著《情境教学的实验与研究》是我国进行情境教学理论研究的第一本著作，她首次在文中明确提出情境教学这一概念。李吉林早期的情境教育思想吸收并创造性地运用了古代文论中“意境论”的核心内涵，形成了独到的语文教育思想，并确立以以人为本为核心。她认为，情境教学要“形真”“情深”“意远”“理念寓于其中”。她把学生引入情境，感知美；分析情境，理解美；再现情境，表达美；驾驭情境，诱发美。李吉林的教育思想，是从情境教学的学科土壤上发展起来的，逐渐成为情境教育，之后又提出了情境课程。她对情境教学的理论探求，取得了承前启后、继往开来的突破。

（三）交流融合

李吉林的情境教育一开始就与世界教育结缘——是外语的“情景教学法”给了她灵感。李吉林对世界教育改革趋势的把握和学习，使她能不断充实思想，始终站在改革的

前沿。钟启泉在《基础教育与课程改革》中概括世界教育趋势时总结道：20 世纪 70 年代末，“人性中心教育”“学术性课程，人际关系课程和自我意识、自我实现课程”开始受人瞩目；80 年代末，重视基础教育，抛弃注重文凭、学历的陋习，转向注重真正的学力；90 年代，建构主义风靡，人们对知识和学习方式的观念发生了改变。从李吉林的著述中，我们可以看到她对这些大趋势的深刻把握：“20 世纪 80 年代中期，世界教育改革的趋势开始明显地从科学化向情感化、人文化方向发展。”[4]“世界教育的趋向，已从注重知识—注重能力—注重智力，发展到日益重视情感的教育，正是体现以人为本的教育的需要。”[5]李吉林的情境教育在理论和实践上也经历了这样一个发展变化的过程。

总之，教育已经成为当前全人类共同关注的问题，在这一问题上，相互交流、借鉴，彼此融合、发展，已成为不可逆转的潮流。李吉林正是由于处于这样的潮流中，才能更好地积极参与其中，使情境教育不断得到发展，在其教学实践中，生根、发芽、开花，并硕果累累。

三、怎样写“情境语文”

（一）借情育人

1. 借言

当情境在学生眼前展现时，如果教师缺少语言调节，那么学生往往会热衷于自己感兴趣的部分，而忽略了对整个情境的感受。当情境再现时，若教师伴以语言描绘，不但能提示教学重点，引导学生边听边看边想，还能促使学生观察与思维相结合，这对学生的认知活动，起到了一定的指向性作用，从而提高了整体感知。同时，由于教师语言的作用，又能强化情境，渲染氛围，使情境展示的形象更加鲜明，并能刺激学生的感官，调动其情绪，促使他们主动进入情境中，产生情感的体验。

要让学生充分地读，在读中整体感知，在读中有所感悟，在读中培养语感，在读中受到情感的熏陶。读，当然也应当算是教师语言描绘情境的一种。古人云：“书读百遍，其义自见。”文学是一种语言艺术，对于作者的神思妙笔、精义妙理，只有通过反复诵读，才能融入文章的意境，理解蕴涵的思想感情，同时，能更好地激发学生的阅读兴趣，使其循序渐进地感受到文章的音韵美，体味到文章优美的意境，获得心灵的共鸣和精神的陶冶。

2. 借问

古人云：学贵于思，思源于疑。有疑，才有问；有问，才有究；有究才能知其理。适当设疑，学生定会产生求解的心情。可见，疑是启动思维活动的钥匙，疑能激发学生的探究兴趣和求知欲望。因此，教学中，教师不但要善于设计问题，还要激励学生勤思多问，培养学生的问题意识，强化其探究能力。在问题情境教学过程中，除了由教师提出相应问题外，还应鼓励学生多提问。在学生提出问题时，教师必须做到为学生提供成功体验，使学生乐于提问和回答。对学生的提问和回答，应采取不同的评价方式，可由教师口头表达，或由学生互评甚至自评。教师还可以用笑容、眼神等非言语行为来表达对学生的肯定，从而保护学生提问的积极性，激发学生提问的兴趣，最终使教学获得成功。

苏霍姆林斯基曾说：让学生通过自己的努力所理解的东西，才能成为自己的东西，才是他真正掌握的东西。通过对文本相关问题的讨论，能让学生主动参与课文内容的解析中，成为学习的主人，更能培养学生合作探究的意识和能力，最终达到牢固掌握所学知识的目的。

（二）创境感人

1. 图现

小学语文课本中有许多动人的画面出现在课文的字里行间，若是用图画再现课文描写的情境，课文形象很快就鲜明起来，使学生眼前一亮。在那样的情境中，学生的心里甜美无比，而故事语言的形象、意韵都镶嵌在画面中，学生便立刻有了具体的感受。

李吉林在讲《桂林山水》时，一幅水墨山水画的挂出，使同学们大为惊奇，并很快吸引了他们的目光。用图画再现情境简单易行，效果也很不错。不过，无论是运用放大插图、课本插图，还是运用简笔画、剪贴画，都需要教师运用语言加以指点、启发、描绘，提示学生感知的角度及侧重点，渲染气氛，从而让学生充分感受形象，进入情境，加深对课文语言的理解。因此，教学时，当图画出示后教师要相机引导，让学生仔细观察图画，激发内在情绪。

2. 乐染

在现实教学中，有些课文形象不是图画可以再现的，于是李吉林便想到了音乐，音乐和文学同被称为人类的灵魂，在震撼心灵上有相通之处。音乐的旋律、节奏，是一种微妙而强烈的语言，有其鲜明的形象，把听者带到特有的意境中，给人以丰富的美感，使学生很容易从乐声、节奏中产生情感体验，激起相似的联想和想象，心驰而神往，并让学生从听觉方面获得直观感受，激发学习兴趣，为解读课文打下良好的基础。

李吉林在讲《小音乐家杨科》时，对杨科的最好表现莫过于他的音乐了，音乐的播放吸引了学生一道欣赏音乐。音乐渲染可以普遍用于小学语文教学中，尤其是那些图画不足以表现的动态和意境，或是庄严肃穆、悲凉凄惨，或是欢快激动、惊险紧张，用音乐表现是再合适不过的。

3. 演感

有人说教师是导演，学生是演员，课堂应是学生表演的舞台。陶行知提倡“六大解放”，即解放学生头脑、双手、眼睛、嘴巴、时间和空间。因此，语文课堂教学也应帮助学生放开手脚，适当安排表演实践，让学生自由发挥，使他们的创造力放射出光芒。孩子喜欢表演，也喜欢看别人表演。既然是表演，就得有人担当角色。担当了角色，孩子就由“本角色”变为“他角色”，那种新奇感往往使他们欣喜若狂。其中，童话、寓言故事中角色的扮演用得最为普遍。每次表演中都应该有明确的目的，或是理解教材语言，或是训练表达。这种表演纯属即兴，不仅有感知、记忆，也包含想象与思维。

表演不仅仅指角色的扮演，演讲也可以得到很好的表现。教师在教学中要引导学生

领略演讲词本身的精彩，并让学生掌握演讲的各种技巧，光靠教师照本宣科地读上几个要点，提出几点建议是很难让学生学会演讲的。那么，便可以借助多媒体，选择若干典型例子，原声原貌地进行影像播放，营造一个情境，让学生很好地感受演讲者酣畅淋漓的神态、洒脱自如的手势、情绪激昂的情感，领悟演讲的真谛。然后，让学生对演讲者进行模仿，最终达到最佳的演讲状态。

实践证明，情境语文可以全面提升学生的素养，成为联系知识技能和健全人格的纽带，让学生既体验语文之美，又学到知识技能。语文学科的工具性与人文性在情境教学中得到了完美的结合，情境教学亦有效地提高了语文的教学效率。在课程改革的今天，情境教学作为一种充满生命活力的教学方法，充分体现了语文的灵动之美和人文之美。

李吉林在其 50 年余年的从教生涯中，勤于钻研，自成一家。在李吉林情境教育成功的背后，我们感受到另一种“情”和“境”。这种“情”就是她对教育事业的炽热之情，对学生的挚爱之情；“境”就是她不断进取、勇攀高峰的精神境界。有了这种“情”和“境”，才有了她的执着，也才有了她“柳暗花明又一村”的成功。李吉林这份执着之情值得我们学习，尤其值得我们这些还在研究道路上迷惘的后来者学习。

参考文献

[1] 孟宪承 陈学恂. 中国古代教育史资料[M]. 北京：人民教育出版社，1961：342.

[2] 孟宪承 陈学恂. 中国古代教育史资料[M]. 北京：人民教育出版社，1961：380.

[3] 王国维. 人间词话[M]. 上海：上海古籍出版社，2002：1.

[4] 李吉林. 李吉林文集卷三：情境教育三部曲[M]. 北京：人民教育出版社，2006：235.

[5] 李吉林. 李吉林与语文教育[M]. 北京：北京大学出版社，2006：143.

第六节 本色语文

20 世纪 80 年代以来，由语文根本性质的模糊化引起的一系列语文教学问题的争论、探讨、反思，使人们意识到改革语文课程与教学迫在眉睫。所谓“本色语文”就是要坚持“语文就是语文”，树立正确的语文观；坚持“用语文的方法教学语文”，构建本色语文的课堂；结合“和谐共生教学法”，生成树式共生课堂结构。

一、本色语文提出的背景

始于世纪之交的我国第八次基础教育课程改革，是一次整体改革，它带来了许多新的理念，但是从总体情况看，语文教育改革状况不容乐观。语文是什么？这本来不是问题的问题，现在却成为大问题，这是因为语文失去了本真，语文被严重异化：学习语文

只是为了考试；语文被夸大到一切都是语文；语文放弃了语文学科的基本责任去追求那些高位的目标；语文的理念、形式越来越多，课堂越来越热闹……语文认识的模糊和实践的浮躁，导致了泛语文、唯语文、非语文现象的泛滥，语文的本色有所丢失：人文性受到高度重视，而工具性却遭到空前的冷落；语文教坛充斥着“人文”“自主”“感悟”等时尚用语，语文基本功被忽视、被弱化；在语文教学经验的“继承与创新”“接受性学习”和“探究性学习”等方面出现矫枉过正的现象；写字教学时间大为减弱，完全成了阅读和写作教学的附庸，写作指导不细致，写作时间不充足，作文评价不到位，上课没时间识字、练字等。[1]

面对语文的失真和变味，一大批语文教育家在忧虑的同时，提出了本色语文这一概念，强调语文回归“本色”的重要性。

二、本色语文的内涵

黄厚江在《本色语文的主张和实践——语文的原点》一书中指出，本色语文就是：按照语文的规律教语文，按照语文的规律学语文；把语文课上成语文课，用语文的方法教语文。[1]

黄厚江对语文课的表述是：以语言为核心，以语文学习活动为主要形式，以提高学生的语言素养为根本目的。如果用一句话来表述就是：语文就是语文。同时黄老师提出本色语文的内涵主要有三层：一是“语文本原”——立足母语教育的基本任务，明确语文课程的基本定位。黄厚江认为，学生学习最基本的任务是培养热爱母语的感情，激发学习母语的动力，提高运用母语的能力。而语文课程就是承担母语教育基本任务的学科。二是“语文本真”——探寻母语教学的基本规律，实践体现母语基本特点的语文教育。语言教育，有其独特的学科特点，从文字到篇章，从表达到结构，从听说到读写，都和其他民族的语言不一样。因此，我们有责任探寻母语教学的基本规律，我们更有责任实践体现母语基本特点的语文教育。三是“语文本位”——体现语文学科基本特点，实现语文课程的基本价值。语文作为一门课程，它必然有着自身的课程价值、自身的课程目标和课程内容以及自身的课程要求和评价方式。作为一门学科，它必然有着体现自身学科特点的学习方法和教学方法。我们应该准确把握这门课程的内容和要求，它的教学内容，它的教学方式，它的教学评价；我们也应该准确把握这门学科的特点，它的习得规律，它的学习规律，它的教学规律。我们应该运用这门学科独特的教学方法，来实现这门课程的价值。这不是排斥其他的方法，但语文学科的方法是基本的方法也是主要的方法。否则，就会越位，甚至会走入歧途。这就很难理想地实现语文课程的基本价值。

本原，是目标和任务；本真，是规律和途径；本位，是方法和效果。但本色不是守旧，本色不是倒退，本色也不是无为。本色，不排斥其他风格；本色，不反对创新；本色，更不放弃更高的追求。本色，是语文教学的原点。[1]

三、本色语文的教学策略

每一种概念的提出都要具有一定的可实践性和可操作性，如果只是空谈，那就不具有任何意义，下面结合黄厚江的一些观点和笔者的一些认识谈谈怎样进行本色语文教学。

（一）坚持“语文就是语文”，树立正确的语文观

一种语文教学策略的实施，要有一定的观念和理念作指导，教师在教学中树立正确的语文课程观、教材观、训练观，有利于本色语文教学。

1. 树立正确的语文课程观

语文教学应该怎样进行，应该首先考虑“语文是什么”。《全日制义务教育语文课程标准（实验稿）》和《普通高中语文课程标准（实验）》对语文课程的表述是：“语文是重要的交际工具，是人类文化的重要组成部分。工具性和人文性的统一，是语文课程的基本特点。”所以，立足于语文课堂的实际，我们对语文教学“两性”的“统一”问题进行思考，得出的基本观点是：在语文课堂教学中，语文的人文性总是在语文的工具价值实现过程之中得到体现的。“统一”就是在追求实现工具价值的过程中要体现一定的人文性，既不是单方面追求单纯的语文工具价值，也不是排除语文学科应该承担一定的人文责任；“统一”还指人文性在语文教学中的体现应该是自然而然的，而不是刻意追求的；是和谐融合的，而不是牵强附会的，更不是拔高的“思想教育”或“人文教育”。

2. 树立正确的语文教材观

语文教材观，就是对语文教材性质、教材价值以及教材处理基本规律等一系列问题的理解和认识。本色语文对教材性质的理解是：教材不等同于课程，因为依据课程标准编排的教材永远只能小于、接近于课程而不能等同于课程；教材内容不等同于教学内容，“以本为本”的思想具有很大的局限性，教学的内容要根据教材来进行加工、整合、创造，充分发挥教师的教学个性；教材内容不等同于考试内容，现在很多教师都是根据考试内容定学习内容，甚至教材里有的内容一带而过，专讲考试知识，以考试内容定教材学习内容是不科学、不负责任的。本色语文对教材价值的理解是：第一，凭借价值。教科书是教师组织教学活动和学生学习活动的凭借，借助教科书教师可以开展丰富的活动，借助教材但是不局限于教材。第二，资源价值。教材本身就是丰富的教学资源，可以满足教师教和学生学的基本需要。第三，示例价值。教材为学生的听、说、读、写等语文学习活动提供示范和例子。第四，积累价值。学习语文教材的过程就是积累的过程，不仅是阅读、写作的积累，还有情感的积累。对教材处理基本规律的认识，本色语文的观点是要立足于教师的教学

需要和学生的学习需要，从教科书的价值、具体文本在教科书中的地位以及常见的学习方式这样的角度看，把教科书中的文本分为经典型文本、一般性文本和辅助性文本比较合适。具体怎么分类，不同的教师可以保留个性化的见解和认识，但必须明确的是，不能对教材中所有的文本提出一样的标准，更不能在教学中对不同文本进行“一视同仁”的处理。

3. 树立正确的语文训练观

在“新课改”的今天，语文教学必须确立正确的训练观，探索科学、有效的训练形式。很多主张本色语文的专家认为，语文教学科学的、有效的训练，应融合于整个教学过程和学生学习活动之中，语文教学的整个过程都应该是一个训练的过程。语文课堂一切意在提高学生语文素养的活动都是训练，遵循语文学科学习规律和教学规律的训练才是科学有效的语文训练。科学有效的训练具备一定特点：训练的意图要明确，训练的指向要清楚，训练的强度要适宜，训练的方式要适当，同时，训练要体现学科的特点。[2]

（二）坚持“用语文的方法教学语文”，构建本色语文课堂

本色语文理念的存在价值最重要落实在课堂上，本色语文课堂上最基本的是“用语文的方法教学语文”。

1. 原方法，真朴素

所谓“用语文的方法教学语文”，就是要用语言的方法，就是要用以听、说、读、写活动为基本形式的方法，就是要用能有利于提高语文素养的方法。不是不能用其他的方法，但是尽量不要用其他的方法，因为用语文的方法，方法就是内容，方法就是语文，方法就是语文学习，其他方法多了，必然挤压语文的空间。黄厚江认为，本色语文课堂的基本特征就是简单朴素。真理都是朴素的，好课应该是简单的。所谓简单，即目标简单、方法简单、过程简单，教学内容明明白白，教学过程清清楚楚，教学方法简简单单，教学效果实实在在。

构建本色语文课堂，要立足于实际，研究家常课的教学，立足普通教师、普通学生和正常的教学状态研究课堂教学。本色语文课堂必须坚持“以语言为核心，以语文学习活动为主体，以语文综合素养提高为目的”。“以语言为核心”是语文区别于其他学科的根本特征；“以语文学习活动为主体”，充分说明教学过程中学习活动的重要性；语文学习的目的是要“提高语文综合素养”，这要求我们不能局限于学语文，而是要全面认识语文学科的特点。

2. 循逻辑，持原则

构建本色语文课堂，还要遵循语文课堂的教学逻辑，坚持和谐、适度、整体、节奏等语文的基本原则。遵循语文课堂的教学逻辑，首先要确定一个明确的逻辑起点，也就是在语文学习的共性目标和具体教学内容的个性特点之间寻找它们的契合点；其次，教学程序的安排要合乎逻辑，教学环节要环环相扣，教学过程中问题的提出和解决要合乎教学逻辑。第一，和谐原则要求在教学的流动过程中，教师和学生、课堂情境和教学内

容、语文活动和人文教育、工具性和人文性等多重矛盾达到高度和谐，以实现教学目标达成的最佳效果；第二，适度原则要求课堂教学的内容恰到好处，教学的切入选择恰当，教学的难度和深度恰到好处，既符合课程标准的要求，又切合学生的实际；第三，整体原则要求能从学科整体确定教学的目标，从教学内容整体确定教学的方案，从整体效果出发确定教学的方法和手段；第四，节奏原则要求能根据认知规律、教学对象、教学内容和教学活动的特点安排教学速度和教学内容的详略取舍，注重多种思维训练的有机结合。[3]

（三）结合和谐共生教学法，生成树式共生课堂结构

本色语文的课堂上还要构建一个好的课堂结构，结合和谐共生教学法，生成树式共生课堂，更好地进行语文教学。

1. 用和谐，求共生

黄原江认为，和谐共生教学法就是追求教师和学生之间、学生和学生之间互相激活、共生共长的教学方法。将“共生理论”引入语文课堂教学，用来解释语文教学中的种种关系，协调教学中的种种矛盾，指导教学行为，改善课堂教学的状态是很有意义的。在语文教学中，尤其是语文课堂教学中，教师与学生、学生与学生、内容与形式、精神与语言、阅读与写作等矛盾之间，也都是一种共生的关系，这种共生比之于生物间的共生，“以活激活，共生共长”的特点更加鲜明。

和谐共生教学法的核心是“共生共长”。“生”即“生成”，即体验、发现、创造，有教师之“生”和学生之“生”，而教师之“生”是基础；“长”即成长、提高、发展、丰富、实现，有教师之“长”和学生之“长”，学生之“长”是根本。在“生”和“长”之间，“生”是手段，“长”是目的，有“生”才有“长”。“共生共长”有着丰富的内涵：既有教学资源共生，又有情景共生；既有言语共生，又有情感共生；既有阅读共生，又有写作共生；既有思想共生，又有精神共生。

2. 立足点，组线面

黄厚江提出树式共生课堂，概括为“一个点，一条线，多层次，求共生”。用一个比喻说明，就是精选一粒种子，长成一根主干，伸开几根分枝，长出片片绿叶。[2]

“点”，就是前面提到的逻辑起点，是具体的教学内容，具有明确的教学指向。每一节课都要精心选点，并且这个点要明确、具体、集中，这样教师才能深刻意识到自己在教什么，并且这个“点”还要是学生的学习需要和教师的教学需要之间的统一。“点”主要是针对学生的需要，不能依据参考书或其他资料，指导学生的阅读要从学生的原初体验出发，只有解决学生的需要，才能达到教学共生。例如，黄厚江在教《我们家的男子汉》时，把理解“男子汉精神”和这篇文章小标题的结构特点结合为教学的“点”。

选择具体明确的“点”后，要“分层连线”，采用多层次、多角度、多形式的教学活动，使教学主线清晰而丰满，使教学的种子能在课堂教学中成长为一棵参天大树。多层次就是要求教师紧紧扣住一个“点”，围绕一个教学内容，层层深入地展开。例

如，黄厚江在教《我们家的男子汉》时，第一步归纳“我们家的男子汉”身上的主要品质；第二步加工文本中的话或用自己的话，描述心目中的男子汉；第三步全班合作完成小诗《小小男子汉宣言》。教师应用多种教学活动，通过多种活动共同促进学生学习的共生。

树干成形后，接下来要进行的是让大树枝繁叶茂。要使学生心中的大树有肥沃的土壤，必须立足于学生的学习需要，逐步激起学生的学习兴趣。和谐共生教学法和树式共生课堂结构成功与否的关键在于能否形成共生情景。教学共生主要指师生之间的共生。形成师生共生情景的前提条件是教师自己对具体的教学内容必须有原生的感受和理解。要使课堂枝繁叶茂，教师不仅要善于随机交叉穿梭，还要具有良好的教学机智，善于处理教学细节。例如，教学《我们家的男子汉》，黄厚江根据学生的需要随机穿插品味了标题中“我们”一词和开头部分“这是一个男孩子，这是一个男人”，以及最后一段“这真是比任何文学还要文学，比任何艺术还要艺术”等句子的含义，既不影响主线的教学，又丰富了教学内容，为主干和枝干增添了绿叶。

树式共生教学结构，作为一种个性化的教学结构，和其他传统的教学结构之间并不互相排斥，完全可以相互包含，组合使用。

四、本色语文提出的意义

本色语文是黄厚江积累 30 年语文教学经验和 20 多年潜心研究生成的语文教育思想。它在反映语文教学规律的同时，又具有鲜明的个性特色；以实践为根本，积极进行系统的理论建构，建立科学、有效的操作机制，为语文教学注入了一剂强心针，也为广大语文教师提供了一种新的教学思路。

本色语文教学，经过多年的探索、积累、实践，具有长久的生命张力。从某种意义上讲，本色语文教学，更利于教师、学生多元、多层次延伸想象和多角度感悟、体验的空间，使教师和学生的思维得到创造性的个性辐射，有益于塑造教师扎实的基本功底，激励教师的进取创新个性，更有益于学生的多元解读和独特感悟，收到动态的生成性学习效果。可谓一支粉笔就是一张犁，一块黑板就是一个世界，一张嘴就是一眼知识之泉，一句话就是一粒火种。

吕叔湘先生曾说过：每逢在种种问题上遇到困难，长期不得解决的时候，如果能退一步在根本问题上重新思索一番，往往会使头脑清醒，更容易找到解决问题的途径。本色语文就是从语文的根本处提出解决语文的问题的方法，探清本源才能更好地出发，才能解决语文教学面临的问题。

关注本色语文教学，呼唤语文本色回归，绝不意味着抱残守缺，复古倒退。更多地关注本色语文教学的研究与实践，在本色语文教学理念的基础上科学合理地运用现代语文教育理念和教育手段，实现突破和创新，才是推动教师和学生在语文教学活动中培养掌握语文基础知识、学习基本技能和提高语文综合素质、提升语文教学功效的

重要途径。关注本色语文教学，是语文教育教学过程中具有一定时代意义和生命力的重要课题。

参考文献

[1] 黄厚江. 本色语文的主张与实践——语文的原点[M]. 南京：江苏教育出版社，2011：1.

[2] 黄厚江. 享受语文课堂——黄厚江本色语文教学典型案例[M]. 北京：教育科学出版社，2012：1.

[3] 黄厚江. 还课堂语文本色[M]. 北京：教育科学出版社，2012：1.

第七节 文化语文

近年来，语文界提出了许多语文新概念，如生活语文、本色语文、绿色语文、生命语文、文化语文等。语文与文化本来就有着千丝万缕的联系，语文既是文化的一部分，同时又传承着文化。文化语文不是空穴来风，有其存在的合理性、必要性，语文是具有人文性特征的，是工具性和人文性的统一。

所谓“文化语文”，即从文化的视角来考察和阐释语文，挖掘语文中的文化因素，在文化传统、思想道德、民族心理、思维方式和价值观念等更深层面寻求文化的审视点，张扬语文中的文化意蕴，传承语文中的文化特质。

一、文化语文的背景

《义务教育语文课程标准（2011 年版）》在总体目标与内容中指出：要认识中华文化的丰厚博大，汲取民族文化智慧。关心当代文化生活，尊重多样文化，吸收人类优秀文化的营养，提高文化品位。文化语文就此应运而生。

首先，从宏观的时代背景来说，文化语文符合时代发展的潮流。21 世纪是社会发展的新时期，是人文精神和科学精神共同发展的时期，文化语文也正是植根于这样的大环境中。新时期，我们的文化精神财富在不断增长，而教育要与时俱进，要符合时代特征，这样才能更有活力和生气。语文教育也进入发展的新时期，由之前的注重具体的知识传授逐渐发展至关注语文的文化内涵和人文气息。

其次，从教育病理学的角度来说，文化语文的出现是为反对语文教育的唯科学主义。在近百年来的语文教育中，曾一度出现科学主义，语文教育的“技术化”倾向，而为了反对“技术化”带来的语文教育程序化、标准化、量化，语文人文精神的消逝，人们开始提倡回归语文教育的文化特质，回归语文教育的文化本体。

再次，从微观的语文教育来说，我国《义务教育语文课程标准（2011 年版）》对于语文教育的文化特性也有体现。它明确提出了要正确把握语文教育的特点，而这一特点

就是丰富的人文内涵。语文丰富的人文内涵对学生的精神世界有着广泛的影响，因此，应该注重课程内容的价值取向，继承和发扬中华优秀文化传统。

二、文化语文的本体阐释

《义务教育语文课程标准（2011 年版）》中明确规定了语文的基本特点是工具性和人文性的统一。语文既是重要的交际工具，又是人类文化的重要组成部分。语文的人文性决定了语文与文化有着密切联系，两者是相互渗透、相互融合的。文化语文并不是文化和语文的简单拼凑，和其他语文的新概念一样，文化语文也有其自身的特殊含义、基本理念和实践策略。

（一）文化语文的含义

什么是文化？这是一个内涵十分丰富的概念，不同的人有不同的定义。从不同的角度来看，文化有广义和狭义之分，也有物质文化、制度文化、精神文化之分。狭义的文化是指哲学、史学、文学、艺术以及宗教、科学技术、典章制度等人文知识，主要是指精神文明。广义的文化是指人类在认识世界、改造世界的社会历史发展过程中所创造和积累的物质财富和精神财富的总和，包括物质文化、精神文化、制度文化、行为文化等多种类型。[1]

另外，2001 年，联合国教科文组织将文化定义为某一社会或社会群体所具有的一整套独特的精神、物质、智力和情感特征，除了艺术和文学以外，它还包括生活方式、聚居方式、价值体系、传统和信仰[2]。在文化统计框架中，教育属于文化的一个横向领域，是一种文化世代相传的过程，在这一过程中，文化得以传播开来，并激发一种敢于挑战现有文化形式的创造性。

文化与语文有什么关系呢？

首先，从语文本身的性质来说，语文是工具性和人文性的统一，人文性是语文的一个重要特征。关于语文的性质，一直存在争论。工具论认为语文的本质属性是工具性，人文论认为语文的本质属性是人文性。但是，从语文本身的构成特点来说，是既有工具性又有人文性的，工具性是从语文的功能上说的，而人文性是从语文的内涵上说的，我们不能简单地把这两者对立起来。语文是一种交流传播的工具，但不是纯粹的工具，其本身也是一种文化的构成。

其次，从文化和语文的关系上说，语文和文化有着密切的关系。语言具有文化的特征。其一，语言是重要的文化现象，文化是伴随着语言的诞生而诞生的，语言产生后，人类就可以进行文化交流，况且语言本身就是一种精神文化。同时，文化的发展也对语言的发展产生一定影响。随着时代的发展，人们的社会生活和思想发生变化，语言文字也受其影响，例如，许多旧词汇会逐渐减少，又有许多新词汇产生，最典型的就是一些网络词汇和语言。其二，语言是文化的符号和传播载体。文化得到交流和

传播依靠语言文字的超时空性，有了语言文字这个符号系统，文化也得以长久保存及广泛传播。

综上可以看出，语文教育作为我国的母语教育，既是一套独特的智力体系，又是属于我国独有的精神与情感体系。学校教育是文化的一部分，语文教育又是学校教育的一部分，如果把语文教育放到文化这个宏观的语境下考虑，那么，文化语文则可以视为语文教育的终极目的。

文化语文中所说的“文化”，属于文化的精神层面，具体到语文学科特点和语文教育的内容，宏观层面体现为弘扬我国的民族文化，微观层面体现为人的一种人文精神、情感态度、价值观以及思维方式等。

（二）文化语文的基本理念

语文与文化是相互交融，有着密切联系的，文化语文的基本理念可以从语文的文化特质、语文教育的育人目的以及语文教学的侧重等层面来考虑。

首先，语文教育要回归语文的文化特质和文化功能。语文是基础学科，我们日常的行为活动离不开语文，我们的民族离不开语文，语文维持着我们的日常生活、工作和精神，是个人和民族生命存在的方式。我们的母语经历了漫长的发展过程，对中华民族的文化传承有着重大贡献。语文具有很强的实践性，这种实践不同于具体的生产实践，而是一种通过语言和文字进行的文化活动。语文是一门基础学科，任何学科都离不开语文，这是它工具性的一面；但是语文的人文性又决定语文不单纯是一个工具，语文还具有复杂的精神因素，即具有文化特性。前面讲到，语言具有文化的特征，语言既是一种文化现象，又是文化传承的载体，因此，语文的工具性和人文性是统一于文化的。语文是中国的语言文字，具有传承中华民族文化的功能。

其次，文化语文理念的教育目的是培养文化人。语文教育不仅仅是一种实用性的教育，让学生具有使用语言文字的能力，它也是一种人文教育。语文是具有文化特质的，中学语文教育的任务就是要使学生具有基本的母语修养，培养学生的文化人格，给学生建立一种文化的精神底子。文化是人类社会创造的，是人独有的，人是文化的主体和核心，人文精神就是文化所追求的目标，因此，文化语文所要培养的人首先是具有人文精神的人。人文精神一般指人类文化体现出来的精神，它关注人的价值和存在意义，追求真、善、美以及每个人的自由、全面发展。

除了培养人的人文精神，文化语文的使命还有建构文化精神。什么是文化精神？曹明海认为：文化精神指一种文化中基本的、整合的、历史发展的价值观念和行为范式系统，它是在主体历史文化实践中形成的，内在于其整体精神心灵结构的价值观念、情操品质、行为范式的综合。[3]他认为文化精神是民族文化的灵魂和精髓。由此可见，文化精神包含人文精神，文化语文应该建构文化精神，培养具有人文精神的人。

最后，教学内容要挖掘语文的文化内涵。文化是隐性的，它存在于语文中，在语言、文字、文章以及文学中都有文化的内容，文化就是语文的内涵和精神。因此，文化语文的理念就是指导语文教育充分挖掘语文中内隐的文化内容。

语文学习是一个体验的过程，在语文课程的“三维目标”中，情感态度和价值观方面的内容很容易被知识和能力所掩盖，因此，语文的文化内涵也容易被忽视。而语文本身是具有很强的人文性、审美性、模糊性等特点的，需要感悟、体验才能认识。文化语文的基本理念就是要重视语文教育中的人文和精神部分，充分挖掘语文中的文化内涵。

（三）文化语文的教学策略

首先，文化语文要求语文传承自己的文化使命，在语文教育中充分挖掘人文精神和文化内涵，重汉字之本，重优秀文化作品研读。其一，重汉字之本。汉字是语文学习的基础，是民族文化的一个重要成分，也是文化传承的重要媒介，为传承语文的文化使命，我们最先做的应该是认真对待汉字的书写和认读。中央电视台热播节目《汉字听写大会》给我们带来思考，如今，我们的汉字陷入了危机，电脑逐渐代替了手写，作业也是直接交打印稿或电子文档，学生对汉字的认读不过关，书写也不过关。汉字是表意文字，学生只有亲自动手书写才能体会汉字形、音、义结合的美，我们只有扎实地掌握好汉字，才能具有完成语文文化使命的基础。其二，教师应该指导学生进行文化论著的研读。我国许多优秀的作品都具有丰富的传统文化内涵，因此，引导学生研读传统文化作品对于学生的精神成长具有重要作用。传统的“四书五经”我们是必须要熟悉的，还有教科书中选进的古诗文，如《离骚》《出师表》《赤壁赋》等都是文质兼美、文化意蕴丰富的优秀作品，教师必须予以重视。

其次，文化语文在教材的编写上要求体现语文的文化内涵，拓宽学生的文化视野。其一，语文课程具有丰富的人文内涵，对学生的精神世界有重要影响，教材中的选文也应该是文质皆美、具有文化内涵的作品。要利用教材培养学生高雅的审美情趣和文化品位，就要增加富含文化内涵的选文。教材中应该增加反映我国优秀文化传统的内容，如《论语》《孟子》这类反映我国传统文化的经典著作。其二，教材应该体现时代的特点，在理解和尊重多样文化的同时，要继承与弘扬中华民族的优秀文化传统。在拥有、传承我国优秀文化的同时，我们也要吸收世界多元文化的理念，也不妨选取当代国内外优秀的文学作品。当然，教材的容量是有限的，可以增加学生的选修课程和课外阅读，使学生不断扩展自己的文化视野。

最后，在教学方法上，应该反对“技术化”的操练，要重视语文的吟诵感悟。在科学主义理念指导下的语文教育，出现了严重的“技术化”倾向，导致语文课堂成为工厂般的模式操练。而语文是具有丰富人文内涵的，学生对语文的反应也是多元的，所以，文化语文反对语文课堂程式化的操练，重视语文的熏陶感染作用。要实现语文对学生的熏陶感染作用，最基本的方法就是吟诵。对语文材料进行吟诵能够实现学生对语文的独特体验。语文是有节奏、有韵味的，流畅并有感情地吟诵能够培养学生的语感并使其感悟其中的思想情感。而且，语文教育除了读，还应该背诵，尤其是我国古代优秀的作品，多多背诵不仅有利于积累古代汉语和文学知识，还是对我国古代文化的一种继承。

另外，在课堂教学中，教师应该致力于挖掘语文的文化内涵，培养学生的文化意识，

指导学生主动学习文化的方法以及理解、分析文化现象的能力。教师不仅要指导学生进行文化论著的研读，还要利用本土文化资源进行校本文化课程的开发，并引导学生分析实际生活中出现的文化现象。

三、文化语文的意义

首先，文化语文有利于弘扬民族精神和传统文化。语文是中华民族的母语，是我们民族文化的重要组成部分和民族文化传承的载体。可以说，语文是我们民族文化的根，是民族身份的一个代表。当代各个国家综合实力的体现除了经济和军事上的强大，还强调国家软实力的强大。在这个大背景下，语文肩负着重要的文化使命。学校教育是一种社会文化，而语文教育又是学校教育的一部分，我们应该把语文教育放在这个宏观背景中来考虑。传承文化是学校教育的一个重要使命，尤其是语文教育，承载着更多的文化内容，古代的语文教育承载着道德教育、政治教育等多方面任务，是集文、史、哲等人文学科于一身的综合化教育。而民族精神和优秀的传统文化也是经由语文的方式得到传承和弘扬的。

其次，文化语文之于个人来说，有助于培养学生的文化底蕴和文化人格。信息时代重效率和技能，但是这样是不够的，更应该有创造的潜质、个性的发展、深厚的文化底蕴和综合素养。这种综合素养的实质是以人文精神为主的一种文化素养。文化语文把文化作为语文教育的一个重要维度，有利于熏陶、培育学生的情感和心灵，培育学生健康的人格和深刻的文化内涵。一般认为，语文教育的目的是培养语文的应用能力，即关于语文的听、说、读、写能力，但是文化语文理论认为，培养语文的应用能力不是终极目的，而是要在人文精神的培养中获得语文的应用能力，即文化是本，能力是辅。

最后，文化语文批判科学主义的泛滥，回归语文的文化本质。进入 21 世纪以来，科学主义渗入语文教育之中，语文教育出现了严重的“科学化”倾向，具有人文性的语文课被上成了技术课，其程式化和标准化的教学使语文和数学等自然科学一样，这样就使得语文失掉了本来的人文精神和文化内涵。而文化语文是反对这种在科学主义理念指导下的“技术化”教学的。

然而，批判科学主义并不是说要完全摒弃科学精神，而是要警惕过度推崇科学主义而失掉语文的人文性。文化语文本身的内容是具有深刻的文化内涵的，其教育目标也是要培养文化人，给学生打好精神底子。文化语文体现的是语文的人文精神和文化精神，回归语文的文化本质。

参考文献

[1] 周道生，曾长秋，谭超武. 中国文化概论[M]. 长沙：中南工业大学出版社，1999：2.

[2] 胡惠林，陈昕. 中国文化产业评论（14 卷）[M]. 上海：上海人民出版社，2011：3.

[3] 曹明海. 本体与阐释：语文教育的文化建构观[M]. 济南：山东教育出版社，2011：21.

第八节 深度语文

深度语文是近几年刚刚兴起的，与简单语文、激情语文、情境语文、诗意语文等齐名的一个语文教学主张和教学流派，其代表人物是自称“语文草民”的《教师之友》编辑干国祥、江苏省知名中青年教师王开东和清华附小的特级教师窦桂梅。深度语文的提出对当今的语文教育界产生了较大的影响。

一、深度语文的定义

干国祥最早提出“深度语文”这个词，他认为深度语文即是“经由思抵达诗”。随后，王开东在《深度语文》中虽然没有明确给出深度语文的定义，但提出：深度语文的“深度”主要表现在课程理解之深、文本剖析之透和课堂把握之精到上。[1]

窦桂梅认为，深度语文的“深度”是基于年段特点、体裁特点、课时特点上的适度把握。深度不是难度，深度甚至只是揭示文本内在逻辑的一种智慧。很多时候文本的内在结构是恒定的，很少变化，变化的是外在的。那种内在的心理和文化密码是不变的，而深度语文就是要把这种密码无意识地揭示出来。[2]

张明敏在《把握“深度语文”，放飞孩子绚丽梦想：关于教学中进行“深度语文”教学的研究》一文中提出，深度语文就是在教师的引领下，让学生在主动参与语言文字训练的过程中，通过对语言文字的深层感悟，在培养语感、发展思维和积累语言的同时，挖掘蕴含在文本中的深层的人文内涵，使自己不断完善。[3]

综上，我们认为，深度语文就是基于学生的认知特点，对文本进行深入研究，激发学生的兴趣，引导学生深入思考，挖掘蕴含在文本中深层的人文内涵，从而不断完善自己的语文素养的语文教学主张和教学流派。

二、深度语文的特点

（一）深度性

深度语文是相对学生的认知水平而言的，是在符合学生认知水平的基础上，引领学生去探索和发现，培养其创新精神和创新能力。深度语文的“深度”有深思熟虑、深情厚谊、深入浅出的意思。深度语文创始人干国祥认为，深度语文就是“经由思抵达诗”，即文本在被学生进行仔细认真的思考探究后进而上升到更高的境界。王开东认为，首先，深度语文的“深度性”在于对课程理解之深，通过对课程的理解，更容易把握这门课的精髓。其次，深度语文的“深度性”表现在文本剖析之透，开始是教师对文本的深入解读，然后教师在课堂上对

学生加以引导，再结合学生自己充分发挥他们的主观能动性，形成一个良好的教师、学生、文本三方面对话的氛围。教师凭借生活经验和积累的知识营造一个好的课堂环境，学生在这一氛围中便能快速地进入文本的情境之中，与文本进行深入的对话，这一与文本的对话过程中不仅会使学生产生与作者的情感的共鸣，也会提升学生思考文本所蕴含的深层次的意义以及自己人生的价值和意义。最后，深度语文的“深度性”在于课堂把握之精到，这主要是指教师的深度性。[1]欧健先生曾经指出，在深度语文的课堂上，教师不仅应具有渊博的知识、深厚的文学底蕴和美学、哲学等方面的知识，还要考虑文本深度的解读。[4]

（二）人文性

李山林教授在《语文课程研究》中将语文课程知识内容分为“工具性知识”和“人文性知识”。工具性知识对应于语文能力，是语文能力形成的基础，它包括传统的字、词、句、篇、语、修、逻、文“八字方针”。我们把文学作品中所包含的于人生有意义和价值的思考内容称为人文知识，并把它当作人文教育的课程资源加以确认。[5]深度语文所提倡的经由“思”而抵达“诗”，即是对语文人文性的强调。深度语文是对文本的深入解读，在深度语文的课堂上，不仅要提高学生听、说、读、写的能力，也要能通过对文本的深入解读来培养学生的情感、态度和价值观，在教师有效的引导下，让学生通过对文本的深入解读来激发思维，引发深层次的思考，进而提升思考关于人生的价值和意义。深度语文可以很好地体现人文性，深度语文的课堂可以培养学生的人文素养，是对学生人文底蕴的奠基。

（三）情感性

情感性是语文学科的一个显著特点，没有情感性的语文教学将如同没有精神、没有灵魂的木偶。情感也是深度语文的精神支柱，离开了情感，语文教学就无法走向深处。现今的语文课堂呈现五彩缤纷的局面，大容量、多环节、快节奏已成课堂教学的主题词，这样的课堂必然会导致知识的简单化、文本解读的粗略化；课堂上对文本没有时间咀嚼品味，学生更没有与文本互动对话和情感交流的时间。在深度语文的课堂上，教师对文本进行深入解读，可以激发学生的情感，可以打开学生的心扉，让学生与文本产生共鸣。学生在充分发挥其主观能动性的同时，也产生了情感的共鸣，使学生的情感得以释放，这就是深度语文的魅力。深度语文课堂教学中，教师应当积极地引导学生对于文本的解读，让学生与文本之间进行积极的对话，引导学生与作者产生情感的共鸣。在语文教学中，只有挖掘教材，把情感点找出来，展示在课堂之中，才能打动学生的心弦，激起他们情感的共鸣，并引领他们走入情感的深处，使其情感世界更加丰富多彩。

三、深度语文的实施策略

景宁民族中学的任利锋老师认为，深度语文主要观点有六条：第一，深入的目标解读。教师对于教学目标的深入解读有利于更好地、更深层次地对文本进行解读，从而提高课堂的境界，向更深层次的课堂发展。第二，深层的教学设计。教学设计是一种智谋，体现了语文教育的思想和智慧。教学设计是一种结构重建，应体现由浅入深、由低向高的发展态势。第三，深厚的语言习得。积极引导学生对语言文字的敏锐感，包括文本语言、教师语言和学生语言，要让学生多体味文本的深层义、言外义、双关义、象征义等隐性语义，感受汉语的独特魅力。第四，深切的情感体验。对人物情感的深层感悟，在教学过程中挖掘文本的情感点，让学生来感悟语言文字背后的情感。第五，深刻的思维训练。其主要策略是同化和顺应。同化促进知识结构数量的增加，顺应能引起知识结构质的变化，所以，教学主要目标是顺应。第六，深远的人文内涵。中国的母语教育是以汉语文为主要标志的，汉语文不仅是一种语音、符号系统，在其中也积淀了民族的精神、智慧和文化，融会了各个不同历史时期、各个民族文化的精华，是中国古今文化的结晶。

如何实施深度语文教学呢？

（一）倡导各种朗读

熟读唐诗三百首，不会作诗也会吟。朱熹在“六步读书法”中也强调对于课本熟读、静思的作用。只有熟读才能精思，这抓住了语文学习的关键。在课堂教学中，读通、读懂、读好文本的过程就是阅读能力形成的过程，正确性朗读、流利性朗读、理解性朗读、表情性朗读的过程就是语感形成的过程。语文课堂仅有琅琅书声是不够的，仅把握快慢、轻重、长短、升降、停顿等朗读的技巧也是不够的，在朗读的过程中，要把握文章深刻的内容，深入领会语句的内涵，让作品的精、气、神在朗读中自然而然地流露出来。同时，在朗读的过程中，教师要引导学生展开想象，想象文章的优美画面和意境，深入体会、感悟，读出文章的内涵，读出文本的情感，品味出作品的意外之意、意外之境，这样的朗读才符合深度语文的要求。教学中，我们应该重视各种形式的朗读，在读的基础上将文本心灵化，以情激情，深入学生的情感世界。让学生在激荡的心灵中感受、熏陶、激励。我们的语文课不缺乏知识，缺乏的是激情，缺乏的是感染，缺乏的是“深度”。深度语文课堂需要在激情中让学生领悟作者独特的思想、美好的情操和高尚的人文情怀。

（二）强调多元对话

《全日制义务教育语文课程标准（实验稿）》指出：阅读教学是学生、教师、文本之间对话的过程。基于多元对话概念上的语文课才是真正的深度语文课堂。在课堂中，教师是平等对话中的首席，教材是最重要的课程资源，努力探寻新课程背景下教材的文本解读新思路，提升教师对教材的解读能力，是语文课程改革最迫切的任务。深度语文需要教师和文本进行深度对话，对教材进行深度的解读，这样才能在课堂上洋溢浓浓的“语文味”。这就要求在备课中，教师首先得深入文本，在与文本的对话中读出新意，读出文本的深度和高度，再带领学生走进文本，与文本进行充分的深度对话，在让学生对文本真正参与、真情体验、真切感悟的基础上，对文本进行再创造、再构建，重构语文课堂没有预约的精彩。这样的课堂才是符合深度语文课堂要求的。窦桂梅强调，要对文本

多角度、多元化、创新化地深度解读与挖掘，强调课堂上师生之间的“深度”互动对话，注重课堂的“文化含量”（思想力量）和思维含量（思维深度），注重课程资源的整合，力求“为学生打下一个精神的底子”。

（三）启发深度思考

学生是具有灵性的，他们的智慧火花，需要教师去点燃。但在教学实践中，教师往往会忽略这一点，只是一味地强行灌输，不给学生思考的空间，学生往往只是被动地接受知识，很少有自己的思考，更别说发挥主观能动性的深度思考。而深度语文的教学目标不仅要让学生学到知识，也要让学生开动脑筋，积极主动地进行思考。例如，在教授浙教版第十册课文《月光曲》时，教师不仅要让学生陶醉在《月光曲》所表现的意境中，更要让学生明白《月光曲》的创作得益于什么，从而去打开学生的思维之门。苏霍姆林斯基说过：在人的心灵深处，都有一种根深蒂固的需求，这就是希望感到自己是一个发现者、研究者、探索者，而在儿童的精神世界中，这种需求特别强烈。只要满足学生的这种创新心理需求，就会看到一片灿烂的阳光，就能使深度语文在学生智慧的闪光中得以实现。我们不但要启发学生思考，而且要激发学生想象。有人曾说过这样一句著名的话：孩子是天生的想象家。想象能使儿童生活丰富，情感深化，它是儿童顺利完成学习任务所必须具备的心理品质。小学生的想象力是不可低估的，语文教学中，一旦有了丰富的想象力参与其中，那么，语文教学会变得生动活泼，学生对文本的理解也会更加深入。

（四）注重简单有度

我们所强调的语文课堂的简约，要求教学目标简明、集中，教学内容简约，教学过程简练、流畅，还语文课以语言本色。但简约并不是简单，深度语文要求在简约的目标、过程、内容中，留给学生的体验不应该肤浅，在深度的语言对话中，课堂将充盈着教师的智慧与激情，给予学生的也应该是精神的愉悦，以及对人生、对社会深度的思考，乃至生命的拔节。首先，教师应该根据学生的最近发展区确定深度解读的度。深度语文的“深”应该是相对于学生的理解能力和知识水平而言的，这就要求教师应根据学生的最近发展区理论来教学。在语文教学中，实际的发展水平应该指向学生对文本独立解读的能力，而潜在的发展水平则应该是学生在教师启发性话题的引导下所能达到的对文本解读的深度。因此，教师对文本的解读，应该预先考虑学生对文本的理解程度，在略高于学生独立解读所能达到的水平范围内，对文本进行深层次解读。其次，深度语文应该立足于语文教学的基础，适当地“深”。无论是深度语文、情感语文，还是文化语文，都应该在提高学生听、说、读、写能力与提高学生人文素养之间找到平衡点，应在发展学生听、说、读、写能力的基础上适当地拓展文本解读的深度。

（五）提升教师素养

教师需要不断提升自己的素养。首先，在学科专业素养方面，教师不仅仅需要精通所教语文学科的基础知识与技能，而且必须是“杂家”，即具备广博的知识和精深的文学理论、美学甚至是哲学、社会学等方面的专业理论知识，并且以此为基础能够对文本进行多元化的解读。其次，在教育专业素养方面，深度语文课堂强调教师的课堂应变能力。课堂教学具有生成性，这就需要教师始终抓住文本解读的主线，创造性地通过一系列话题，引导、启发学生向既定的“深度”目标漫溯，并根据实际能力水平拓展语文课堂的深度。教师可以从以下几个方面加大深度语文课堂的构建能力：一是掌握深度解读文本的方法和策略。对文本的深度解读是构建深度语文课堂的核心，掌握解读的方法是对文本深度解读的基础。二是扩大知识面，广泛阅读，关注时事，及时更新知识结构。深度语文课堂的构建，不仅仅需要教师讲解文本的内容，更重要的是需要教师在立足文本的基础上，上升到历史层、文化层、社会层，在课堂中融入各种元素，在师生交流中，经由“思”而抵达“诗”。因此，教师必须具备广博的知识储备，在课堂中方能游刃有余。三是善于借鉴，博采众家之长。在网络发达的当今社会，各种网络论坛、博客、空间都是方便快捷的交流途径。教师可以通过交流教学经验，分享教育成果的方式，发现自身的不足，改进课堂教学。

参考文献

[1] 王开东. 深度语文[M]. 桂林：漓江出版社，2009：1.

[2] 窦桂梅. 书架[J]. 教育，2010，(7)：1.

[3] 张明敏. 把握“深度语文”，放飞孩子的绚丽梦想：关于教学中进行“深度语文”教学的研究[J]. 小学科学（教师论坛），2011，(7)：56-58.

[4] 欧健.“深度语文”教学实践中的矛盾与对策[J]. 当代教育理论与实践，2011，(10)：1.

[5] 李山林. 语文课程研究[M]. 北京：中央文献出版社，2006：1.

第九节 诗意语文

《普通高中语文课程标准（实验）》指出：语文教育是审美的、诗意的、充满情趣的。诗意语文的提出是语文教育、语文课程发展的必然走向，是“新课改”的一个突破口。很多语文教师都把诠释诗意语文、构建诗意课堂当成自己追求的目标，课堂教学的每个环节，从提问到评价，从预设到生成，从感悟到交流等都在被重新审视和定位。这些都预示着诗意语文的日益成熟和完善。

一、诗意语文的提出

作为语文教学课程改革新的突破口，诗意语文的提出符合语文教育和社会发展的科学规律，有着深远的历史文化背景和尖锐的现实起源。

诗意语文代表人物王崧舟在他的论文《让语文教育成为生命的诗意存在》中，从三

个方面对诗意语文诞生的背景做了解说：从历史背景看，中国是一个诗的国度，诗教有着悠久的文化传统，“不学诗，无以言”。语文如果舍弃诗和诗教，甘以“工具”自居势必苍白孱弱；汉语文的精华承续势必断流。从时代背景看，这是一个物欲横流、急功近利的时代，文化语境变得苍白，丰富的生存体验成为奢侈。影响到语文教学则是，学生的思绪不再翻飞，心灵之旗不再猎猎，诗的喉咙不再婉转低回。从学科背景看，在应试教育体制下，在意识形态的强势语境笼罩下，长期以来语文教学要么偏执于思想性，要么奉知识体系若神明，把鲜活灵动的语文教学拆解成毫无生气和美感的思想灌输和知识训练，致使学生对语文无兴趣、无感觉、无梦想。因此，我们召唤诗意语文，就是对诗意人生的追寻；我们倡导诗意语文，就是对平庸世俗的抗争；我们实践诗意语文，就是对文化的坚守与传承。[1]

诗意语文的提出既是继承优秀传统文化的要求，也是尊重语文学科自身特点的规律性探索，更是新时代培养健全人格、身心和谐发展人才的必由之路。

二、诗意语文的内涵和特点

目前，在理论上对诗意语文概括较为全面的是潘新和教授。他曾在《语文的诗意》的讲座上对诗意语文做了如下诠释：语文的诗意，是借助言语的诗意，领悟、成全、造就人生、人类的诗意，终极目的是指向诗意的人生，人类文化、精神的薪火永续。诗意的语文教育，须建立在对语文——言语与人、人类的生命关系的认识上。既在语文，又超越语文，它化育生命、人生、人类的精神存在。表现在语文教学层面主要有以下三点：第一，维护童心——游戏、天真、想象、幻想，保持感性体验，顺应言语生命的野性，是诗意的语文教育的基础；第二，培育言语生命的丰富性，满足自我实现的需要，是诗意语文教育的主要内容；第三，关注价值引领，人类情怀、彼岸情怀、终极关怀、造就有信仰的人，是诗意的语文教育的目的。

王崧舟对诗意语文是这样阐释的：“诗意语文是一种追寻，一种探索，一种前瞻，是一种既模糊又清晰，既具体又抽象的动态语文范畴。其最高境界不是美，而是善，善是什么，善就是和谐，师生和谐、生生和谐、人文和谐、动静和谐……”[2]诗意语文有自己追寻的三个要素：一是具象。诗意语文要把课文读成一幅画，在学生的脑海里呈现出鲜活的画面来。二是造境。诗意语文的理想状态存在一种气场、一种氛围，弥散在空气中遣之不去，挥之不散，让学生真真切切地感受，浸染在意境里。三是悟情。情是语文的灵魂所在，有了情，学生就会情不自禁、情动于中、情思飞扬，才能做到读书时披文入情，下笔时如有神助。

从以上观点可以看出，诗意语文具有如下特点：

（一）教学内容的言语性与情感性

诗意语文注重对语言文字的把握，追求语言文字具象的生成和情境的营造。著名学者李维鼎在《语文课程初论》中指出：“语文”即“言语”，“语文课程”即“言语教育

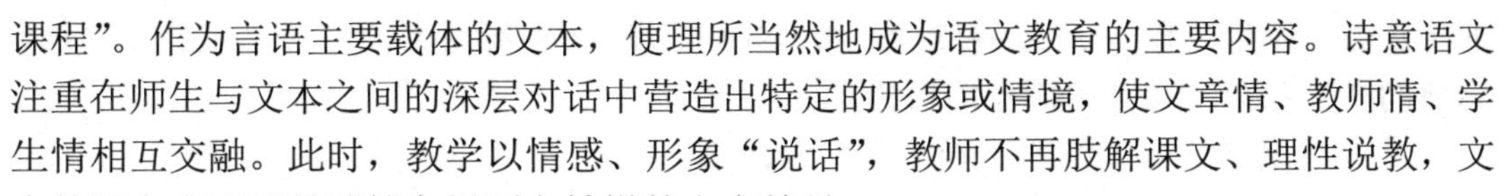

课程”。作为言语主要载体的文本，便理所当然地成为语文教育的主要内容。诗意语文注重在师生与文本之间的深层对话中营造出特定的形象或情境，使文章情、教师情、学生情相互交融。此时，教学以情感、形象“说话”，教师不再肢解课文、理性说教，文本的语言也不再是卧躺在纸面上枯燥的文字符号。

（二）教学过程的体验性与审美性

诗意语文注重学生的感悟和体验，尊重学生的个性追求和独特审美感受。长期以来，语文教学习惯且满足于对文章的共性把握及理念的揭示，学生的学习常常处于笼统理解、泛泛而论的状态，止于主题思想、人物精神的记忆背诵，枯燥乏味，无血肉，无情感，无想象探究的空间，亦无深度的体验。诗意语文力图克服这一弊端，从共性走向个性，从理性走向感性，因此，教学中人物的呈现、事件的展开更具体，更形象，也就更具情感性，更有感染力。

（三）教学目标的生活性与人文性

诗意语文是对语文教育理想境界的一种追寻，其最终目的是构建诗意的生活与人生。王崧舟认为：诗意语文不是一个名词，也没有一个静态的、现成的诗意语文可以供我们去模仿甚至膜拜。诗意语文只能成一个动词，一个过程。在这样一个即时即是的过程中，你发现了自己灵魂深处的一些感动，一些悲悯，一些纯真，一些美好。于是，你在成就诗意语文的同时，也成就了自己的诗意人生。[3]所以，诗意语文最终的目标是指向“人”的，核心的价值追求是人灵魂深处的“善”。

三、诗意语文的实施策略

诗意语文的构建需要一大批富有诗意的语文教师的执着追求和艰辛努力，更需要充满诗意的语文课堂的营造和创建。诗意语文的最终目的是指向学生的诗意人生。

（一）文化底蕴，堆积语文教师“诗意化”

于漪说：语文教育的质量说到底是语文教师的质量，语文教育发展得如何关键在语文教师自我发展得如何。作为教学活动中的引导者和组织者，教师的人格修养、专业素养、教学风格、教学策略等都会影响学生对课程的接受和理解，因此，实施诗意语文关键在教师。

1. 诗意的语文教师应当语言优美、才华横溢

语文教学是学生在具体的语言环境中学习语言，玩味语言，感受语言的魅力，并运用语言表达自己所思、所得、所悟的过程。苏霍姆林斯基说：假如在言语中没有艺术的话，无论什么样的道德训诫也不能在孩子的心灵里培养出良好的高尚的情感来。[4]教师语言艺术教学本身即可成为学生审美的对象，教师美的语言本身就是诗意的再现，以它

的诗意吸引学生、感染学生、打动学生、影响学生。在这种诗意的语言中，相信每个有感情的学生都会浸染其中而不能自拔。

2. 诗意的语文教师应当底蕴丰厚、思想深刻

从教育文化学的角度看，语文教学活动本质上是一种对文化的理解、阐释、传递的过程，是陶冶人性、促进生命个体总体生成的文化过程。几千年民族文化的积淀，使整个语文学科有着丰富的文化意蕴。语文教师要将这种文化意蕴传递给学生，其教学必须要具有较高的文化品位。王崧舟认为：教书教的就是底蕴，而这种底蕴是靠读书堆积起来的。人的底蕴是人的精神能量、文化能量、高级的生命能量。一个人的心灵结构在很大程度上取决于他所读的书的结构；一个人的思想境界从根本上就是他的读书境界。[3]

3. 诗意的语文教师还要善于点化生命，引领学生精神的完善

教师既是课堂的组织者，同时也是激越生命和点化生命的使者。有了这层体悟，教师就已叩开了语文课堂的诗境之门，就能和学生情景相融、心心相印，就会让生命中的每一个细胞、每一寸肌肤去感受、去触摸、去体认课堂中的每一个细胞，就可以在和学生一起欢笑、一起流泪、一起沉思、一起震撼中找到生命和灵魂栖居的桃园。

总之，诗意语文需要富有诗意的语文教师诗意地引领。语文教师应具备的素养借用王崧舟的话概括就是：一个优秀的语文教师，必须有四大支柱的坚固支撑。丰厚的文化底蕴支撑起语文教师的诗性，高超的教育智慧支撑起语文教师的灵性，宏阔的课程视野支撑起语文教师的活性，远大的职业境界支撑起语文教师的神性。[5]

（二）生命对话，熔铸语文课堂“诗意化”

诗意课堂是一种审美化的教学形态，是指在温馨的环境、诗意的情景中，用唯美的再现与传递，诗意的精练与简约，自由的合作与探究，点燃学生的激情，激发学生的灵感，在精神愉悦中完成知识的建构、情感的感召、思想的交融、灵魂的拥抱，实现人和课堂的完美合一，达到水乳交融的理想境界。[6]德国教育家克林伯格说：在所有的教学之中，进行着最广义的“对话”。不管哪一种教学方式占支配地位，这种相互间作用的对话都是优秀教学的一种本质性的标识。语文教学面对的是广泛而深邃的言语世界，它的目的就是要提高学生的语文素养，这一特点决定了语文课必须是一种“沟通”，是一种“对话”。[7]诗意的语文课堂，要尽可能多地让学生与文本直接对话，以学生的学习为本，教师与文本、学生与文本、教师与学生、学生与学生之间多维对话，给学生创造一个立体的对话场，诗意语文的一切思考、设计、追求，都是多维对话的有效设计。

1. 倾听—理解—应对：诗意语文对话的模式

苏霍姆林斯基说：教育者的最高品质是人性。杜威说：即使在教室中，我们亦开始认识到，在仅是教科书和教师才有发言权的时候，那发展智慧和性格的学习便不会发生。[7]因此，教师在与学生对话时，最关键的工作就是使主体间的心理失衡恢复平衡。为此，教师要尽量消解自身的权威，放低姿态，淡化学生对教师和书本知识的崇拜，使师生双方都能在一个无拘无束、轻松自由的氛围中进行对话，进行有效的“交往与分享”，使学生消除对话的心理障碍，并培养学生自觉维护他人“说话”的权利，

使师生共同养成对他人话语的敬重，对话语权的尊重。给对话以民主、平等的土壤，让其成为一种言语生命的赏识，这正是诗意语文所追求的理想境界。“倾听—理解—应对”模式的建构正是这一教育理念实施的基础。

2. 抚慰心灵、启迪智慧、赏识生命、澄清价值：诗意语文对话的本质和追求

语文课的意义绝不仅仅在于教给学生某种知识和技能，更重要的是，它通过一篇篇凝聚作家灵感、激情和思想的文字，潜移默化地影响学生的情感、情趣和情操，影响学生对世界的感受、思考及表达方式，并最终积淀成学生的价值观和人生观。所以，无论什么样的语文教育，其最终目的都引向一个“善”字。诗意语文的最终目标是实现人的诗意栖居，所以，它的本质追求的是人的完善和发展。正如王崧舟所说：对话不仅是一种交际手段，更是一种生命的内在诉求。对话不仅是一种信息交换，也是一种价值交换，还是一种感觉交换。生命在对话中敞亮，存在在对话中展开，主体建构在自我与他人的对话中实现。不同样态的生命安顿，在“辉煌敞开”的对话中相互叩问、相互聆听，共同寻找生命的意义。[3]

（三）文本细读，走向语文教材“诗意化”

2005年7月，王崧舟在一次题为《文本细读，徜徉在语言之途》的专题报告中，第一次正式提出了“文本细读”的概念，并对文本细读在语文课程论语境下的内涵、姿态、方式以及对教师专业成长的意义进行了比较深入的阐释。他把文本细读比作诗意语文要练的“第一个真功”。

1. 立足文本，进行诗意的阐释与重构

诗意语文的实践智慧始自对“文本诗意”的阐释和重构。文本诗意，往往就是那些“人人心中有，个个笔下无”的言语存在，它可能是某种言语表现形式，也可能是动人的情感、独特的思想、深刻的哲理、重要的信息，或者形式与内容两者兼得。它大体上表现为四种类型：一是“诗意的话语形式”，二是“诗意的典型意象”，三是“诗意的思想感情”，四是“诗意的思维方式”。[1]

2. 披文入情，走向诗意的生命源头

苏霍姆林斯基说：我一千次地确信，没有一条富有诗意的情感和美的清泉，就不能有学生的全面智力的发展。学生思维的天性本身要求富有诗意的创造。美与活生生的思维，如同太阳与花儿一样，有机地联系在一起。[8]因此，对文本的解读不能脱离情感上的体悟。王崧舟重视文本的情感，以情感为线索来贯穿整个文本的解读是其语文教学的一大特色。

（四）点亮诗心，唤醒教学主体“诗意化”

冯铁山说：所谓诗意语文，是指根据学生的自我觉醒与建构的本能，将传统诗教与现代语文教育融成一体，充分尊重学生学习语文的主体地位，让学生在生生、师生多元互动的言语实践中涵养诗情、发展诗思、感悟诗理、践履诗行，积淀诗语的归真、求善、至美的活动。所以诗意语文的出发点和落脚点都应着眼于培养诗意的人和人生。[9]正如王崧舟所说：诗意语文的价值必须通过学生主体的诗意唤醒和陶冶来实现。

1. 追求个性，尊重学生的精神诉求

个性化阅读是《义务教育语文课程标准（2011 年版）》中阅读教学的一个重要理念：阅读是学生的个性化行为。阅读教学应引导学生钻研文本，在主动积极的思维和情感活动中，加深理解和体验，有所感悟和思考，受到情感熏陶，获得思想启迪，享受审美乐趣。要珍视学生独特的感受、体验和理解。不应以教师的分析来代替学生的阅读实践。王尚文在《语文教学对话论》中指出：所谓个性，指的是“这一个”区别于他者的独特的精神个别性，它着重体现在个人的主体性和创造性上。合情合理、适度有致的个性得到尊重和张扬，是个体生命诗性的表现，也是一个社会更合人性、更为进步的标志。[10]

2. 品读领悟，唤醒学生的精神生命

诗意语文是一种充满生命活力、闪耀生命光华的语文。因为我们的教育对象——学生的精神生命，是一个由无明到觉悟的过程。这个过程，需要教师不断的唤醒。语文课程中的感悟是指学生凭借对语言和语境的直觉，获得一定的印象和意义的心理过程。

诗意语文作为语文教育的理想境界追求，是对文本角色的回归，是对感性和个性的回归，更是对“语文味”和儿童角色的回归。教育的本质是“一棵树摇动另一棵树，一片云推动另一片云，一个灵魂唤醒另一个灵魂”，所以，追求语文教育的“诗意化”，是我们每一个人应做的努力。

参考文献

[1] 王崧舟. 让语文教育成为生命的诗意存在[J]. 江苏教育研究，2011（03）：1.

[2] 杭州市拱宸桥小学教育集团. 诗意语文对话录. [J].语文教学通讯，2005，（10）：12-18.

[3] 王崧舟. 诗意语文——王崧舟语文教育七讲[M]. 上海：华东师范大学出版社，2008：1.

[4] 苏霍姆林斯基. 教育的艺术[M]. 长沙：湖南教育出版社，1983：185.

[5] 王崧舟. 王崧舟教学思想与经典课堂[M]. 太原：山西教育出版社，2005：334.

[6] 滕闽军. 诗意课堂的回归、建构与升华[J]. 校长阅刊，2005，（6）：79.

[7] 高友光. 多维“对话”创设诗意语文课堂[J]. 科教文汇，2007，（7）：1.

[8] 苏霍姆林斯基. 教育的艺术[M]. 长沙：湖南教育出版社，1983：184.

[9] 冯铁山. 论诗意语文的基本内涵与实施策略[J]. 教育理论与实践，2012，（5）：1.

[10] 王尚文. 语文教学对话论[M]. 杭州：浙江教育出版社，2004：14.

第十节　真　语　文

近年来，语文界提出了许多语文新概念（教育理念、教学模式），如生活语文、生命语文、生态语文、绿色语文、文人语文、文化语文、诗意语文、情境语文、智慧语文、情智语文、激情语文、简单语文、深度语文、非构思语文、本色语文、新语文、真语文和语文味等。下面就真语文作一浅论。

一、真语文的内涵

陶行知先生认为，读书求学、教书育人的第一要务就是求真。“千教万教，教人求真；千学万学，学做真人”这句名言中，关于“真”有两个关键词：“求真”和“真人”。其中，“求真”是手段；“真人”才是教育的最终归宿。真语文系列活动总策划、原教育部新闻发言人、语文出版社社长王旭明给真语文的定义是，以“语”和“文”这两个要素为核心设计和安排的教材评价、教师和教学过程的语文教育活动。他主张通过语文课来“培养学生自然、健康的表达习惯，自由、个性的心理品质，独立创造的人格特征，让学生具备一定的逻辑思维能力，热爱祖国文化，了解国学知识”[1]。真语文不是创新，不是求异，而是回归语文本真。真语文就是一个理念，需要回归到叶圣陶创造的“语文”这个词的出发点。叶圣陶说得很明白，语文就是说和写，口头的叫语，书面的就叫文。我们要寻求祖先优良的传统，求本真之根，求语文之道。

现在比较一致认同的是“基于言语形式或语言文字理解和运用的学习”，以此定性为真语文，非如此则被评为“假语文”“非语文”“泛语文”。真语文大讨论倡导者王旭明认为，真语文是以语言文字的基本元素为基础，以字、词、句、段、语、修、逻、文为主要训练手段，以追求语文人文性与工具性统一为全过程，以促进学生和谐语文生活为终极目标的教育观念。[2]

综上所述，真语文就是还原语文本真，重回听、说、读、写的原貌，即用最原始的教学，以学生为主体，教会学生听、说、读、写，提高他们的语言文字应用能力。

二、真语文的特征

刘宏业提出，真语文主要具备以下三个特征：“语文味”浓、“思维力”足、“对话场”强。这是从语文课堂教学设计层面提出来的，要实现“语文味”浓，关键在于解决“教什么”的问题；要实现“思维力”足，必须营造从问题的设计、课堂结构的变化、激发学生的广泛参与等方面，充分调动学生的思维；要实现“对话场”强，必须营造平等交流的氛围，设计真问题和主问题。杜娟和荣维东从语文的性质出发，认为语用性是语文学科的重要特质，选文呈现是语文课程的另一特质，学生学习是语文课程的特殊状态；曹明海也认为真语文是以语用为目标。[3]葛维春则将求知与做人结合起来，认为真语文除必须具有“真实、真诚、真理”的品性外，还应具备以下特质：真语文应该是“为真人”的语文，真语文是有“语文味”的语文，即基于语言学习的语文，而不是别的。这与国际21世纪教育委员会的报告《教育——财富蕴藏其中》提出的“21世纪教育的四大支柱是让学生有‘学会认知、学会做事、学会合作、学会生存’四种本领”的理念是一致的。

因此，从语文的本质上来讲，真语文的最大的特征就是还原语文的本真。这个“本真”体现在两个方面：其一是“求真知”，其二便是“做真人”。首先是求真知。在教学过程中，教师要做到真备课、真上课，正确把握讲读关系，要以语用为宗旨，培养学生听、说、读、写的语用基本能力，将语言文字运用作为语文教学的基本立足点，把训练学生语言文字运用的技能和提高学生语言文字素养作为语文课程的基本目标和任务。在语文课上要着眼于语用教语文，学生在语文课上要着力于语用学语文，使语文课的教学过程切实成为训练语言文字运用的过程，引导学生和语言文字亲密接触，和语言文字构成的文本对话，让学生在文本的字里行间穿行，品味语言，体味文字，学会语言文字运用。其次是做真人。亚里士多德说过的“吾爱吾师，吾更爱真理”便体现了求真的题中之义。对于真语文教学，需培养学生有“不唯书，不唯上，只唯实”的精神，有“大胆地假设，小心地求证”的态度；阅读要懂真理，写作要表真情；学会表达真情实感，才能成为真诚之人。真语文的核心目标是“让学生学会学习”，这与新课标促成学生“形成正确的世界观、人生观、价值观，形成良好的个性和健全的人格”是一致的。[4]

三、真语文的标准

当前语文教学方式存在很多问题，从而导致语文教学出现“失真”现象，因此，改变语文教学方式是当务之急。改变语文教学方式就是要“把语文课上成语文课”，它包含三个方面，即“以语言为核心，以语文活动为主体，以语文综合素养的提高为目的”，这正是笔者对真语文的理解，也是评价真语文的标准。杜娟和荣维东在黄厚江论述的基础上总结出真语文的三个标准：第一，规律引导，简单朴实；第二，语文活动的“动”和“活”；第三，终极目标，培养语文综合素养。[5]王旭明先生倡导的真语文的基本要求是：以语言为核心，以语文活动为主体，以语文综合素养的提高为目的。语文课要培养学生自然、健康的表达习惯，培养学生自由、个性的心理品质，培养学生独立创造的人格特征。

判断一堂语文课是否是真语文课，最终还是要回到语文课程标准上来，看其是否达到语文学科学习所要求的目标。课程目标从知识与能力、过程与方法、情感态度与价值观三个方面设计，三者相互渗透，融为一体。目标的设计着眼于语文素养的整体提高，因此，真语文的判断标准不是使用何种上课形式、教学手段或教学方法，而是通过这一系列的外在形式所达到的教学效果。教学目标达到了，学生喜欢了，那就是真语文。

四、真语文的理念

真语文归根到底就是语文的回归，就是要教会学生听、说、读、写，提高他们的语言文字应用能力；就是要强调师生是教学活动中的平等主体；就是要师生真表达，表达真情实感。王旭明先生也认为真语文就是语文，真语文强调回归传统，找回本真，其基本要求是：以语言为核心，以语文活动为主体，以语文综合素养的提高为目的。语文课

一定要培养学生自然、健康的表达习惯，一定要培养学生自由、个性的心理品质，一定要培养学生独立创造的人格特征；语文课要让学生具备一定的逻辑思维能力，让学生热爱祖国文化，了解国学知识。真语文应该植根于生活，唯其如此，阅读者和文本之间的隔膜才会消除，教师与学生的沟通才会有共同的平台，基于生活，融入语文，语文课堂教学才会焕发生机和活力。同时，真语文还离不开传统文化，弘扬传统文化乃真语文题中应有之义，也是时代的必然选择。吴忠豪教授认为，真语文对语文课程进行深刻反思，语文课程是学习运用语言文字的综合性、实践性课程，作为应用教学的语文课程，就要让学生学会沟通交流。这样对语文课程性质的准确把握，为语文课程改革指明了新方向。语文课从原来的以学习课文思想、围绕课文思想内容的理解来组织教学，转变为对语言文字的理解和应用。

真语文本着一个“真”字，倡导要教实实在在的语文。现在语文课堂教学，过多地重视形式上的东西，如贴标签式地生硬拔高，语文的元素没有融于语文教学中，语文课成为表演课，过度使用 PPT 课件、音乐和其他辅助手段等，没有做到真正意义上的语文教学。很多教学活动设计都是为了活动而活动，名义上是教研创新，实质上却背离了真语文的理念。真语文强调语文知识的教学并不是只教语文知识，而是让“语文”回归“语文”。

五、真语文的实施

真语文是母语化的语文，作为母语教育的真语文主要包含下列两点：一是负有民族文化传承的责任，二是必须依据母语的特点实施教学。真语文是朴素、简约的语文，反对一切形式主义的东西。真语文教学用王旭明先生的话说就是“说真实的话，说自己的话，说不一样的话”。对于真语文教学，语文教师在课堂上应从“言”入手，充分感受文本的语言，使学生在感受语言描绘的形象、体味语言传递的情感、理解语言表达的道理中，受到潜移默化的熏陶感染。具体操作如下：一是诵读—感受语言；二是咀嚼—品味语言；三是感知—把握语言；四是实践—养成语感。

真语文教学要处理好课堂教学与三个沟通的关系，立足课堂，面向生活，切切实实改进课堂教学：第一，确定好训练点；第二，根据训练点，精心设计训练程序；第三，以语言文字训练为重点，把思想性、情感性、知识性、趣味性揉进训练过程中；第四，以思维训练为核心；第五，面向全体学生，使各个层次的学生都参与训练活动。王莹在本真语文的实践与探索过程中总结出以下几点：找准教学切入口，真阅读；坚持正确学生观，真参与；把握课堂关注点，真训练；重视学生知情意，真体验。

真正追求真语文教学就要从以下几点去努力：首先，建立符合当下教育需求的评判体系，实现“真评”；其次，教师与时俱进，全面提高自身语文教学综合素养，实现“真教”；最后，激发学生语文学习兴趣，引导学生主动学习，实现“真学”。

基于以上观点，真语文教学实践要立足语文学科本身，从语文学科知识出发开展教学活动。语文学科是基础学科，透过语文课程特定的思维规则和方式，使学生通过学习

语文，获得高级认知能力，发现真、善、美。因此，要想实现真语文教学，就得立足于语文学科，以语文的思维与视角去教语文。

参考文献

[1] 李云萍. “真语文”离我们有多远[N]. 石家庄日报，2013-11-05（11）.

[2] 王旭明. 这个时代需要真语文[N]. 光明日报，2014-5-13（14）.

[3] 曹明海. 真语文：以语用为目标[J]. 语文建设，2014，(5)：2.

[4] 中华人民共和国教育部. 义务教育语文课程标准（2011 年版）[M]. 北京：北京师范大学出版社，2011：1.

[5] 杜娟，荣维东. “真语文”的特质、品质和标准：2013 年度语文论著评析之十一[J]. 中学语文，2014，(31)：10-13.

第十一节　全　语　文

“全语文”也译为“全语言”，又称“整体语言教学法”，是一种综合的、跨学科的语文教学方式，或者说是一种整体的语文学习模式。自国外传入后，在我国中小学产生了深刻的影响。

一、全语文的概念界定

全语文中“全”是与“部分”相对而言的，是完整、全部的意思。对于全语文这一概念，不同的研究学派给出了不同的观点。

古德曼认为，全语文既不是一种教学法，也不是一种措施，它其实是一种信念、态度和哲学，是一种关于学习、教学、语言和课程的哲学。[1]沃森认为：全语文是一套互相支援的信念、教学策略和经验，让孩子在一种无拘无束的环境中学习阅读、写作、说话和聆听。[2]维尔特·弗勒泽提出：全语文是以儿童为中心和以实际应用的文字为中心，尽量使儿童在真正的沟通环境中学习。台湾学者吴敏而认为，全语文是一个自然的学习，是一个跨学科的学习模式，这个模式强调以语言教育为中心整合各学科教育。台湾学者黄继仁认为，全语文教学是一种理论与实践紧密结合的哲学，也是一组综合学习和教学、尊重教师与学生信念系统，强调在真实情景的脉络下实施听、说、读、写与整体课程统整的教学，教材以文学作品和真实生活的素材为主，在合作学习中着重交互激荡的意义建构历程，进行有功能、有意义且有目的的实质学习，提供学生兼顾知、情、意的完整学习经验，是一种能够实际应用于日常生活的整体教育。[3]

基于以上各学派的观点，对全语文教学的共识可以表达如下：第一，语言不应划分成内容和技巧，学习者只有在有意义的真实情境中使用语言，才能学会语言。在阅读中学习阅读，在写作中学习写作。第二，语言学习不应该割裂成部分或片段，语言的每个单项孤

立的学习是没有意义的，必须在有意义的整体中学习每个单项，这样的学习才有趣味性和自然性，才容易学。第三，语文教学要培养学生应用已有的知识和创新思想，尽量表达不属于他人，而属于自己的、真实的、有意义的东西。第四，学生的语言错误只不过是学生语言学习不同阶段的真实反映，学生会按自己的进程发展。教师要容许学生犯错误，要以辅助者的角色，鼓励学生冒险，大胆使用语言表达自己的思想，即使不准确，也不是失败者。第五，语言是在互动、社会交往中获得的，因此，学生之间也可以彼此互相学习。

总而言之，全语文是一种自然的、绿色的“大语文”学习，是一种健康的、跨学科的、整体的教学模式。这个模式强调以语言（言语）教育为中心，整合各学科教育和社会生活，全面发展学生的整体素养。全语文包含的范围极广，也十分复杂，不容易为它下一个“贯时性”和“共时性”的“本质定义”。全语文的特点是“全”，它可以包容各种语文学习，重视各种语文的价值，也适用于各种语文学习的概念。全语文要求学生学习语文是由整体到部分，它打破了以往的零碎语文学习模式，从语文的整体意义出发。以中国语文学科为例，传统的教授方式是对字、词、句、段、篇等项目进行由部分至整体的教学，但全语文的模式，则由全篇文章的意义开始，字、词等项目的学习则须在有意义的整体脉络下进行。

二、全语文教学的理论依据

全语文教学对语言、学习、教学和课程有全新的思考，拥有人文及科学领域的理论依据。

（一）语言学

语言中的语音、字、词、短语、句子、段落都是语言的片段，这些片段的总和，永远不等于整体，语言只有在完整的时候才是语言。学校里教师将书写、写作或其他机械练习割裂出来教学，这与写出有功能性和完整性文章的认识是矛盾的。文章是真实、有意义的，不是为了迁就词汇发展或拼音次序排列而成的一群文字组合，因为写作和阅读都是充满活力的建构性历程。

（二）心理学

心理语言学者古德曼研究读者和文本互动的心理过程，使用异读分析法深入了解儿童阅读的过程以及儿童认知文字的过程，认为读者不是按照每个字母逐字阅读，而是选择少量有用的线索去猜测印刷的文字的意义。发展心理学派学者经过研究证实：儿童其实是一个内在语文能力丰富的个体，只要课程和教师引导适当，儿童可以表现出内在的语文能力。他们发现，人的读、写能力在幼儿时期就有相当的发展，只要成人给予机会和适当的鼓励，儿童的书面语言将会提早出现，而且能和口头语言一样轻松发展并取得成功。

（三）教育学

教育的目标在于促进每个学生的发展。但是，学生的成长，并不能要求达到绝对一致的标准。因此，教师应认识并接纳学生的个别差异。学校语文教育计划，旨在延伸学

生的语言能力和效能、知识以及对世界的了解，让学习与生活结合。学生在自然的环境中参与教师特别安排的听、说、读、写综合活动，在活动中学习语言。

三、全语文教学实践案例研究

当今，全语文教学研究遍及美国、英国、中国等国家。在中国香港，全语文被称为"全语文取向"，它被认为是一种教学模式，或是跨学科的学习模式。下面将以美国的"整体语言教学法"、英国的"国家写作计划"、中国香港的"全语文写作教学计划"、中国山东的"钥匙方略——全语文五课堂程式学习"为例，具体介绍在全语文教学理念下实施的教学研究实例。

（一）美国的"整体语言教学法"

美国整体语言教学法把语文教学听、说、读、写四个部分视为语言本身内在的、不可分割的整体，也把语文教学的范畴推广到与学生生活有关的各个方面。该教法将阅读过程视为学生凭借已有的经验和印刷文字进行交流的过程，常按以下步骤展开阅读教学：首先，学生根据题目和文章开头提出假设，猜测内容和情节；其次，运用已有的知识和经验进行推理，验证假设成立与否、猜测是否准确；最后，深入阅读理解，不断修正自己的假设，直到读完整个故事，体会情节的合理性。

整体语言教学法的阅读教学设计，是以古德曼"自上而下"阅读心理过程为依据的。所以，在阅读材料的选择上，教师一般不用语文教材，而是选择与学生生活相关的、趣味性强的正式出版物，如小说、散文、旅游指南、百科全书等，另外，还有招牌、招贴海报、说明书、电话簿、电视节目单等。

美国小学生开学第一天的第一堂语文课，柏兹·贝特勒克老师的一年级教室里，所有学生都坐在地毯上。贝特勒克老师取出一本名为《姜饼男人》的巨书。这本巨书放在桌上有 30 英寸高，超大的文字和彩色的插图，不仅吸引了所有学生的注意力，也有助于他们理解故事的内容。贝特勒克老师戴上姜饼男人的面具，指着插图为全班同学朗读这本书，还不时带领学生表演其中的一些词句，如"跑呀！快跑呀！""你们追不上我！因为我是姜饼男人！"15 分钟后，他们就以这种朗读和表演的方式，学完了这本巨书。刚读完这本书，学校的厨师走进教室，交给贝特勒克老师一张纸条。贝特勒克老师向全班大声地读起来："我从你的书里跳出来跑到了自助餐厅，快来和我见面！姜饼男人。"老师和学生迅速来到自助餐厅，但没有找到姜饼男人。他们向厨师打听，厨师都说没见过。最后，他们在烤箱里发现姜饼男人留下的另一张纸条："我已经去浴室旁边的门卫储藏室了。再见！"全班又去门卫储藏室找，还向门卫打听姜饼男人。门卫告诉他们来迟了，姜饼男人已经去卫生室了。于是他们来到卫生室问护士，从护士处他们获悉，姜饼男人已经去辅导主任办公室了。然后他们又去了辅导主任办公室和校长室。最终，校长告诉他们，姜饼男人已经回到他们的教室。当孩子们回到教室时，每个人在自己的课桌上找到了一块饼干——姜饼男人饼干。学生们津津有味地吃着饼干，贝特勒克老师把故事《姜饼男人》又朗读了一遍。下课的铃声响了，孩子们仍然期待着贝特勒克老师为他们朗读下一本书，他们更期待着有一天自己能朗读和写故事。

在孩子们学习拼音、识字的时候，孩子们就可以阅读、写作。这是全语文教学的观点。美国教师贝特勒克先生运用“体验性学习”方式使理论成为现实：让学生参与阅读——表演文中的词句；感受人物形象——追寻姜饼男人的踪迹。对一年级新生而言，这一堂课让他们认识了学校里的人和部门，向他们介绍了一本有趣的故事书。更重要的是，在人生的第一堂语文课上，贝特勒克老师带领他们体验了语文学习的乐趣，激发了他们语文学习的动机。这就是整体语言教学法所强调的语文教学的目的：满足学生现实生活中的真实需求，能够进行有意义的人际交流，解决生活中的实际问题。

总之，整体语言教学法强调：语文教学的目的是满足学生现实生活中的真实需要，为了能够进行有意义的人际交流，解决生活中的实际问题。

（二）英国的“国家写作计划”

英国母语教学一贯注重语法和组词，写作教学更是重表达的形式、轻表达的内容，重写作的准确性、轻文章的意义，面对母语写作教学现状，英国学校课程发展委员会（SCDC）推行国家写作计划（NWP），旨在教学生语法和组词的同时，让学生表达自己的真实想法，鼓励学生创意和发展意念。

整个计划实施的主要精神是：以儿童为中心，鼓励学生按自己的意愿作文；教学与学生的生活经验结合，使学习更有意义；不只关注学生文字表达的准确性，更应重视学生的创意和发展；作文是一种作品，应该让更多的读者阅读。

（三）中国香港的“全语文写作教学计划”

中国香港传统的作文教学常规是：按句式写句子→看图写段或连段成篇→按教师的提纲写篇。教师批阅后，学生再誊清作文。这样的教学规范使学生始终处于被动的地位。1994年，香港大学教育学院教授谢锡金开始指导小学研究校本课程“全语文写作教学计划”。该项研究旨在激发学生的写作欲望，改变被动作文的地位。在此后的教学中，参与研究的学校和教师不断扩充，主要措施如下：第一，学生不会写的字词，可以用图或符号暂时代替，在教师巡视时询问，然后补写在图或符号处，或在教师批阅后补上。第二，学生写作完毕，先由同学按量表互评，再由教师重点批改。第三，经批改的作文，分批在教室或布告板上展示。个别优美的词句抄写在漂亮的彩纸上张贴。第四，学生可自选写作体裁。例如写夏天，可写诗歌《夏天》、记事文《倒霉的夏天》、说明文《夏天的食物》、议论文《我喜欢/不喜欢夏天》，或以夏天为题材的故事、小剧本等。

（四）中国山东的“钥匙方略——全语文五课堂程式学习”

1999年11月1日，“钥匙方略——全语文五课堂程式学习”经过专家论证，在山东省临沂市第三中学顺利开题。该“钥匙方略”实验课题以全语文思想体系为理念载体，力求克服传统教学弊端，充分展示了以人为本的创新战略，是利用各种学习情境（日常工作、学习、生活等），在合作中发展，在自学中创造的学习程式，是语文工具性与人文性综合且具体的体现。

该课题的基本内容是：倡导新型师生关系，从语文角度出发，以五型课堂为载体，承接文化与情感的双重积淀，通过听、说、读、写能力训练来重点感悟人生、感悟性灵，使学生具备完善的人格和自学能力，从而健康地创新、发展。五型课堂包括：一课堂——课本教材的学习活动；二课堂——课本外有意阅读活动；三课堂——常规学习活动，即良好习惯养成的学习活动；四课堂——专题学习活动，包括智力开发课、素质活动课；五课堂——日常随机学习（潜意识学习）活动。学生可以在生活中感知语言运用的经验教训，于“无字之处”学“语言之形”，感悟运用之神髓。[4]

四、全语文教学实践的启示

虽然目前对全语文教学还没有一个确定的定义，但通过各国在全语文教育理念下开展的教学可以看出，全语文强调打破以往零碎的语文学习模式，注重整体教学，这对我们以后的语文教学有着重要启示。

全语文与社会生活紧密联系，学习扎根在社会中，因为社会大环境及其需要和种种现象，都影响着学生语文的发展。学生可以利用社会这个“天然教室”，收集各种有用的语文资料，应用所学的语文技巧，培养个人对语文学习的兴趣，从中也可加强个人对社会的认识及责任感。

在全语文的天地中，教师的角色改变了：他们由课堂的主导者变成辅助学生的策导者。在实施课程时，教师需要明白他们本身是和他们的学生一样，也是学习者，需要在课堂中或在课外与学生交流和分享学习的乐趣。教师需要不断进步，更需要密切注意社会的发展，以获得更多、更新的知识，才能不断改进个人的教学方法，提高个人的能力，以培养积极进取的人生态度，从而赶上甚至超越学生的学习步伐。只有这样，教师才能成功地成为学生模仿的对象。教师还需要确认每个学生的能力及潜质，并了解个别差异，了解青少年成长各个阶段的特征以及他们在学习上可能遇到的问题；掌握语文教育的原理，营造一个有目的、有意义、有利于语文学习的环境，让学生有效地学习。

总之，全语文教学理念适应了新课程标准，有助于我们全面认识语文教学，尤其是在解决语文教学相关困境方面提供了一条科学、先进的语文教学改革之路。

参考文献

[1] Goodman K S. What's Whole in Whole Language[M]. Portsmouth：Heinemann，1986：1.

[2] Watson D J. Defining and Describing Whole Language[J]. The Elementary School Journal，1989：90（2）：129-141.

[3] 董蓓菲. “全语文”教学研究[J]. 全球教育展望，2005，（7）：53-57.

[4] 郭士丰. 山东临沂“钥匙方略——全语文五课堂程式学习”实验介绍[J]. 语文教学通讯，2001，（4）：47.

第四章
活动教学与语文学习新方式

第一节　活动教学理念

活动教学是指一种在活动课程思想引导下，旨在克服传统教学中单一的、采用抽象符号形式学习的弊端，充分调动学生的多种感官和学习兴趣，把感知学习与实践操作融合在一起的教学思想和方法，是一种实践性探究式综合型的教学模式。

我国传统教学有诸多弊病：以科学主义为核心，忽视人文教育；以学科为本位，忽视生活经验、学生兴趣和个性差异；以升学为目的，忽视人的全面发展；以教师为中心，忽视学生的主体活动；以课堂为唯一教学场所，忽视现实社会、自然世界；以教科书为中心，以陈述性知识为学习对象，忽视直接经验、即时信息和程序性知识的学习；以讲授为基本教学方式，忽视学生主体性、主动性、积极性；以机械训练为主要手段，忽视整体活动、感悟、体验；以定量、终结性评价为主要形式，忽视定性、过程性评价……这些弊病使学生与传统文化陌生，与现实生活隔离，既缺乏主体意识和独立个性，又缺乏创新意识和实践能力。如何改变这一现状？开设活动课程、开展课外活动、利用学生闲暇时间开展活动以及“学科教学活动化”是四条有效的途径，这就是我们所倡导的活动教学。

活动教学的思想源远流长。在我国教育史上早就有“行知说”。《活动教育引论》中介绍：我国自春秋战国时期以来，关于“知”“行”及其关系问题一直处于争论之中，其间唯物主义知行观与唯心主义知行观鲜明对立着。唯心主义的知行观主要见诸老聃的“不行而知”；孟轲的“行有不慊于心，则馁”；庄周的“同于大通，此谓坐忘”；董仲舒的“法天之行”；王弼的“故虽不行，而虑可知也”；佛教四大主要宗派的“五位修行”“止观并重”；朱熹的“知先行后”和王守仁的“知行合一”。唯物主义的知行观主要有孔子的“听言观行”；墨子的“言足以复行者，常之”；荀子的“行高于知”；张载的“知由内外之合”；王廷相的“付诸理而尤贵达于事”；王夫之的“行先知后”；孙中山的“以行而求知，因知以进行”；陶行知的“行是知之始，知是行之成”；一直到毛泽东的辩证唯物论知行统一观。[1]所有这些观点或有重“知”，或有重“行”，或有“知行并重”，但都是主张教与学应是“知行合一”“知行并举”的。这里的“知”即理论，这里的“行”即活动、实践。也就是说，学科教学是可与活动教学相结合、相统一的。

在国外，活动教学思想形成与发展有清晰的脉络。欧洲文艺复兴时期的人文主义思潮代表人物有维多利诺、拉伯雷、蒙旦等，他们继承古希腊“完全教育”传统，以学生身体、智力和道德和谐发展为目的，重视观察、考察、游戏、交流、构造和劳动等活动，是西方活动教学思想的源头。之后法国在“启蒙主义思潮”影响下的“自然主义”教育，主张发展儿童自然本性，卢梭、裴斯泰诺齐、福禄培尔等人倡导“以行求知，体验中学”，是活动教学思想的萌芽。活动教学思想真正成熟的标志应是美国大教育家杜威的“进步主义教育”的实践和理论体系的形成。他主张的从“做”中学，以“儿童”为中心，已成为教育史上的重要思想。之后，构建“发生认识论教育观”的皮亚杰以及苏联维里茨基、列昂捷夫、赞可夫、达维多夫等人也大大丰富了活动教学的理论。

总结前人观点，活动教学有以下几个基本的教育理念。

一、课程观

杜威认为：“学校科目相互联系的真正中心，不是科学，不是文学，不是历史，不是地理，而是儿童本身的社会活动。”[2]活动教学主张独立开设“活动课程”，倡导“课外活动”和学生“闲暇活动”，更主张在学科课程中渗透、融入活动课程因子、要素，以求学科教学“活动化”“实践化”“生活化”。

活动教学认为，学科课程内容要面向自然、社会、生活、历史、心灵、经验、文化，强调通过各种各样的活动、实践促进学生全面而有个性地发展。

中小学常见的活动课程类型有如下几种：

（一）社会教育类活动课

社会教育类活动课主要包括班团活动课（如革命传统教育、主题班会），晨会、餐会（如升旗、日常规范教育、时政教育），社会实践活动课（如社区服务、义工、社会调查、参观），校传统活动课（如扫墓、联欢活动、游园会）等。

（二）科学技术类活动课

科学技术类活动课主要包括科普讲座活动，科学观察活动（如观察气候、天象、植物、动物），科技小制作活动（如标本、盆景、折纸、模型），科学小发明活动（如学具、教具、生活用品、实验），科学小论文写作活动（如观察报告、调查报告、考察报告、实验报告、学术论文），环境保护活动（如环保宣传、环保小组），气象科技活动（如气象、气温、湿度、气压、降水量、风向、云等观测），种植养殖活动（如植树、种花、养鱼、养鸟、种菜），科技阅读活动（如科学小品、童话、故事、科幻、工具书），科技竞赛活动（如表演、游戏、对垒），科技信息传播活动（如讲座、阅读、视听），电子信息活动（如电脑、网络、多媒体）等。

（三）文学艺术类活动课

文学艺术类活动课主要包括读书和讲座活动（如读书角、读书卡片、黑板报），音乐活动（如歌咏会、音乐会、文艺晚会、创作歌曲），舞蹈活动（如集体操、街舞、歌舞、韵律操），影视戏剧（如影视观赏、影评、小话剧、曲艺），美术活动（如绘画、雕塑），书法活动（如参观书法展览、创作“三笔字”），摄影活动（如传统摄影、数码摄影），联欢活动（如月光晚会、节日联欢会、营火晚会），集邮活动（如集邮小组、邮展），办报活动（如板报、墙报、黑板报、油印小报、校刊）等。

（四）体育卫生类活动课

体育卫生类活动课主要包括体操与武术活动（如广播操、拳术、棍术、剑术、刀术），田径类活动（如投掷、跑步、跳跃、竞走），球类活动（如篮球、排球、足球、乒乓球），游泳类活动（如蝶泳、蛙泳、仰泳、自由泳、跳水），登山与远足活动（如行军、登山比赛、郊游），棋牌类活动（如象棋、军棋、围棋、跳棋、扑克、桥牌），卫生保健活动（如身体保健、个人卫生、公共卫生、食品安全、急救、生活方式），竞赛活动（如登、跳、抓、攀登）等。

二、教学观

传统的学科教学目的往往比较单一，即传授静态的书面知识。活动教学无论是活动课程模式、课外活动模式、闲暇活动模式，还是学科教学中渗透活动的模式，由于它以活动为中心、发展为目的，其教学目的往往是多元的、整体的、综合的。活动教学不但传授知识、培养能力、开发智力，而且进行思想教育、审美教育。它不仅重视学生的认知目标、技能目标的达成，而且十分重视学生情感目标的实现。活动教学的目的是促进学生知、情、意、行全面素养的提高。

活动教学认为，学科教学内容除了传授间接经验（知识）外，更要重视直接经验、即时信息的学习；不但要学习陈述性知识，而且要学习程序性知识、策略性知识；不但要学习单科、分科知识，更应该跨学科、跨领域地学习综合性知识。活动教学主张以学生现实生活、社会生活为教学主要内容，并以此组织专题、问题、课题、话题进行研究、探讨、教授、学习，所以教学内容呈现专题性、问题性和生活性。由于活动教学的内容贴近学生实际、社会实际、学校实际、乡土实际，所以它能激发学生学习的兴趣，引导学生主动发现、研究和解决问题，因而有利于学生形成问题意识和探究思想。

活动教学认为，教学过程是动态实践活动的过程，在学科教学过程中，要适时、适地、适当、适度地开展各种活动，如参观访问、调查研究、资料查寻、设计制作、实验论证、社区服务、劳动生产、游戏玩耍、比赛竞赛、创作编写、旅游观光、野外考察、电媒感受、言语表达、表演展示、交际交往等，让学生走出课堂，走向自然、社会，积极构建现代化的“开放性”的教学体系。

活动教学重视活动，强调实践，注重学生处理社会生活关系过程中个人的亲身直接体验和主观体验。正如李臣之所说的：要求学生积极参与到各项实践活动中去，在做、考察、实验、探究等一系列活动中应用知识，感悟人生，积累经验，认识事物之间的联系和关系，建构对活动的意义，获得整体发展。[3]这就是活动教学的“亲历性”“体验性”特征。

活动教学模式多种多样，在长期的活动教学实践中逐渐形成了以下常见的模式：问题—解决式、课题—研讨式、话题—对话式、专题—创作式、主题—表达式、游戏—参与式、景观—游览式、生活—感悟式、社区—服务式、科学—实验式、事件—调查式、新闻—访谈式、文本—鉴赏式、体育—训练式、网络—搜寻式、技能—操作式、劳动—体验式、方案—设计式、文艺—表演式、书报—浏览式、影视—欣赏式、口语—交际式、任务—合作式、情感—交流式、情境—陶冶式、学科—渗透式等。以上列举的丰富的活动教学模式为教师从事活动教学提供了基本的样式，也是中小学教师进行学科教学改革的重要依据。

活动教学认为，活动教学的环境应是开放的：一方面表现在活动时间的开放性上；另一方面表现在活动空间的开放性上。可以说，活动教学中的活动不受时间限制，特别是利用学生休假闲暇时间开展的活动和课外活动；活动教学中的活动也不受空间的限制，它不但可以在课堂、学校中进行，而且还可以在家庭、社区、大自然中进行。这样自由开放的时空为学生发展创造了广阔的天地和学习的机会，它使学校的教学真正走上了开放式的“大教育”的轨道。

传统教学一味强调学生刻苦学习，书山有路勤为径，学海无涯苦作舟；而活动教学积极提倡“愉快学习”“成功教育”。倡导教育教学就是为学生创设良好的学习情境，激发学生学习的乐趣，引发学生积极、主动学习的动机。所以，活动教学遵循“兴趣性原则”，遵循学生身心发展规律和学生心理特点，依据学生的现实需要、兴趣爱好，寓教于乐，让学生在活动中学有所乐、全面发展。

活动教学注重教学评价中的形成性评价、定性评价、多元评价、动态评价。评价重过程、重情意、重个性、重发展、重主体整体素养的全面衡量。

三、教材观

活动教学认为，现有的教材以学科为中心，按知识逻辑顺序编写，较少考虑学生心理顺序及活动的展现形态，不适合学生学习，所以主张调整、改造、补充现有教材或重编教材，以适应活动教学的需要。

活动教学教材观的主要观点如下：

（一）非学科中心

教材可以“专题”“问题”“课题”“话题”“主题”“项目”等为中心编制设计，突现生活中心、儿童中心、活动中心。

（二）科学知识与人文知识并重

由于“学科教学”是在工业时代产生的，故十分侧重科学知识的传授和学习，活动教学也强调科学知识的学习，但更强调人文教育，主张学生在人类文化的熏陶感染下全面素质的提高，以求适应当代社会迅速发展的需要。

（三）贴近学生生活

活动教学主张教材以学生兴趣、需求、个性为逻辑起点，遵循儿童认知规律、心理发展逻辑，贴近学生生活和社会实际，大量增加教材的“即时信息”和“直接经验”。

（四）教材内容应多以活动方式呈现，以便教师进行活动教学

活动教学主张教材编制突出实践、探索、创新，强调以“问题解决方式”“课题研究方式”“活动实践方式”“实际操作方式”等进行教与学，培养学生实践能力和创新精神。

四、学习观

活动教学主张学生学习人类一切知识、经验，包括直接经验和间接经验、昔时信息和即时信息、理论知识和实践性知识、陈述性知识和程序性知识等。

活动教学强调学习方式的多样性，学生除了从教师讲授中静态地学习知识外，更从自己的“做”中动态地学习经验。这种动态的“做中学”方式包括课题探究的研究性学习、社会参与的实践性学习、社会考察的体验性学习、动手动脑的操作性学习、实际应用的设计性学习、沟通心灵的交往性学习、自我建构的反思性学习、师徒传授的模仿性学习、适应生存的生活性学习、问题解决式学习、形象思维为主的创作式学习、主体间性的对话式学习、有意义的接受式学习等。

活动教学还强调创造轻松、自由、活泼的学习环境，以适应学生主动学习的需要。因此，活动教学强调民主、平等、和谐的课堂气氛的营造。

活动教学认为，学生学习过程大致可分五个阶段：

（一）设计主题

这是师生根据教学目标、教学内容设计、策划活动主题、项目、专题、课题、问题、话题、论题的阶段。每次活动均需活动主题，活动主题犹如活动的灵魂、统帅、核心。活动主题需要精心设计。可先让学生商议设想一个活动主题、方案，然后与教师商讨决定。

（二）准备活动

有了活动主题、实施方案还不够，为了实施这一主题方案还要做好充分准备，这样才能顺利完成任务。准备可从三方面考虑：一是物质准备，应该要有的设备、设施、工具、材料要到位；二是心理准备，学生要有足够的思想准备和良好的心态，以防半途而废；三是寻求家庭、社区、学校的配合，齐心协力完成任务。

（三）参与活动

参与活动是学生实践活动实施开展的过程，就是师生、生生合作完成任务的动态进

程。这个活动过程教师要起主导作用，做好组织、管理和参谋；学生要起主体作用，积极主动、自觉地参与活动，以求身心得到全面、和谐的发展。这一阶段由于活动的形式不同，实施过程也不尽相同，教师要因地制宜、因时制宜、因人制宜、因事制宜。总结以往经验，活动教学可以采取以下不同的学习方法，如探究发现法、问题探讨法、调查研究法、实验试验法、参观考察法、文献查阅法、设计制作法、实际操作法、言语交流法、社区服务法、网络搜寻法、访谈法、表演法、游览法、创编法、竞赛法、游戏法、体验法、鉴赏法、训练法、合作法等。

（四）展示成果

由于活动教学有丰富多彩的形式，活动的结果、成果大不一样。归纳起来大致有四种基本形式，即作品展览、汇报和演出、调查报告和科学报告、学术论文。作品为设计、制作、创作的成果，可以通过展出、发表或出版，反映活动教学的成果；汇报和演出是文体活动、社区服务、游戏旅游等活动的表现形式，通过向老师、家长、同学、社会汇报或演出，达到教育自己和他人的目的；调查报告、科学报告、学术论文都是活动教学的书面语言形式；为检查学生的真实水平，还可进行论文答辩。

（五）总结反思

活动教学通过成果的展出、演出、报告、答辩后需进行必要的总结、评价和交流。一方面，学生可以客观、公正地评价活动全过程，肯定成绩，增强信心；另一方面，学生可以总结经验、吸取教训，为下一次活动提供宝贵的经验。当然，大家还可通过交流，互相学习、共同提高。

五、教师观

首先，教师是活动课程的开发者。教师不是学科课程的消极接受者，而是活动课程的积极开发者。教师作为活动课程的开发者意味着教师要为活动课程的开发献策献力，要参与活动课程决策的过程，在活动课程开发中发表自己的意见。教师开发活动课程主要表现在对“活动课程资源”的开发上：一是要对“国家课程”进行“二次开发”；二是要开发新的“校本课程”；三是要开发“课外活动课程资源”。

其次，教师是教材的研究者。从广义上讲，“课程”包含“教材”，对“课程”开发，就是对“教材”的研究和利用。这里强调教师是“教材”的研究者，无非更加重视作为教学的主导者，教师有权选择教材、使用教材、解读教材与处理教材。教师作为教材的研究者强调的是教师不但要知道活动教学“教什么”“怎样教”，更要思考“为什么教”的问题。一句话，教师不应成为“教科书”的奴隶、“教学参考书”的“传话筒”，教师应有自己的观点、自己的思想、自己的独特理解、自己的审美情趣、自己的教学个性，参与课程的开发和教材的编制。

最后，教师是学生学习实践的指导者，学习活动的组织者，学习过程的合作者，学习困难的帮助者。教师的价值不仅表现在传授知识、培养能力、开发智力和进行思想教育、审美教育上，教师的价值更表现在为学生学习创设情境、激发动机、引导兴趣、组织学习和促进发展上。鉴于此，作为教师，就更应该提高自己的品质素养、专业知识水平以及教育教学能力和科研能力。

六、学生观

活动教学认为，学生是学习的主体、活动的主体、发展的主体，学生在教学过程中有选择权、决策权和发展权。学校的课堂教学应从以教师为中心转变为以学生为中心。正如杜威所说的：现在，我们教育中将引起的改变是重心的转移。这是一种变革，这是一种革命，这是和哥白尼把天文学的中心从地球转到太阳一样的那种革命。这里儿童变成了太阳，而教育的一切措施则围绕着他们转动，儿童是中心，教育的措施便围绕他们而组织起来。[4]这样，学生学习的态度就会改变，他们就会把学习作为生活，自主、自动、自觉地去学习，在学习过程中做到自律、自立。

在谈到教学活动主体性时，郭元祥指出：综合实践活动充分尊重学生的兴趣、爱好，为学生自主性的充分发挥开辟了广阔的空间。他们自己选择学习的目标、内容、方式及指导教师，自己决定活动方案和活动结果呈现形式，指导教师只对其进行必要的指导，不包办代替学生的活动。[5]这一特点表明，活动教学突出学生自主性、积极性、自觉性和亲历性，强调学生主动实践、积极探究、亲历活动，这一特点符合新课标提倡的“自主合作探究式学习”教育理念，是教育教学走向民主化、现代化的一个重要标志。

全球正逐步跨入信息时代，我国社会也逐渐迈入知识经济时代。这个时代要求每个社会成员具有健全的价值观和负责任的生活态度，具有创造意识和社会实践能力，善于和他人共同生活、工作，与环境和谐相处。所以，联合国教科文组织《教育——财富蕴藏其中》提出了 21 世纪学生应具备的四种基本素质，即“学会认知、学会做事、学会与他人共同生活、学会生存”。而对这样一个社会背景，“基础教育课程如何改革？中小学教学应该怎样进行？”是一个现实的问题。我们认为，在目前我国以学科教学为主的教育体制下，除开设专门“综合实践活动课”外，提倡、推广学科教学活动化的教学模式更为重要。因此，活动教学模式是顺应时代要求、顺应“新课改”的需要而产生的，积极提倡、推广活动教学具有重要的价值和时代意义。

首先，活动教学有利于传统应试教学思想偏差的纠正。应试教育以分数为目标，考什么教什么，不考虑学生的兴趣、爱好、个性和发展需要，一切以考试大纲为标准，严重扭曲了儿童的人格，严重违背了教学原则。活动教学强调以学习者为中心，一切以儿童发展需要为标准，让学生在活动中学习，在活动中体验，在活动中求得全面发展。因此，活动教学可以成为改变应试教育局面的突破口，可以成为实施素质教育的重要途径。

其次，活动教学有利于学科教学传统教学方式的改变。传统学科教学重知识教授，

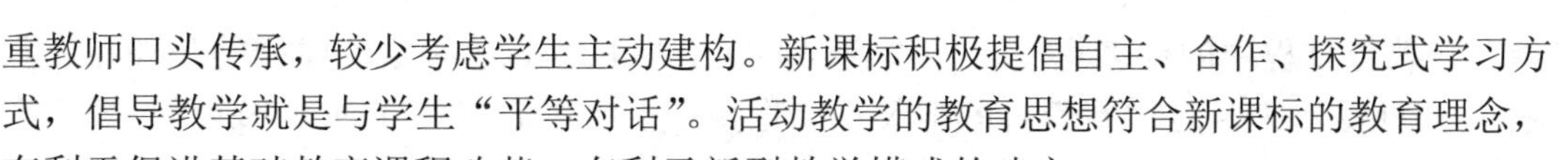

重教师口头传承，较少考虑学生主动建构。新课标积极提倡自主、合作、探究式学习方式，倡导教学就是与学生“平等对话”。活动教学的教育思想符合新课标的教育理念，有利于促进基础教育课程改革，有利于新型教学模式的建立。

最后，活动教学有利于促进学生主体的发展，有利于学生整体素质的提高。活动教学在教学过程中突出整体性、研究性、活动性、亲历性、开放性、主动性、生成性和创新性等特点，主张书本与生活联系、学科与学科整合，积极拓宽教学领域、丰富学习资源，重新建构新型评价模式，有利于学生个性的发展，有利于学生创新精神和实践能力的培养，为学生终身学习、可持续发展奠定了坚实的基础。

参考文献

[1] 田慧生，李臣之，潘洪健. 活动教育引论[M]. 北京：教育科学出版社，2000：1-2.

[2] 赵祥麟. 杜威教育论著选[M]. 上海：华东师范大学出版社，1981：6.

[3] 李臣之. 综合实践活动课程开发[M]. 北京：人民教育出版社，2003：59.

[4] 赵祥麟. 杜威教育论著选[M]. 上海：华东师范大学出版社，1981：32.

[5] 郭元祥. 综合实践活动课程设计与实施[M]. 北京：首都师范大学出版社，2001：14-15.

第二节　活动教学模式

《现代汉语词典》解释，模式是“某种事物的标准形式或使人可以照着做的标准样式”[1]。同理，教学模式就是教学过程中师生“可照着做”的标准形式、样式和范式，是为组织教学活动提供的结构、程序和步骤。活动教学模式就是活动教学的活动结构，就是在活动教学过程中应该遵循的图式、程式、招式和套路。

《基础教育课程改革纲要（试行）》指出，教师在教学中应与学生积极互动、共同发展，要处理好传授知识与培养能力的关系，注意培养学生的独立性和自主性，引导学生质疑、调查、探究，在实践中学习，促进学生在教师指导下主动地、富有个性地学习。活动教学模式的建构顺应了这样的要求。活动教学模式建构包括活动教学目标、活动教学类型、活动教学过程、活动教学原则、活动教学方法和活动教学评价六个方面。

一、活动教学目标

教学目标就是通过教学，学生要达到的预期结果。它是课程学习完成后所要达到的学生发展状态和水平的描述性指标。

活动教学目标首先强调过程。杜威批判了传统教育中更多地强调社会、教师和家长的需要，强调教育要为将来做准备。他反对教育过程以外的目的。早在《我的教育信条》中，他就强调指出：如要在教育之外另立任何一个目的，例如给它一个目标和标准，便

会剥夺教育过程中的许多意义，并导致我们在处理儿童问题时依赖虚构的和外在的刺激。[2]在杜威看来，这种教育目的不仅不会直接把现实生活和教育活动相联系，反而会阻碍教育活动的有效进行，教育过程与教育目的应是合二而一的。他明确指出：教育的过程，在它自身以外没有目的，它就是它自己的目的。[3]教育本身并无目的，只是人，即家长和教师等才有目的；教育这个抽象概念并无目的。[4]可见，杜威认为教育的目的在于教育过程本身，过程即教学目标。

活动教学目标其次强调综合。基础教育课程改革的突出特点是重建新的课程结构，打破过去课程计划强调课程的分科性、统一性与持续性，依据国际课程发展趋势、课程现代化的要求以及我国的国情和教育传统，关注课程的综合性、选择性和均衡性。传统的学科教学目的往往比较单一，即传授静态的书面知识。活动教学的教学目的是多元的、整体的和综合的。它不但传授知识、培养能力、开发智力，更重视经验的学习；不但要学习陈述性知识，而且要学习程序性知识、策略性知识；不但要学习单科、分科知识，更应该学习跨学科、跨领域的综合性知识，而且进行思想教育、审美教育。它不仅重视学生的认知目标、技能目标的达成，知识与能力的综合运用，而且十分重视学生情感目标的实现，活动教学的目的是促进学生知、情、意、行全面素养的提高，激发学生学习的兴趣，引发学生主动发现、研究和解决问题，有利于学生形成问题意识和探究思想。因此，活动教学遵循综合性的原则。

二、活动教学类型

活动教学类型可分为操作型活动教学、体验型活动教学、交往型活动教学、探究型活动教学和创造型活动教学。

（一）操作型活动教学

操作就是动手。操作型活动就是动手活动。操作型活动教学，就是在教师的指导下，学生通过动手操作，积累经验，发展观察能力、实践能力的教学。实施操作型活动教学时，教师要给予实际的指导，并作及时的反馈，加强形成性评价，以帮助学生改进、提高操作能力；学生则要在教师的指导、示范下，观察、尝试、训练和创造提高。

（二）体验型活动教学

体验是一种人类“亲历”的过程，是人类心理感受的经过。体验型活动教学是通过活动情境的创设，激发学生的活动热情，引导学生以自身的独特感受，对已有的知识经验进行改造、重组，从而获取知识、陶冶性情、完善人格。不同年龄层次的学生所采用的具体的体验形式要有所不同。例如，对于低年级的学生，可以运用“游戏教学”，让儿童在游戏中学习，在活动中发展。学生的主体性、积极性和创造性可以在游戏的基础上生成。

（三）交往型活动教学

有专家指出，教学就是交往，交往是教学的本体存在。教学交往包括作为教学成分的交往（教学内容、对象、目标）、为了教学的交往（手段、方法）和教学之外的交往（心理场）等。交往型活动教学，让学生以小组为活动集体开展活动，师生、生生通过对话讨论，表达思想、交流情感、讨论问题、分享经验。交往型活动教学既强调师生互动，又注重生生合作，以培养团队精神、合作意识。

（四）探究型活动教学

探究就是探索、研究，就是实验、发现。探究型活动教学就是在教师的指导下，学生从学科领域或现实生活中选择和确定主题，在教学中创设类似于学术（科学）研究的情境，通过学生探索活动，获得知识、技能，发展情意、人格的教学方式。探究型活动教学可以由教师提出有意义的课题，或者学生自主选择问题，进行讨论、研究、实验，从而达到解决问题、发现新知、获得真理的目的。

（五）创造型活动教学

创造就是就是制作、设计，就是创作、创新，就是发现、发明。创造型活动教学重在鼓励学生敢于质疑、勇于探索、大胆创新，注重培养学生的求异思维与创造品质。创造型活动教学可以根据教学内容、教学资源和学生实际，开展制作、设计、创作和发明等活动，借以发展学生思维能力和创新精神，让学生大胆怀疑，敢为人先。

三、活动教学过程

活动教学模式就是一种在活动课程与教学思想的指导下，旨在克服传统教学中单一的采用抽象的符号形式学习的弊端，充分地调动学生的多种感官和学习兴趣，把感知学习与实践操作融合在一起的教学形式，是一种活动教学与学科教学融合的实践性探究式综合型的教学模式[5]。活动教学模式的步骤可分为四个阶段：设计准备、开展实施、成果展示和评价反思。

（一）设计准备阶段

这个阶段主要是活动项目设计，确定活动主题及目标，制定活动计划、步骤，为顺利、有效地实施做好充分的准备。另外，还要做好必要的物质准备、心理准备，并寻得家庭、社区和学校的配合，齐心协力完成任务。

（二）开展实施阶段

开展实施阶段就是学生参与实践活动的过程，就是师生、生生合作完成任务的动态

进程。由于活动的形式不同，实施过程也不尽相同，教师要因地、因时、因人、因事制宜地来安排。活动可以小组或个人为单位，以合作或独立活动、探究的形式进行。

（三）成果展示阶段

用口头或书面、图片或多媒体等形式展示活动的成果，归纳起来大致有四种基本形式，即作品展览、汇报和演出、调查报告和科学报告、学术论文。学生通过交流，取长补短，探讨不足。

（四）评价反思阶段

评价反思阶段包括两方面：一方面是客观、公正、全面地评价活动全程，肯定取得的成绩，增强自信心；另一方面是总结活动经验，吸取失败教训，为下一次活动积累宝贵的经验。学生可以采用师评、自评、互评等不同形式，分享活动成果，享受成功的喜悦。

四、活动教学原则

根据国内外有关活动课程与教学的分析研究，以及对它们的思考与认识，实施活动教学模式要遵循以下原则：

（一）主体性原则

学习的主体是学生，活动教学的主体无疑也应是学生。在活动课中，学生是学习的主体，活动的主体，发展的主体。学生在教学过程中有选择权、决策权和发展权，学生要有意识地、主动地、积极地参与，要有强烈的主人翁精神，不是教师的传声筒或教师意旨的执行者。学校的课堂教学应从“教师中心”转变为“学生中心”，教师在活动教学中是一个平等的指导者的角色。教师应同时发挥授之以渔、导之以法的作用，充分调动学生的积极性，让每个学生都能发挥个人专长、发展个性；教师应把时间交给学生，让学生的各种能力得到培养，充分展现他们的才能，使他们真正成为学习活动的主人。这样，学生学习的态度就会改变，他们就会把学习作为生活，自主、自觉地去学习，在学习过程中做到自律、自立。

（二）实践性原则

实践性原则是活动教学的灵魂。教师在教学中既要精心地设计活动，又要注意让学生在教学活动中真正地“活”“动”起来。它要求教师的教学形式要“活”，要开放，要灵动，即活动的过程必须要具有动态生成性。教育家陶行知曾提出“教学做合一”的“生活教育理论”，他强调“教学做是一件事，而不是三件事。我们都要在做上教，在做上学”。这就要求教师在教学中要充分地调动学生的积极性和创造性，以学生为主体。活

动教学的形式和内容的选择都要考虑到学生兴趣需要及个性差异，鼓励学生自主活动、操作、体验，让每一位学生都做到动口、动手、动脑。

（三）综合性原则

就活动教学的综合性来说，包括教学目标的综合、课程内容的综合、过程和方法的综合和教育资源的综合。第一，教学目标的综合包括知识和能力、过程和方法、情感态度和价值观“三维目标”的综合。第二，课程内容的综合包括学科内综合、学科间综合和学科与社会生活实践综合。第三，过程和方法的综合包括研究性学习、体验性学习、合作性学习等多种学习方式的综合。它既强调自主探究，又强调小组合作；既强调尊重间接经验的学习，又强调直接经验的习得。第四，教育资源的综合。活动教学资源无处不在，无时不在。除了学生生活是重要的学习资源外，当地自然资源、风俗民情、传统文化、校园文化、节日文化都可以成为学习资源，活动教学要将这些资源进行组织和优化整合。

（四）开放性原则

活动教学过程是动态实践活动的过程，在学科教学过程中，要适时、适地、适当、适度地开展实践活动。要让学科教学“动”起来、“乐”起来，活动教学必须坚持开放性原则。第一，活动教学的形式要开放，教学思路要打破教学常规，教材处理、活动设计和环节安排都要新颖灵活、不落窠臼。第二，活动教学的内容要开放，要从课内学习向课外活动延伸，要把理论知识的学习和社会生活实践联系起来。第三，活动的空间和时间要开放，活动教学的空间不但可以在课堂、学校中，而且还可以在家庭、社区、大自然中。同时，活动时间以 40 或 45 分钟为限，也可以利用学生的休假闲暇时间开展。第四，师生关系也要开放，师生在人格上建立民主、平等、和谐的人际关系，两者角色可以互换。学生可以在教师引导下，有理有据地挑战教师、书本，挑战权威，挑战现成的结论；同时，教师也可以融入学生之中，与学生一起活动，成为活动中的一员。

（五）发展性原则

以活动促发展是活动教学的基本指导思想，也是活动教学的终极目的。在活动教学中，活动的包容量大，可伸缩性强，这就要求以学生发展为主体，将教学重心放在培养学生的个性思维与独特品质上，鼓励学生挑战权威、质疑探索、大胆创新。在学生习得知识、掌握技能的过程中，通过主动学习，自觉、有机地发展实践综合能力。活动教学反对平庸，反对任何形式主义，主张在实践中发现和创新。学生的学习能力、动手能力、合作能力，以及想象力、理解力、意志力与承受力等都是创造力的具体表现。面向 21 世纪培养创造性人才，要用发展的眼光看待每一个学生，在全体学生全面发展的同时，更应重视学生的个性特长培养。学习的过程就是活动的过程，活动的过程应该也是创造的过程。

五、活动教学方法

活动教学是一种在教师的指导下，使学生自己动手、动口、动脑，自主自由、不拘形式，以活动促发展的新型教学法。李臣之认为，教学过程“要求学生积极参与到各项实践活动中去，在做、考察、实验、探究等一系列活动中应用知识，感悟人生，积累经验，认识事物之间的联系和关系，建构对活动的意义，获得整体发展”[6]。活动教学以实践活动为突破口，创设良好的情境，以活动为平台，注重外显行为活动与思维内化活动的统一，重视认知活动与情境活动、教师主导活动与学生主体活动、学生个人活动与小组活动的协调，旨在改变过去一贯让学生只是被动参与，扮演“接受者”角色，促使学生由消极被动的学习向积极主动的学习转化，使其认知和情感得到和谐发展。

活动教学的实施最重要的是具体活动方式方法的落实，即通过什么样的活动来改变传统学科教学的课堂结构、教学模式。传统学科教学以学生静听为主，活动教学旨在通过学生做一做、看一看、画一画、走一走、写一写、演一演、玩一玩、唱一唱、跳一跳、编一编、修一修、比一比、仿一仿、动一动等方式来活跃课堂、改变学生学习方式，以求学生生动发展和全面素质的提高，从而实现教育的理想——培养“完整的人”。

活动教学由于活动形式的丰富性，其教学方式方法也多种多样，如问题—解决式、课题—研讨式、话题—对话式、专题—创作式、主题—表达式、游戏—参与式、景观—游览式、生活—感悟式、社区—服务式、科学—实验式、事件—调查式、新闻—访谈式、文本—鉴赏式、体育—训练式、网络—搜寻式、技能—操作式、劳动—体验式、方案—设计式、文艺—表演式、书报—浏览式、影视—欣赏式、口语—交际式、任务—合作式、情感—交流式、情境—陶冶式、学科—渗透式等。以上列举的丰富的活动教学模式为教师从事活动教学提供了基本的样式，也是中小学教师进行学科教学改革的重要依据。[7]

六、活动教学评价

活动教学评价的主体是学生、教师、学校或教育管理部门，因此，活动教学评价从评价对象上可分为学生评价、教师评价和学校评价；从评价主体上可分为自我评价和他人评价；从评价内容上可分为过程评价和结果评价。活动教学评价更加注重以下几个方面：

（一）加强过程性评价

传统的学科评价很少关注学生的学习过程，重视的是学习的结果，通常表现在重视考试成绩。新一轮课程标准下的评价体系，不仅要求反映学生的真实成绩，更要洞察学

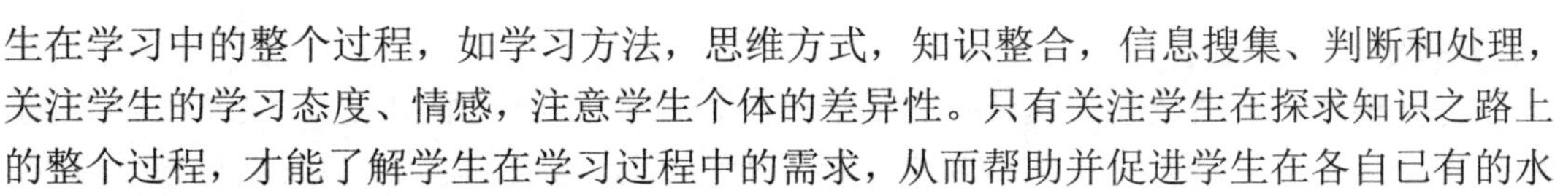

生在学习中的整个过程，如学习方法，思维方式，知识整合，信息搜集、判断和处理，关注学生的学习态度、情感，注意学生个体的差异性。只有关注学生在探求知识之路上的整个过程，才能了解学生在学习过程中的需求，从而帮助并促进学生在各自已有的水平上不断进步，发挥评价的教育功能。

（二）加强发展性评价

根据既重结果更重过程的评价理念，我们应加强发展性评价。所谓发展性评价，就是指在评价时，教师要避免一味地评价学生的阶段性质量和结果，而应着眼于学生动态发展的全过程。既要正视学生在知识、技能、智慧和品德等方面的不足，又要放眼未来，挖掘学生的潜力和可能争取到的新发展，以博大的情怀，呵护每个学生的细微变化和潜在发展，给学生希望，使活动教学发挥对学生将来的生活和终身发展有用的功能。

（三）加强情感性评价

教师对学生的评价不能像法官判案那样按照条条款款说孰是孰非，而应与学生一起进入对知识的探求和体验之中，产生共鸣。列宁说："没有人的情感，就没有也从来没有人对真理的追求。"目前，对于学生在探索学习之路上的情感态度价值观的评价即使有也是只言片语，有点不痛不痒的感觉，为了激起学生追求的欲望，我们应加强情感性评价。活动教学的评价十分强调学生在探究过程中的体验，包括使命感、责任感、自信心、进取心、气质、意志等自我教育和自我认识的发展。

（四）加强多样性评价

世界上并不存在"谁聪明谁愚蠢"的问题，而只存在"哪一方面聪明"以及"怎样聪明"的问题，每个学生都是独特的、出色的、活泼的人。美国哈佛大学教授、发展心理学家霍华德·加德纳认为：人的智力是由语言智能、数理逻辑智能、空间智能、音乐智能、身体运动智能、人际交往智能、自我反省智能、自我观察智能和存在智能这九种智力要素构成，这九种智力要素在每个人身上是以不同方式、不同程度组合存在的，所以使得每个人的智力都各具特色。因此，活动教学认为：教师在评价学生时，要针对处在学习过程中的不同个体，对活动教学中的多种手段，如小组合作、讨论答辩、问题探究、实习测评、成果展示等，使用弹性的评价尺度，让每一位学生都能得到充分的肯定和欣赏，使他们体验成功的愉悦，从而增强自信心。

（五）加强能力性评价

活动教学的评价，关注学生活动结果的获得，更关注学生创新能力和实践能力及其表现出来的交往能力和协作能力的提高。活动教学评价强调的是学生把所学到的基础知识、掌握的基础技能应用到问题的提出和解决中去，主动获取知识、应用知识，在想象、探索、创新的实践过程中形成个人能力，最大限度地开发自身的创新潜能，力争在

更高层次上的发展。

综上所述，活动教学模式就是在活动教学过程中应该遵循的图式、程式、招式和套路。一个完整的活动教学模式应该包括活动教学目标、活动教学类型、活动教学过程、活动教学原则、活动教学方法和活动教学评价六个部分。积极建构活动教学模式有利于课程教学方式的改革，有利于素质教育的实施。

参考文献

[1] 中国社会科学院语言研究所词典编辑室. 现代汉语词典[M]. 6 版. 北京：商务印书馆出版，2005：7.

[2] 杜威. 杜威民主主义与教育[M]. 王承绪，译. 北京：人民教育出版社，1990：54.

[3] 杜威. 杜威民主主义与教育[M]. 王承绪，译. 北京：人民教育出版社，1990：114.

[4] 杜威. 杜威民主主义与教育[M]. 王承绪，译. 北京：人民教育出版社，1990：143.

[5] 彭小明. 语文活动式教学[J]. 语文建设，2007，(7)：30.

[6] 李臣之. 综合实践活动课程开发[M]. 北京：人民教育出版社，2003：59.

[7] 彭小明. 活动教学法初探[J]. 当代教育论坛，2006：(13)：51.

第三节　语文服务性学习

20 世纪末，世界各国兴起了一场又一场轰轰烈烈的基础教育改革运动。在这样的背景下，我国也正在开展“新课改”。此次课程改革强调学生主体地位的确立，倡导自主合作探究式的学习方式，提倡开设综合实践活动课程，提高学生主动发现问题、探究问题和解决问题的能力。纵观国外的课程改革历程，总结世界各国不断创新的学习方式，在美国兴起的“服务性学习”方式，是一种新的语文学习模式，也是我们推进课程改革、实现素质教育可供参考与借鉴的一条途径。

一、语文服务性学习的含义

20 世纪初，美国实用主义教育家、经验主义倡导者杜威提出“在做中学”的教育思想，这是美国中小学服务性学习的萌芽。1967 年，在美国南部教育会议上，罗伯特·西格蒙和威廉·拉姆西首次提出“服务学习”这一术语。[1]20 世纪 80 年代中期，服务学习逐渐发展成为一场声势浩大的教育改革运动。90 年代，美国政府颁布了《国家与社区服务法案》和《全美服务信任法案》，以法律形式确定了服务学习的地位。从此，服务性学习成为美国教育的主流。《2000 年公民服务法》再次强调通过扩展和加强服务学习计划来改善青少年的教育，从而实现复兴全美国的公民责任伦理和社区精神的重要目的，同时也使国家与社区服务的利益达到最优化。这项法律的颁布直接促进了服务性学习活动在全美各学校的发展。

服务性学习是将学生的学业学习和社区服务有机结合的教育理念和实践方法，强调学生在社区服务的过程中，获得直接而有意义的经验，“从做中学”。这在促进学生的智力发展的同时，极大地增强了学生参与公共事物的意识。服务性学习的核心是“创造、活动和服务”，但对于服务性学习的内涵，在美国国内有着不同的观点。1993 年，《全美服务信托法案》指出：服务性学习是通过学校与社区的合作，将社区服务与综合实践活动课程联系起来，学生参与到有组织的服务行动中以满足社会需求并培养学生社会责任感，同时在其中学习以获得知识和技能，提高与同伴和其他社会成员合作分析、评价及解决问题的能力。[2]美国经验教育协会认为：服务性学习是学生有明确的学习目标，并且在服务过程中对所学的东西进行反思的、有组织的服务活动。[3]美国密歇根州立大学教育学院教授阿登·姆恩认为：服务性学习是将服务与内容结构予以统合并实施的一种课程计划。[4]尽管以上几种对服务性学习概念的表述不尽相同，但总体来说可以明确，服务性学习是学业学习和社区服务相结合的产物。服务性学习要求学生有明确的学习目的、积极的参与态度，在服务的过程中获得学习的效果，并及时进行反思。值得注意的是，服务性学习主要指社区服务，但并不等同于社区服务，二者在目的上有着显著的区别。服务性学习是将课程、服务和反思三者结合，学习与服务并重，服务与学科教学是直接联系的；而社区服务主要目标是满足社区的需要，不注重学生的课程建设。

基于以上认识，我们认为，所谓语文服务性学习就是将语文课程学习与社区服务紧密联系起来的一种学习理念和学习方式。语文服务性学习提倡在语文教学中服务于社会，在服务生活的同时进行语文学习，两者相得益彰。例如，语文学习是一种由“字”“词”到“句”再到“文”的学习，中国汉字从古到今的形、音、义的变换，由字组词、造句再成文，将这种在课堂中学到的语文知识在社区服务中加以应用，为农民书写对联、起诉书，为社区撰写公告、通告，为街道商店设计吸引顾客的店铺标语、广告词等。

二、语文服务性学习的理论依据

（一）实用主义教育观

19 世纪末美国实用主义教育家、经验学习的倡导者杜威认为：教学过程是学生的直接经验的不断改造和增大意义的过程，是从“做”中“学”的过程。[5]将服务作为教学工具，语文服务性学习通过为学生提供机会应用所学的语文知识和技能于真实的生活情境中，使学生了解在课堂书本中学到的知识是用来做什么的，了解服务对象的真正需求，认识到自身的不足，在今后的学习中确立更加明确的目标，以促进自我发展。

（二）建构主义知识观

建构主义强调学生的自主性和能动性，认为知识是由认知主体主动建构起来的，知识的建构是通过新旧经验的相互作用而实现的。这就要求学生在一定的情境和社会文化

背景下，利用一切可以利用的资源，借助他人的帮助，进行知识的建构，从而获得新的技能。语文服务性学习的主要方式——社区服务可以为学生学习语文提供这样一个平台，使学生在服务实践的同时，从活动、经验中建构知识、形成语文技能。

（三）社会学习理论

班杜拉认为人后天习得行为主要有两种途径：一是依靠个体的直接实践活动，这是直接经验学习；另一种是间接经验学习，即通过观察他人行为而学习。建立在替代基础上的间接学习模式是人类的主要学习形式，也是人类行为最重要的来源。马克思指出：人的本质并不是单个人所固有的抽象物，在其现实性上，它是一切社会关系的总和。社会性是人的基本属性。语文服务性学习将人的发展需求同社会的发展需求相统一，从实践中获得直接经验的学习，培养学生的社会责任感。学生通过语文服务性学习发挥自己的才能和技能特长，发掘自己的潜能为他人服务，认识到自己的社会存在价值，并且通过与他人合作，建立起良好的人际关系，增强对自我和他人的认同感以及对社会的归属感，从而时刻意识到要参与到社会生活中去。

三、语文服务性学习的特征

（一）以学生为主体

“教师为主导，学生为主体”是全面语文教育的基本要求。而语文服务性学习就是通过学校与社区合作，在教师引导下，学生自主进行的语文实践活动，基于学生的直接与间接经验，密切联系学生生活和社区实际，在活动中学习语文。服务性学习注重亲身体验和自我反思，充分尊重学生的兴趣、爱好，为学生自主性的充分发挥开辟了广阔的空间。他们可以自己选择服务的对象、方式、时间以及学习的目标、内容和指导教师。

（二）以服务为方式

近年来，我国在构建和谐社会的过程中，提出了转变政府职能、建设服务型政府的新理念。在这样的背景下，教育事业被赋予了一种全新的社会属性，即教育是政府为人民提供的一项公共服务。语文服务性学习强调“服务性”，即让学生利用在课堂上受到的教育在社区内进行有实际意义的服务。这样既发挥了教育的公共服务性功能，又可以使学生在服务中得到锻炼，整体提高语文素养。

（三）以合作为手段

在社区服务中，仅靠一个人的力量是远远不够的，需要学校与社区之间协调好服务的对象、时间、内容等；还要师生之间互相合作，教师指导学生做好服务的计划，并对学生进行服务的培训；另外，学生之间也需要很好地配合，分工明确，以最大的努力做好社区服务。

（四）以社区为领域

语文服务性学习将学习的主要阵地由学校、教室延伸至社会场所，打破了学校与社区的界限，变封闭为开放，真正实现了“大语文教育”。现在大多数学生生活在社区中，有直接的生活经验，对社区内存在的问题有直接的感受。在语文服务性学习中，学生分析社区与社会，了解社区演变的历程，可以参与服务，如建筑改造、健康看护、环境保护、邻里关系和文化建设等，将社区资源转变为语文学习资源。

（五）以发展为目的

一方面，语文服务性学习既可以开发学生的智力，促进学生的语文学习，又可以为社区持续提供符合社区需要的服务，学生从中得到锻炼和陶冶，能力得到增强；另一方面，社区在为学生提供学习经验机会的同时，也从活动中获得了更多的人力资源。双方一起建立目标，共享资源，共同合作，共同发展，实现双赢。

四、语文服务性学习的策略

无论是一次性或短期服务性学习，还是连续的课外服务性学习，都只不过是为学生提供一种实际经验，而要进一步发挥服务性学习的作用，就必须将服务性学习与学术性学习相结合，使之融入学校教育的心脏——课程之中，开展课程中的服务性学习。例如，将服务性学习引入语文课程之中，可以帮助学生将语文知识与其情境联系起来。在这样的新型课程中，学生的所得将远远超过传统的课程。语文服务性学习方式将社区服务作为教学的方式与手段，把服务的内容融于语文教学课程中，通过服务性专题言语实践活动让学生更有效地学习语文，获得长久的发展。

（一）强化服务意识

学生是服务的主体，但是教师与学校也是使社区服务顺利进行不可缺少的因素。若要服务有所成，先是学有所成；学有所成，必先增强意识。学校与教师要明确学习与服务的目的、内容和过程，才能指导学生怎样服务，才会使学生树立起学有所用、为社区服务的积极态度。当学生在社区服务中享受到成功助人的成就感时，服务的积极性就会大幅提高，更加主动配合、积极参与，增强语文服务性学习的意识。

（二）营造服务氛围

心理学研究表明，人的主动意识是在一定的情感中产生和发展的。快乐是服务与学习的源泉，只有在心境愉悦的情况下，思维才能活跃，主动进行服务的意识才更强烈。所以，一定要为学生营造民主和谐、互相合作的服务氛围。教师应以激励性指导为主，耐心听取学生对语文服务于社区的项目、方法、过程的意见，给予学生充分的信任与尊

重。另外，在学生进行服务的过程中，教师也要积极参与，这样在学生面前便构成一个平等的服务氛围，学生的服务热情也会空前高涨。

（三）设计服务活动

在设计和实施语文服务性学习时，教师要学会运用所有的语言技能艺术，包括研究、写作、思考、分享等；要去研究社区真正的需要，计划项目，设计问题解决的方案和解决问题，用合理的语言文字的方式去做有利于社区的事情。在进行服务的过程中，学生必须学会负责任地做事情，控制自己的行为，采取合适和礼貌的方式与各个年龄段的人交流，要有强烈的服务意识。

（四）创新服务方式

语文服务性学习的方式多种多样，在时间上主要分两种：一是短期、一次性服务；二是长期、连续性服务。国外许多国家都有关于在校生参加服务的时间规定，例如，德国要求在假期中，学生要到各种社区服务一到两周；美国有关部门规定，中学生必须参加一定时间的社区志愿服务，否则不能毕业。而中国也在“新课改”的浪潮中逐渐认识到社区服务对学生发展的重要性，各地区、各学校纷纷要求并组织中小学生参加社区服务。在活动安排上可依学生社团定期服务、学校安排后服务、学校推介个别服务及学生自行安排服务等方式进行。

（五）提高服务能力

在语文服务性学习的初始阶段，教师应在帮助、参与学生服务学习活动的基础上，有目的地、渐进性地放手，使学生在教师的有效点拨和指导下，逐步摆脱外在束缚，走向自我发展的良性循环轨道。教师通过服务前的有效指导，逐渐从指导中“抽身而退”，从而实现由“不得不教”到“不需要教”的“无为而治”的境界，而学生通过实践，语文学习的能力就在这种放与不放之间逐渐得到提高和加强。在整个服务实践过程中，学生始终是积极的活动者、参与者，始终扮演着主人翁的角色。由于积极参与，学生的语文服务能力就会在这样的过程中得到不断发展。

（六）评价服务效果

在语文服务体验中，学生要及时进行批判性的思考，即对语文服务进行评价。评价分为诊断性评价、形成性评价和终结性评价。诊断性评价，主要在服务开始前用来确定学生的学习准备程度并对学生进行安置。服务过程中的形成性评价，通过观察学生的表现、态度，以及服务目标的完成情况，来修正、改进后来的服务活动。服务结束后，社区工作人员要及时给学生评定成绩，并给教师或学校提供关于某个服务方案是否有效的证明；学校和教师也要给学生以鼓励为主的适当评价，以增强学生的服务动机，同时要帮助学生总结和反思在服务过程中遇到的问题，并制订在今后的语文学习中将予以解决的学习方案。

五、语文服务性学习的意义

心理学家皮亚杰认为，学习是内源性的，要建构在学习主体原有生活知识经验基础之上。这意味着学习本身就是一种富含生命体验的活动，学生把在课堂所学的理论性知识运用到实践活动中，亲历运用知识、获得经验、解决问题、服务社区的全过程，并获得深切的生活体验。语文知识指导服务实践，服务实践检验语文学习，让学生明白“语文从生活中来又服务生活”的道理，从而实现语文教育的生活化和生命化。

（一）培养学生的公民意识

做一个合格的现代公民，首先要有明确的公民意识，这种意识主要体现在：要懂得运用法律来维护自己的人格尊严和合法权益，懂得以遵守法律来维护他人的人格尊严和合法权益，行使自己应有的政治权利，履行自己应尽的法定义务。我国中小学常识教育，对培养学生的公民意识上强调程更多的是“拥护”“热爱”“提倡”之类的泛政治化、泛道德化内容，学生对这种说教式的教育没有直接体验，难以理解其中的具体含义。公民意识不是天生的，需要通过学校和公共领域中的建制得到培养和发展。在社区内开展语文服务性学习，可以使学生意识到自己是这个社会中的一员，明白作为一个准公民应该具备的语文素质与能力。

（二）培养学生的社会责任感

《基础教育课程改革纲要》明确提出：要培养学生社会责任感，积极参加劳动和社会实践教育。责任感也称责任心，是人们对自己和他人、对家庭和集体、对国家和社会承担义务的一种复杂情感的体验。社会责任感是指一个人或一个团体对社会有所奉献的意识。培养学生责任感是一项育人的系统工程，需要学校、家庭、社会各方面教育的共同努力。通过语文服务性学习，学生可以亲身体验作为服务主体的责任与乐趣，积极与他人合作，发现问题、解决问题，增强信心。学生在互相帮助的语文实践活动中能建立良好、稳定的人际关系，培养社会责任感，做好承担社会责任的准备，促进其对公众事物的理解和直接参与。

（三）加深学生的职业意识

很多中学和高校，都在开展职业生涯规划设计的活动。语文服务性学习可以使学生在中学时代通过社区服务了解各种社会职业，尽早地认识自我，认识教育与职业的关系，学会职业决策。学生能从小根据自己感兴趣的职业目标，从知识、技能和综合素质等方面锻炼自己的职业竞争力。

（四）提高学生的语文素养

语文服务性学习的主要目的是从服务活动中获得经验，提高语文素养。在服务中，学生的自主性得到充分发挥，积极性高涨，智商与情商得到发展，学业成绩与操作技能

得到提高。我国自 2001 年进行“新课改”以来就非常重视综合实践活动课程，社会实践和社区服务是“新课改”四大内容之一。语文服务性学习是把学生的活动设置在社区中，要求学生自主探究学习，发展实践能力和创新精神。

语文服务性学习的思想与我国素质教育及“新课改”中重视培养学生的创新精神和实践能力、促进学生的全面发展和终身发展的理念要求是一致的。语文学习的外延等于生活的外延，社区服务与语文教学有机地结合，使学生的听、说、读、写四个方面都得到了锻炼，促进了学生语文素养的提高。因此，我们有理由相信，服务性学习将成为语文学习的一条新的有效学习途径。

参考文献

[1] 富勒，奥尔森. 家庭与学校的联系——如何让成功地与家长合作[M]. 谭君华，译. 北京：中国轻工业出版社，2003：5.

[2] SUSAN M. Service Learning in Alternative Education Settings[J]. Clearing House，1999，73（2）：114-117.

[3] 闫保华. 美国中小学“服务性学习研究”[D]. 北京：北京师范大学，2003：1-2.

[4] 潭吉华，李神妮. 服务性学习——我国教育改革的新理念[J]. 当代教育论坛，2006，（11）：29-31.

[5] 单中惠. 杜威在华教育演讲[M]. 北京：教育科学出版社，2007：1.

第五章
写作学习与作文教学新论

第一节 文章图样

在写作整体行为中，文章图样将结构主义与建构主义相结合，开辟了写作领域的新篇章。写作目标系统（“知”）与写作行为系统（“行”）形成一个完整的“知行”结构，而文章图样在“知”的这一系统中，是整个写作理论体系中的逻辑起点，指导着写作实践“行”这一系统的有序开展。但是，文章图样的实质究竟是什么？它是怎样生成于我们的“心目”中的？文章图样对于文章写作特别是文体写作到底有何意义？

一、文章图样的提出

“图样”又称“图式”，最初由康德提出。在他看来，图式的意义在于和已知的知识相联系。而现代意义上的“图式理论”中的“图式”这一理念，一般认为是由德国心理学家巴特利特在 1932 年提出的。他认为，图式是一种经常起作用的过去的反应机制，也可以称为过去的经验，并进一步认为，图式是由过去的经验组成的。美国心理学家鲁墨哈特认为，图式理论基本上是一种关于人的知识的理论，即是图式理论的表征及其是如何作用于知识的应用的。皮亚杰也曾说：“图式是指任何理论、观念对学习材料的拼合方式。”

第一次将“文章图式”的概念郑重提出来的，是湖南师范大学文学院写作学教授陈果安先生。他认为，文章图式“是存在于作者心中的关于文章的‘样子’，是关于文体种类的‘表象’，是作者心目中关于文章的理想规范‘面貌’”。而在写作活动中，马正平将文章图式称为“文章图样”。文章图样理论出现后，不仅仅被应用于文章的创作，甚至在研究阅读、理解等心理过程也有应用，取得了令人耳目一新的成绩。特别是近 20 年来，对图式、图样理论的研究愈发成了写作学及其他学科工作者研究的重点。

二、文章图样的界定

“科学学”认为，每门科学的形成与存在，首先与精确地划分出它独特的研究对象相关联。[1]作为写作学概念，马正平认为，文章图样既不是我们日常生活中所见的某些具体文章的外在体貌，也不是理论家对文章构造和特征的抽象概括（语言描述），而是人们在对文章的接触（如阅读、写作、分析）过程中心理上所产生的关于文章外在结构、内在结构和审美规范诸特征的印象、感觉、知觉的表象总和，它的最大特征在于它的感性直观性。[2]

论文《体裁与体裁图样》指出，文章图样作为文章形式方面的感性规定，是一种“纯粹”的东西，是文章体裁在作者头脑里的表象、样子，是某一体裁在作者心目中反复折射所产生的感觉的积淀，它生气勃勃，富有感性色彩，有较强的主观性，是一种心理产品，是某一文章体裁在结构、类型、色彩上的感性规范，而不是一套固定的、客观的模式。[3]它并不指某篇具体文章的样态，更不包含某篇具体文章的主题（思想、情感）、材料（情节、形象、事实）之类的文章内容，它是人们从各种类型的文章中抽象出来的感性的形式、格局、框架、规范，由于它是文章内容信息的能指和载体，所以，它在个体具体的写作行为活动中又承载、包容各种文章内容因素。马正平指出，因为文章图样是作者关于文章形式方面预期的写作目标，所以它又被称为一种形式预期。[4]

与上述两种观点相呼应的是，有的学者认为文章图样是指在有意识的写作活动进行之前，写作主体的意识里存在一个潜意识的文章图样，它在心灵深处，作为先导，一方面指引着作者，另一方面又暗暗地制约着作者，使全体的写作行为，朝这个目标逐渐靠近，全部写作行为都是对这个目标的物化，最终达到预期的效果。[5]

文章图样与文章格局既有联系又有区别。在写作行为中，文章图样是最一般、最抽象、最原始、最基本的语义范畴。在认知心理学家看来，人有一种很强的（格局抽象）能力来侦察、刺激事件之间的联系，从而建立起体现这种相关联系的格局，这类格局帮助我们认识客体、作出判断、理解故事并进行其他处理环境事物的活动。心理学家安德森则把格局界定为事物特征、印象、成见的图式，作为重要的知识结构，它们能够使我们有效地对待广大而复杂的世界向我们提出的信息加工的要求，能帮助我们对来自外界的经验进行抽取和归类[6]。法国哲学家柏格森认为：直觉是一种挣脱了理性分析而能直接、整体、本能地把握世界精神和人类意识的能力，而格局就是一种直觉的能力。在这一点上，文章格局与文章图样存在着一定的交错：文章图样侧重的是从整体而言对整个写作实践活动所起到统筹作用，而文章格局则像是一种辅助，使文章按照文章图样的预期在文章格局的辅助下完成一次次的写作实践活动。

综上，文章图样（即文章的表象、文章的理想规范面貌）内在地规范和引导着作者。在写作学思维的微观影响下，作者将这种潜移默化的引导外化成文本。

三、文章图样的构成

文章图样的不同结构层次的存在是由于人们在文章阅读和文章写作活动中的不同阶段对文章的感性把握和理解不同。人们对文章图样的理解过程，形成了对文章图样的层次的不同把握。

一种观点是将文章图样的结构层次分为四层：第一层是文章本体图样层，即最抽象的文章图样，类似于文章概念；第二层是文章美感图样层，指文章图样的内容方面、价值方面；第三层是文章结构图样层，指的是文章图样的形态、形式方面，即文章结构在我们心目中的印象、模型；第四层是文章体裁图样层，是对各种具体文章体裁的基本特征、写作规范的感觉。文章体裁图样还包括体裁类型图样和体裁题型图样。[7]

另一种观点是将文章图样的结构层次划分为两层：一层是文章外在与内在的构成模式，包括文章的概念、结构、体裁等，中心是“结构感”和“文体感”；另一层是文章美感模式，包括文章的境界、节奏、风格、文面之美，中心是“境界美”。

刘路和可书也将文章图样结构层次划分为两层，但却存在着不一样的表述：一层是外在结构，一般指某一体裁惯常的外在表象一般适宜于表现哪种题材（如小说须有一定长度的情节，散文须有特定的感情，戏剧当有外在的冲突，等等）。外在结构是浅层的、表象的、容易捕捉并积淀起来的，它只是某一文章体裁图样的一个大体的轮廓。另一层是内在结构，是深层的，是文章体裁图样结构的内在机制，是靠平日大量积累、揣摩、体察、感受所积淀而成的，是文章体裁图样的机窍。[8]

通过对图样、图式的构成分析得知，文章图样的构成可以从宏观和微观角度出发，可以从内外两方面入手，也可以从文章模式的类型等方面入手，笔者个人观点更倾向于将文章图样这样划分：文章图样作为一个多层次性的结构，可下设格式图样、结构图样和文体要素图样，在行文的过程中，这三者构成了文本建筑的基石，由低到高，依次推进。鲁墨哈特认为，图样的特点之一是图样可以被包含于另一个图样之中，文章格式图样、文章结构图样和文体要素图样是包含与被包含的关系，可以用图1来表示。

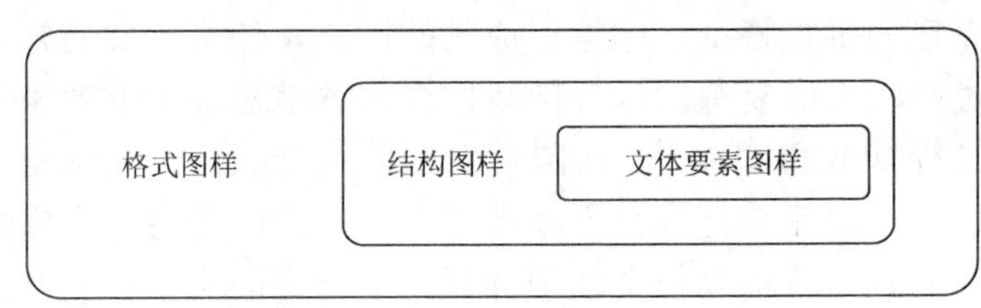

图1　格式图样、结构图样和文体要素图样的关系

文章的格式图样侧重的是行文的整体，是外衣。例如，新闻包括标题、导语、主体、结语和背景五部分，前三者是主要部分，后二者是辅助部分。格式是文章的外在框架；结构是文章各要素有机统一在一起的存在方式，是骨架；文体要素是血肉，是丰满文本的力量。

四、文章图样的培养

通过对文章图样的构成进行分析，我们可以得知，文章图样是主体在阅读了大量的文本作品的基础上，通过主体的内在机制，揣摩、体察及感受，从而将文章表象“简化”后“定型”在主体内心世界的文章范式。因此，马正平认为，文章图样可以从以下三个方面进行整体构建：一是阅读，通过对一篇又一篇具体的文章的感性接受（观看、诵读、感受、理解），某种文章或几种文章的特征图样就不知不觉地感性地积淀在读者的心目中，成了一个鲜活、生动、具体的经验模式，将长期保存在读者的头脑里；二是学习文章知识，结合具体的文章真正地理解它，有助于对文章图样的把握，且有助于提高文章图样的建构能力；三是练笔，将阅读和学习文章知识所建起的文章图样，运用到具体的

写作活动中去。[9]而刘仁增认为文章图样的构建要从以下两个方面进行考虑：从途径上说，要靠主体的阅读实践来实现，具体要注意做到阅读的量、阅读的时和阅读的面；从过程上说，要经历不断强化的过程。一般而言，要使文章图式在主体心中“永久居住”且熟练运用，要经过建立—巩固—扩展三个阶段。[10]

文章图样的习得应该遵循认知规律：一方面，借助范例构建图样，对文本（开头、中间和结尾）进行解构，然后对其进行局部分析，先辐射发散后整齐划一，从而对文章图样获得更好的感知；另一方面，可以通过图样的复现，深化图样概念，在此基础上进行一定程度的写作实践，可进一步掌握写作规律。

参考文献

[1] 马正平. 写的智慧：5卷[M]. 重庆：西南师范大学出版社，1995：1.

[2] 马正平. 高等写作学引论[M]. 北京：中国人民大学出版社，2011：127.

[3] 刘路，可书. 体裁与体裁图样[J]. 唐都学刊，1990，(2)：1.

[4] 马正平. 高等写作学引论[M]. 北京：中国人民大学出版社，2011：138.

[5] 徐杰. 刘勰心中的文章图样——以《离骚》为代表的楚辞作品[J]. 今日财富·学术探讨，2008，(10)：1.

[6] 安德森. 认知心理学[M]. 长春：吉林教育出版社，1989：146.

[7] 马正平. 高等写作学引论[M]. 北京：中国人民大学出版社，2011：138-139.

[8] 刘路，可书. 体裁与体裁图样[J]. 唐都学刊，1990，(2)：1.

[9] 马正平. 高等写作学引论[M]. 北京：中国人民大学出版社，2011：139.

[10] 刘仁增. 文章图式及其对学生习作的影响[J]. 小学语文教学，2004，(10)：1.

第二节 文章胚胎

马正平在《写的智慧》《高等写作思维训练教程》等著作中指出：“非构思”写作充分重视和注意写作过程中的复杂性、随机性和当下语境，写作是一种在动力推动下进行的“文章胚胎”的动态生长过程。他认识到文章开笔基调是全文基调的缩影，文章写作过程本质上是胚胎性的生长，整篇文章是由“文章胚胎”生发而来的。同时，在马先生学说的感召下，余佐辰等学者对文章胚胎进行了更加深入的探讨，并取得了一批重要成果。本节就文章胚胎的含义、类型、特点、生成方式、生成路径以及作用六个方面进行总结归纳。

一、文章胚胎的含义

马正平在《写作智慧》一书中提出：文章胚胎即最先使作者产生写作冲动的情节、形象、感受，它浓缩了后来文章整体的主要信息，文章整体上是这个文章胚胎的生长、

展开、放大、变形，也即分形论所谓的自我复制。[1]王蒙也提到：文章胚胎是指引起写者审美关注、审美思索，并不断引发其审美想象、联想、幻想，同时较为完整地显出写者的审美意趣、理想与追求的原生形态的客观存在。[2]王蒙还认为，文章胚胎可能是一种行为，也可能是一句话，还可能是某一种情绪、某一个场面，甚至是自然界的一个变化，它可能是一个人物独一无二的性格，它可能只是一个故事的梗概，它可能只是一个画面，它可能只是一个开头或一个结尾，它可能只是一段抒情独白或是一句警语，它甚至是一段风景描写或一个人物的肖像。[3]

可见，无论一次多么复杂的写作操作行为，都是一个简单的胚胎的裂变、发育和复演的过程。文章写作实际上是一种胚胎的发育生长，这个文章的胚胎，寄托着写作者的价值理想和美学向往。没有文章胚胎，写作操作行为将无法进行。所以笔者把文章胚胎定位为一篇文章的 DNA，DNA 是一篇文章的核心胚胎，文章的中间部分正是围绕着 DNA 而快速生长为一棵饱满的大树的。

二、文章胚胎的类型

在客观环境中，文章胚胎的生成需要作家有一双犀利的眼睛，善于在生活中发现写不完的人物、情节、题材、细节，在客观环境中和主观情感推动下产生不同的文章胚胎的种类，产生不同的创作过程。马正平在《高等写作思维训练教程》一书中将文章胚胎大致分为叙事性文章胚胎、抒情性文章胚胎和论说性文章胚胎。这是从客体信息的性质和写作者主观精神的特征两方面进行分类的。如果单从写作客体对象来分，文章胚胎一般来说可分为以下六类：

（一）人类文章胚胎

作家冯骥才曾经对王蒙说，他坐在火车上看到一对夫妻，妻子个头很高而丈夫个头很矮，全车厢的人都另眼相看，觉得别扭。但这对夫妻却相亲相爱，显得情深意长，不得不令全车厢的人刮目相看，而且愈看愈和谐。所以，这对夫妻启发了冯骥才小说《高女人和她的矮丈夫》胚胎的生成。他叙写了一个悲剧，勾勒了一个催人泪下的故事。除对人物的敏锐感知能够触发文章胚胎生成外，现实生活中的某个实物也能触发文章胚胎的生成。

（二）物类文章胚胎

托尔斯泰在其日记里就如实记载了文章胚胎的生成过程：昨天在新翻耕过的休闲黑土地上走，一眼望去，只见黑色的土地，连一棵绿草也没有。在尘土飞扬的灰色大路旁有一株牛蒡，长出三根嫩枝。一根折断了，上面有一朵沾泥的小白花；第二根也断了，溅了泥，变成黑色，折断的茎上都是泥；第三根往一旁伸出去，也披满尘土，变成黑色，但还活着，中间呈现出红色。这株牛蒡使我想起哈克穆拉特，

想写出来。它捍卫生命直到最后，这片田地里就只剩下这一株了。不管怎样，它总捍卫住了生命。

（三）事类文章胚胎

王蒙在其《王蒙谈创作》一书中曾这样记载："有一次邓友梅同志说到他在被划为'右派'之后，有一次给一幢高楼擦窗户，总共擦了十几层，站在窗台上，没有保护措施。我一听，立即跳了起来，我说这是一篇很好的中篇小说或电影剧本的结构，要写好擦每一层窗玻璃的情况，怎么用抹布，怎么往下看，怎么看到窗内的人，又要写出擦窗户时的心理、情绪、回忆、意识流。心理结构与现实——擦玻璃的结构结合起来……又战胜了在被委屈的状况下发生的精神危机，决定好好地活下去，挺起胸来做人……"

（四）景类文章胚胎

朱自清在群魔乱舞、夜气如磐的日子里，心情无法平静。只有一个人在静夜月下，他才"什么都可以想，什么都可以不想"，"白天里一定要做的事，一定要说的话，现在都可不理"。他远离闹市，夜游荷塘，感到一种难得的自由。感染于荷塘月色的美丽静谧以及荷花"出淤泥而不染，濯清涟而不妖"的精神品质，作者的文章胚胎生成了，于是他创作了一篇散文名作《荷塘月色》。

（五）知类文章胚胎

读书、观察、学习、获得知识也可以触发文章胚胎的生成。写的东西不一定与所学到的知识都有密切联系，但可能会因为书中、现实中的某知识点而触发写作的情思，可以推己及人，触类旁通，生成一种文章胚胎，于是一篇新作就会因此诞生。例如，叶圣陶就是因为参观北京景泰蓝工艺厂后受触动而写成《景泰蓝的制作》的。

（六）境类文章胚胎

作家在一种特定的情景氛围中，触景生情，产生遐想，引发文章胚胎的生成，于是文思泉涌便成为自然不过的事。唐代诗人崔护的著名诗歌《题都城南庄》里写道：去年今日此门中，人面桃花相映红。人面不知何处去，桃花依旧笑春风。作者由眼前之境触发深思，由今年"人面不知何处去，桃花依旧笑春风"回忆起去年"去年今日此门中，人面桃花相映红"的情境，道出了一个"人面桃花，物是人非"的人生经历，由此创作了脍炙人口的诗歌作品。

三、文章胚胎的特点

（一）微缩性

文章胚胎可能是促使作者产生写作冲动的一个实物、一个人物、一件事情、一个情

节、一个画面或者一种感受。它包含着未来文章的基本要素，胚胎不断地生长、展开、放大、变形，生长成文章成品。如果文章胚胎偏重于对形象的感觉和感受，就比较适宜于生成短小的诗歌文体；如果文章胚胎偏重于描述事件的矛盾纠葛，就比较适宜于生成长篇小说文体；如果文章胚胎偏重于对对象的本质进行描写，那么大多生成适合长度的实用文体。

（二）刺激性

外界社会生活的刺激对文章胚胎的生成起着直接作用，是创作的激力、引爆力。作家在某种外部事物的刺激下，心灵受到震颤，并由此引起大脑皮层的高度活跃，从而形成一个相对稳定的文章胚胎。李赞在《杂说》中讲得很具体：且夫世之真能文者，比其初皆非有意为文也。其胸中有如许多无状可怪之事，其喉间有如许欲吐而不敢吐之物，其口头又时时有许多欲语而莫可所以告语之处，蓄极积久，势不能遏。一旦见景生情，触目兴叹；夺他人之酒杯，浇自己之垒块；诉心中之不平，感数奇于千载。作者胸中蓄积的感情，一旦被某一点刺激，找到了倾泻的突破口，就会孕育出文章胚胎。

（三）生长性

文章胚胎孕育生长的过程就像是孕妇“怀胎十月，一朝分娩”，经过大脑孕育的文章胚胎，一旦落成，具有强大的生命力，它就像具有生长性的生命个体。文章胚胎产生后，往往是文思泉涌、不可遏制，显示了超强的生长性，它推动着写作思维的展开，指引着表达的方向。随着写作行为的进行，这个胚胎通过复制，在不同尺度上，不断地生成、丰满起来，跟随思维，表达出文章成品。这是作者由发自内心的写作欲望引起的写作活动，在这个过程中，作者是不能自已的，也是不能预先设计的。

四、文章胚胎的生成方式

从文章胚胎的引发机制来看，有外界激发型文章胚胎和内心诱发型文章胚胎。文章胚胎的生成是客体与主体多种复杂因素在特定条件下相互作用的结果，受客观事物刺激会产生欢乐、愉悦或忧愁、悲愤的情绪，于是主体和客体汇合交融，形成一种强大的内驱力，促使作家进入创作状态。

（一）外界激发型

文章胚胎最原始、最常见的源头来自客体世界某种信息对作者的刺激以及由此带来的作者的感觉和感受升华。所以，抓住突然而来的客体世界的刺激物，成为文章胚胎重要的生成途径，有了刺激物，作者往往就会被触发、被触动，觉得非提起笔来写点什么不可。

我们先来看一看歌德写作《少年维特之烦恼》的经历。23 岁的歌德得不到夏绿蒂·布芙的爱，陷入深深的痛苦和忧郁之中，心理始终处于最苦恼、最悲伤的情境

中。就像他自己所说的，在他“追忆自己最苦恼、最悲伤的情境”时，“还缺乏一件实事，一个小说的情节来充实它们”。直到有一天，他读莱比锡大学时的同学威廉·耶路撒冷因爱恋同事的妻子未成而开枪自杀的噩耗传来。这个突然刺激物激发了歌德，为歌德提供了一个情节。歌德自己也说：“就在这当儿，我找到《少年维特之烦恼》的情节了。”这时文章胚胎才得以生成。在短短一个多月里，歌德写成了这篇具有广泛而深远影响的中篇小说。

（二）内心诱发型

现代心理学证实，不仅来自外部环境的刺激可以起到动机状态的引发作用，而且来自内部世界的刺激（观念、思想、情绪、想象等刺激）也可以起到动机状态的引发作用。由于大脑皮层有特殊的心理活动规律，有些动机的引发和产生是主体情绪、意念，而不是外界事物的激发。

当创作主体凝神、沉思、静气或睡眠、休息时，大脑进入高度沉静的状态，这时内心就会诱发灵感，产生文章胚胎。刘勰的“养气”说，指出作家要保持清爽和顺和静心养神的状态，思路才不会阻塞。他旨在探求如何调适身心状态，培护一种旺盛的创作兴趣，这实际上也就是文章胚胎生成所需要的主体物质条件。他在“神思”篇中也提到“陶钧文思，贵在虚静，疏瀹五藏，澡雪精神”，创作前要排除干扰，宁静专一，疏通五脏，沉淀内心。

中国古代文人作品常常是在鸟、兽、虫、蚁或烟水蒙蒙的山林里，点缀几个清贫寒士的茅草屋，曲径通幽，禅房花木，弥漫着远离世俗、超然幽深的气息。作者正是在对自然的山长水远饶有趣味的品位欣赏中，获得一种知足常乐的淡然心境，显现一种空山般的恬然心境，这种情绪、心境往往可以生成某种具体问题审美规范的文章胚胎。

五、文章胚胎的生成路径

马正平指出：文章构思行为中的“文章开笔”生成以后，文章的“行文胚胎”便产生了。这时行文思维的首要工作就是产生强烈的赋形意识，思维的过程也就是行文的过程，思维完成，文章成品也即完成。而这个赋形思维操作技术就是重复与对比，或者渲染与反衬。刘勰在《文心雕龙·丽辞》中把对偶分为言对、事对、反对和正对四类，又把事对分为反对和正对。他所说的言对、正对以及事对中的正对就是写作赋形思维中的“重复”，而反对就是写作赋形思维中的“对比”。

所谓“重复”，是指主题展开的写作过程中，选择那些和自己的写作主题、文章立意的主题信息、性质、意思、情调相同、相似、相近的文章因素进行谋篇、结构、构段、造句、行文，以增强文章的感染力、说服力、说明性程度[4]。所谓“对比”，是指主题展开的写作过程中，选择那些和自己的写作主题、文章立意的主题信息、性质、意思、情调相反、相对、相背的文章因素进行谋篇、构段、造句、行文，以增强文章的感染力、说服力、说明力的清晰度，即反差[5]。

对于对偶的创作，刘勰主张“自然成对”，反对刻意造作：造化赋形，支体必双，神理为用，事不孤立。夫心生文辞，运裁百虑，高下相须，自然成对。然契机者入巧，浮假者无功。[6]刘勰主张对偶要出于自然，不赞成人为造作。这一主张适用于写作赋形思维模型“重复”与“对比”。重复与对比只是方式与形态的差异：重复是一唱三叹，对比是一波三折；重复是在不同材料中注入相同的基因，最终维系篇章内在结构的稳定性，对比是在对立性行文材料的组接中，以大反差去显示重复的基因，使文章写作变得更立体、更壮观。重复与对比，殊途同归。

六、文章胚胎的作用

佘佐辰在其论文中提到：从聚材角度看，文章胚胎是一种独特的客观存在，属于写作材料范畴，并且是作者写作的第一材料；它是聚材思维启动的依据，是聚材思维运动的起点，作者对原始材料进行鉴定、精选、加工、提炼这些环节之所以成为可能，根源于它对作者的强烈触动。它像一片“绿荫”覆盖作者，使之快速进入写作感发状态，进入创造力空前高涨的黄金时期；它是一个活性缩微体，具有不可思议的生长性，在其结构内部，蕴含了成长为文章之树的决定性基因，主要包括形象、韵律、情感、思想等机质，它们形成一股强大的主题情绪信息流，挤压、冲撞作者，使之处于冲动之潮中。这些活性缩微体，如同“生命种子，其中每一个都可以在一顷刻间化成一个单一而完整的表现品”[7]。

文章胚胎蕴含着主体的心灵背景和对写作文化的感悟，寄托着作者的写作理想和美学追求，既是操作的动力源，又是写作思维和表达行为的起始点。文章胚胎包含着未来文章的基本要素，但是并不确定、清晰，它推动着写作思维的展开，指引着表达的方向。随着写作行为的进行，这个胚胎通过复制，在不同的尺度上，不断地生成、丰满起来，从最初的所欲表达变成最后的已然表达。这个胚胎就像是整个写作行为的内核，是作者最初进行思考和表达的对象。整个写作过程就是这个内核在不同层面、不同尺度上的渲染、展开和完善，是思维和表达的互相促进、同步展开。

如上，我们仅仅把文章胚胎的几则重要思想与现代写作学最为关心的几个核心问题作了联系。我们也可看出，文章胚胎对写作确实有着重要启迪意义，其作用不可小觑。如果只关注文章的构思、结构、传达，而忽视文章胚胎的价值，将无法真正全面地了解写作学。研究文章胚胎的生成原理，对探索写作主体的写作行为何以开始、何以继续、何以结束具有十分重要的作用。因此，我们在研究写作学时，应该对文章胚胎给予高度重视。

参考文献

[1] 马正平. 写的智慧[M]. 重庆：西南师范大学出版社，1995：1.

[2] 王蒙. 王蒙谈创作[M]. 北京：中国文联出版公司，1983：30.

[3] 王蒙. 当你拿起笔[M]. 北京：北京出版社，1981：13.

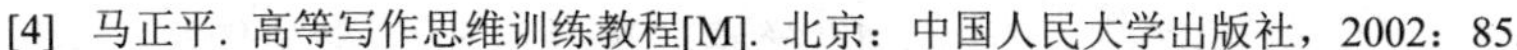

[4] 马正平. 高等写作思维训练教程[M]. 北京：中国人民大学出版社，2002：85.
[5] 马正平. 高等写作思维训练教程[M]. 北京：中国人民大学出版社，2002：86.
[6] 刘勰. 文心雕龙全译[M]. 贵阳：贵州人民出版社，2008：345.
[7] 克罗齐. 美学原理[M]. 北京：外国文学出版社，1983：174.

第三节 写作学习的基本理念

理念是行动的先导，在一定的理念指导下的行为才是有目的的行为。学习写作作为一种有目的的行为，自2001年7月《义务教育语文课程标准（实验稿）》颁布后，其理念发生了很大的变化。在“以人为本”“回归生活”“多元文化”“发展个性”“教育民主”等教育思想的影响下，许多教师、学生认识到“知识中心”“文体为本”“注重结果”“强调章法”“要求统一”等观念需要重新审视和更新。“新课改”背景下的写作学习要树立正确的、先进的理念，即“快乐作文”的理念、“回归生活”的理念、“为情造文”的理念、“自由表达”的理念、“淡化文体”的理念和“写中学写”的理念。只有这样，写作学习才不会迷失方向。

一、“快乐作文”的理念

现代教育理论认为，任何教育教学活动都要以人为本，考虑学生的兴趣、感情、个性，不但要关注受教育者的“未来生活”，更要关心他们的“现在生活”。过去我们的教育教学过于强调为学生“未来”着想，不考虑学生“即时”的感受，一味追求传授知识、培养能力、开发智力，而忽视学生情感、态度、价值观的养成，从而使学生感觉学习是痛苦的事，毫无快乐可言，因此学习总是“要我学”，而不是“我要学”。

写作活动，不仅是一个运用思维的语言行为过程，也是一个充满情感的言语行为过程。写作的兴趣和热情对写作行为的过程、思维活动的“动力性”起推动作用。事实证明，有了写作兴趣，作文就不再是一件苦差事，而是一种快乐的生活。过去，我们的作文教学把写作看成一种纯粹的语文作业，就是老师出题、学生审题作文，毫无趣味可言，枯燥无比，学生丧失了作文的乐趣，产生了怕作文、恨作文的恐惧心理。孔子说：“知之者不如好之者，好之者不如乐之者。”培养学生写作兴趣，让学生“快乐作文”，对于作文教学而言，没有比这个更重要的了。

每一个写作者总是有预期的目的去开始他的写作活动的。教师要善于发现学生的这种预期目的，激发他们的写作动机和欲望，进而让他们形成稳定的兴趣。爱因斯坦说：“兴趣是最好的老师。”教师要让学生热爱写作，根治其“作文恐惧症”，转变原来着眼于单纯的“表达训练”的作文观，树立“快乐写作”的理念，全面发展学生的语文素养。

学生学习写作，首先要有心理推动力，不然写作学习就是被动的、枯燥的、无效的行为。具体来说，这种作文的心理推动力主要包括两个方面：一是作文的写作兴趣、热情的培养；二是作文成功感、成就感的培养。这两方面关系密切，写作有兴趣、有热

情，作文就容易成功；反过来，学生成功感、成就感的培养，又会促进学生写作的兴趣、积极性的提高，从而形成良性循环。

在教师占据权威地位的教学活动中，学生很难感受到作文的快乐。加之传统作文教学，或是让学生“自悟体验”，或是片面强调“勤写多练”，对学生写作学习产生了负面影响，弱化了学生写作的兴趣，不利于学生写作水平的提高。如何改变这一现状？我们认为，通过教师的引导，建立长效的激励机制，是有效的做法。所谓“激励”，是人在追求一定目标时按照意愿投入的程度和实现目标的动力。激励的意义在于激发动机、鼓励行为、形成动力。从这个角度上来说，一套行之有效的激励机制，是作文教学成功的基础，是“快乐作文”的保证。

二、“回归生活”的理念

语文教育与个人生活具有天然的、本质的联系。语文是个体生活最重要的工具和生存方式。通过生活进行语文教育，在语文教育中走近自然、走入社会、走向生活，是再自然不过的事情。因此，我们反对语文教学纯粹“学科化”、绝对“课堂化”，我们主张语文教学“生活化”。《义务教育语文课程标准（2011 年版）》强调语文教学要加强语文课程内部诸多方面的联系，加强与其他课程以及与生活的联系，促进学生语文素养全面协调地发展。新课程倡导的是一种“回归生活”的教育观念。

从宏观来看，“回归生活”的教育就是“开放式”的教育，这种教育从横向看，包括学校教育、社会教育和家庭教育；从纵向看，包括学前教育、学校教育、毕业后的教育。所以，“新课改”强调教学目标的开放、教学内容的开放、教学资源的开放、教学组织形式的开放、教学评价方式的开放。语文教学、写作学习也一样，具有鲜明的“开放性”特征。写作学习环境（学习空间）要开放，写作学习时间要开放，写作学习方式要开放，写作学习结果评价也要开放。近年流行的作文训练形式——话题作文，为开放性写作学习开创了新的路子。话题作文倡导“三开放”：写作范围开放——以话题为文；写作文体开放——淡化文体；写作要求开放——降低审题难度。由于其“开放性”的特征，话题作文成为当前高考作文题型的首选。

这种“回归生活”的教育，意味着课程的内容不但要关注虚拟的“科学世界”，关注单一的、理论化的、体系化的书本知识，而且更要关注人类群体的生活经验，学生活生生的生活世界，赋予课程以生活的意义和价值。语文学科从本质上说是“生活课程”，具有鲜明的“社会性”和“生活性”。王尚文在《中学语文教学研究》一书指出：语文就其本真状态而言，它不是客观意义上的、有待我们去把握的存在物，而是人之为人的生活世界。我们不是用语文来生活，我们就生活在语文中，语文就是我们生活之所在。我们把这种以语文为本体的生活存在称之为“语文生活”。[1]

写作学习和生活更是有密切的联系。叶圣陶在《写作论》中说：我们要记着，作文这件事离不开生活，生活充实到什么程度，才会做成什么文字。所以，论到根本，除了不间断地向着求充实的路走去，更没有可靠的预备方法。[2]可以说，观察生活、获得材料、提高认识、升华思想是写作学习的先决条件，是提高作文教学质量的根本途径。

吉林省榆树市秀水镇第二中学特级教师李元昌创立的“社会生活化”写作学习模式（又称“放—收—放”作文训练模式），是写作与生活相结合的典型范式。他认为，教育就是为了培养未来的劳动者，所以语文能力，特别是作文能力，必须同社会生活结合在一起。社会生活是学生作文的物质基础。李元昌的做法是“放—收—放”。其中，第一个“放”，是引导学生走向生活，解决作文的材料。学生的家庭生活、学校生活、社会生活都是作文材料的来源，这不但包括“第一手材料”，也包括学校“读书”获得的“第二手材料”。主要做法是让学生写观察日记、读书笔记。“收”是运用材料，化生活为作文。这一步是学生审题、立意、选材、表达和各种文体写作训练。第二个“放”至关重要，他认为，学生为文不是为了应考，更重要的是为了适应生活、改造社会，于是他要求学生“参与生活，以社会为作文的实践基地”；他鼓励学生利用课余时间到社会搞调查、访谈，去了解情况，挖掘材料；他倡导学生写实用文、应用文，为农民写信、写广告、拟合同，甚至代人写新闻稿、起诉状。

三、“为情造文”的理念

由于受过去极“左”时代遗留下来的庸俗政治学、庸俗社会学、庸俗伦理学的写作教学观的影响，我们的“大纲”、教师都要求学生作文“立意要高”“主题要有思想性”，事实证明这是不切实际的，它迫使学生写作走上了说大话、抒假情的道路。

《义务教育语文课程标准（2011 年版）》明确提出：写作要有真情实感，力求表达自己对自然、社会、人生的感受、体验和思考。要求学生说真话、实话、心里话，不说假话、空话、套话，并且抵制抄袭行为。这为学生作文走上“表达自己的意思”的道路指明了方向。

“为情造文”是文章的本义、正道；反之则从根本上违背了写作的宗旨。所以写作一定要抒写自己的真情实感，虚情假意、故作深刻、矫揉造作、无病呻吟，不仅不感人，反而令人作呕。

1998 年，由上海萌芽杂志社等发起的“新概念作文大赛”是写作表达“真情实感”理念的先导，是“为情而造文”观念的实践。“新概念作文大赛”组委会《征文启事》中说：“新概念”旨在提倡：“新思维”——创造性、发散性思维，打破旧观念、旧规范的束缚，打破僵化保守，无拘无束；“新表达”——不受题材、体裁限制，使用属于自由的、充满个性的语言，反对套话，反对千人一面，众口一词；“真体验”——真爱、真切、真诚、真挚地关注、感受、体察生活。这是“新时期”写作学习的“宣言”，是对传统作文教学的“宣战”，是向“新作文教学”进军的“号角”。它为中小学生写作学习指明了道路：表达真性情、真感受，自由写作，放飞心灵。

过去的作文教学远离学生的主体、忽视学生的情感，如注重写作知识向写作技能的

直线迁移，一味模仿范文；着力于应试作文的套路训练，强调不切学生实际的高立意，忽视学生的真情实感，为文而造情。因此，学生的作文空话、套话、假话连篇，毫无真情实感可言，我们必须改变这种做法，变“为文造情”为“为情而造文”。也只有这样，写作学习才能真正走上正路。

四、“自由表达”的理念

《义务教育语文课程标准（2011 年版）》要求学生“能不拘形式地写”，要求教师“为学生的自主写作提供有利条件和广阔空间，减少对学生写作的束缚，鼓励自由表达和有创意的表达”。《普通高中语文课程标准（实验）》明确指出：学生写作“力求有个性、有创意的表达，根据个人特长和兴趣自主写作。在生活和学习中多方面地积累素材，多想多写，做到有感而发”。这些话强调了写作中张扬个性的意识，主张根据个人特长和兴趣，自主表达。事实上，写作本质上就是“个人情意”的流露，是一种个性化的精神创造。

在以“应试为本”的作文教学背景下，教师有意无意地要求学生作文不要“出格”，在判断有个性和有创意的作文时，不自觉地产生了一种隐忧和担心，害怕学生作文会被“扣分”，影响“升学”。这种有形无形的“限制”和急功近利，无疑是阻碍学生写作“个性化”的大敌。

1999 年开始在高考中出现的作文题型——话题作文，为写作学习“追求个性，自由表达”开辟了一条行之有效的道路。话题作文之所以成为近年高考流行的作文模式，是因为它“三自”“三开放”的特点。“三自”是：题目自拟、立意自定、文体自选；“三开放”是：写作范围开放、写作文体开放、写作要求开放。由于话题作文降低了审题难度、淡化了文体要求、开放了写作内容，可为学生自由发挥、个性张扬提供空间，深受学生欢迎。因此，可以说，话题作文是一种比较科学的写作学习“模型”。

五、“淡化文体”的理念

20 世纪初，以英、美学者尤其是美国的修辞学家希尔的文体学知识为基础建立起来的作文教学体系传入我国，形成了“文体中心”的写作教学体系。这一体系强调文体意识、文体特征、文体模式、文体规范，虽然在作文教学中有“可操作性”“可教性”的特点，但不利于学生的“自由表述”，且容易使阅读教学成为作文教学的“附庸”（因为阅读教学也是以“文体为中心”的，“读”“写”结合，变成了“读”为“写”服务）。再加上苏联传统的写作教学特别重视各种文体写作规范的教学与训练、模仿，这一理念深深影响了我国的中小学的作文教学。

许多专家认为，首先，文体训练只能解决文章内容的语言技巧等表现形式问题，不能解决文章内容的来源问题。其次，传统的“文体中心”论作文教学主要偏重于培养学生的写作技能，忽视了学生写作智力的发展，不可能从根本上提高写作的能力和文章的质量。再次，文章类型虽然可分为记叙文、描写文、议论文这几个大类，但其中又可包含若干小类，每一种小类的结构形式千变万化。如果只让学生死记硬背那些文体知识技能，而不发展他们的智力，他们就不能灵活运用，就没有真正的写作能力。[2]

事实也证明，过于强调文体教学，不从文章写作过程、语言表达和写作主体的写作素质与写作基本能力的角度进行教学、训练、养成，是很难提高学生真正的写作水平和能力的。

为了改变这一现象，“新课改”淡化文体教学，写作教学以“语言”为中心，强调学生自由而有个性的表达。由此，《义务教育语文课程标准（2011 年版）》倡导“淡化文体教学，强调语言学习”这一新的写作教学思想，要求学生“能不拘形式地写”“珍视个人的独特感受”“写作要感情真挚，力求表达自己对自然、社会、人生的独特感受和真切体验”“写作教学应贴近学生实际，让学生易于动笔，乐于表达，应引导学生关注现实，热爱生活，表达真情实感”“能具体明确、文从字顺地表达自己的意思”“能调动自己的语言积累，推敲、锤炼语言，表达力求准确、鲜明、生动”。所有这些都表明，新课标淡化文体，强调自由、真情实感、有个性、有创意表达的新作文教学理念。

孔子说：言之无文，行而不远。王国维说：大家之作，其言情也必沁人心脾，其写景也必豁人耳目。其辞脱口而出，无矫揉妆束之态，以其所见者真，所知者深也。如果学习写作时学生能注重语言修养的习得，作文教学时教师能以“语言”为中心，注重学生的语言积累、语感培养以及写作主体素养的提高，那么写作教学效率将会大大提高。

六、“写中学写”的理念

实践性是现代教育的重要特征。通过实践使学生获得实践知识、培养实践能力、生成实践素养，是素质教育的基本任务。《义务教育语文课程标准（2011 年版）》指出：语文是实践性的课程，应着重培养学生的语文实践能力，而培养这种能力的主要途径也应是语文实践。语文教育的主要任务是培养学生的语文素养，语文素养是在不断地语文实践中提高和完善的。学生作为实践主体，语文实践是其语文素养培育的必由之路。

写作学习也是一样的，只有通过实践才能获得写作材料，只有通过实践才能培养写作技能。这就是“写中学写”的理念。

过去，语文教师为了应付作文考试，要学生无休止地、机械地、毫无价值地“写作”，这不但收效甚微，更可悲的是让学生“恐惧”作文，视写作为“痛苦”，败坏了“训练”的名声。我们不是不要“训练”，而是不要无趣的训练；我们不是不要“训练”，而是不要无度的训练；我们不是不要“训练”，而是不要无效的训练。

王文彦、蔡明主编的《语文课程与教学论》一书中说道：写作能力的提高依赖写作训练，影响写作能力的因素都是写作训练的内容，主要有生活因素、思想因素、思维因素、语言因素、技能因素、文体因素、速度因素。写作教学的重点，就是运用一定的方

法，进行以上各方面的训练。[3]这是言之成理的。叶圣陶在《论写作教学》中也说道：国文科写作教学的目的，在养成学生两种习惯：（一）有所积蓄，须尽量用文字发表；（二）每逢用文字发表，须尽量在技术上用功夫。叶老虽然没有直接使用“训练”一词，但谁都明白，习惯的养成，是靠反复训练的。

《义务教育语文课程标准（2011年版）》更是明确了训练的重要性：写作教学应抓住取材、构思、起草、加工等环节，指导学生在写作实践中学会写作。是啊，只有“写”才会“写”，这是颠覆不破的真理！

他山之玉，可以攻石。在作文教学中，日本重视解决三个方面的问题：第一，要有写作的动机，想写；第二，要有写作的生活素材，有东西可写；第三，有表达能力，能够写出来，并把这三个方面的问题视为写作教学的基础，这是十分有道理的，与我们提倡的新理念基本一致。另外，日本语文界认为，写作训练的基本途径有两条：作文与阅读联结；作文与生活联结。这也是非常正确的，值得我们借鉴。

参考文献

[1] 王尚文. 中学语文教学研究[M]. 北京：高等教育出版社，2002：21.

[2] 叶圣陶. 叶圣陶语文教育论集[M]. 北京：教育科学出版社，1980：363.

[3] 王文彦，蔡明. 语文课程与教学论[M]. 北京：高等教育出版社，2002：146.

第四节　写作学习的基本策略

《义务教育语文课程标准（2011年版）》指出：学生是语文学习的主体。语文教学应激发学生的学习兴趣，培养学生自主学习的意识和习惯，引导学生掌握语文学习的方法，为学生创设有利于自主、合作、探究学习的环境。应尊重学生的个体差异，鼓励学生选择适合自己的学习方式。写作是运用语言文字进行表达和交流的重要方式，是认识世界、认识自我、创造性表述的过程。写作能力是语文素养的综合体现。写作教学应贴近学生实际，让学生易于动笔，乐于表达，应引导学生关注现实，热爱生活，积极向上，表达真情实感。基于此，我们认为，发挥主体作用、开挖动力源泉、倡导实践训练、开放学习环境和提升创新能力是新课程背景下写作学习的基本策略。

一、发挥主体作用：写作学习的关键

随着社会的飞速发展和国际竞争的加剧，社会对人才素质提出了更高的要求。培养人的主体意识和主体能力、发展人的个性，成为各国教育改革的主题。《学会生存》指出：未来的学校教育必须把教育的对象变成自己教育的主体。受教育的人必须成为教育

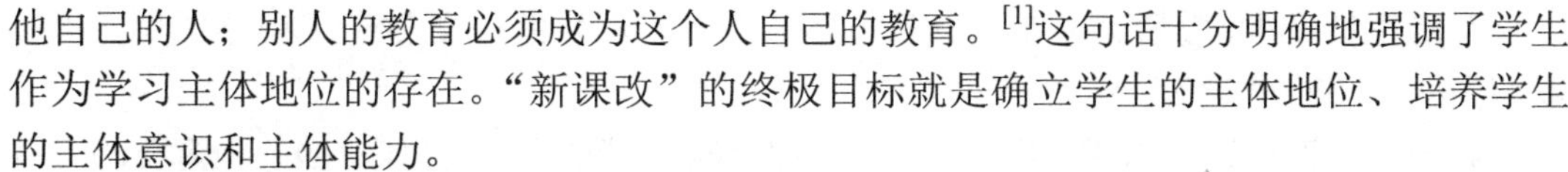

他自己的人；别人的教育必须成为这个人自己的教育。[1]这句话十分明确地强调了学生作为学习主体地位的存在。“新课改”的终极目标就是确立学生的主体地位、培养学生的主体意识和主体能力。

写作学习是“自主性”很强的复杂智力和情感劳动，没有学生“主体性”地位作为保障，学生的写作能力难以提高。按照马克思主义观点，人的“主体性”是指人作为活动主体在同客体的相互作用过程中表现出来的功能性特征。也就是说，人的主体性是指人在认识与改造自然、社会和自身的过程中所表现出来的自主性、能动性和创造性。具体到写作学习，我们认为应该表现在以下三个方面。

一是自主学习写作。就是学生自己能自觉确定写作学习的目标、选择学习方法、监控学习过程、评价学习结果。具体地说，学生学习写作的动机是自我驱动的，学习写作的内容是自己选择的，学习写作的策略是自主调节的，学习写作的时间是自我计划和管理的。学生能够主动营造有利于写作学习的物质和社会条件，并能对写作学习结果做出自我判断和评价。

二是能动学习写作。就是学生自己能自觉、积极、主动地学习写作，而不是无奈、被动、消极地学习写作。主要表现在，学生能根据社会的要求、未来的需要自觉参与学习，并能以自己已有的知识经验、认知水平和情意结构去主动同化教师的教育影响，将新旧写作经验进行新的组合，从而实现自己写作整体素质的提高。另外，能动地学习写作还表现在对作文的目标、内容和方式的选择上，“写什么”“怎么写”也无一不是自控的、自主的和能动的。

三是创造性地学习写作。创造性的实质是对现实、对自己的一种超越。学生学习写作要以“主体性”独立人格积极参与社会活动、教育活动，积累材料、升华感情，创作出高于自己过去的作品，这便是创造性的写作学习。

过去的作文教学远离了主体，如注重写作知识向写作技能的直线迁移，一味模仿范文，着力于应试作文的套路训练，强调不切学生实际的高立意，忽视学生的真情实感，为文而造情等，我们必须改变这种做法。学生是写作学习的主体，是写作能力发展的主体，没有任何人可以代替学生的写作学习；教师的写作教学也要通过学生主体“内因”发挥作用。只有学生主体性品质得到培养，学生写作素养才能生成，学生精神生命才能发展，这就是“主体性”原则。

二、开挖动力源泉：写作学习的前提

根据“动力学”教育观点，人的行为能力是一个功能系统。在这个功能系统中，信息的提供和生成产生了“信息动力”；兴趣、意志力、事业心和成功感的生成产生了心理动力；思维模型或知识模型的生成产生了操作动力。信息动力来源于心灵背景，这个心灵背景就是素质教育中的“素质”；操作动力来源于“思维模型”，这个操作动力就是能力教育中的“能力”“技能”；而作为心理动力的兴趣、意志和事业心，则是推动整个思维操作、实践技能的推动器。

在写作教学中，教师可以在以下几个环节上激发学生的作文热情，使学生作文从“要我学”变为“我要学”。

第一，从设计题目入手，激发学生的写作兴趣。教师可以设计新颖的、奇特的、富有启发性的、符合学生心理和情趣的作文题，提高学生写作的兴趣。俗话说“一个好的标题，是写作成功的一半”，就是这个道理。

第二，创设作文情境，营造写作气氛，激发学生的写作兴趣。情境对于作文有着重要的作用。特定的情境，如问题情境、艺术情境、现实情境，能引发学生思考，让学生身临其境，触景生情，引发写作动机，产生写作欲望。

第三，在批改和评讲环节上，注意鼓励和赏识，呵护学生作文的亮点，激发学生的写作兴趣。鼓励和赏识，是对学生劳动结果的肯定。从本质上来说，鼓励和赏识，是对学生人格和感情的尊重，有利于维护学生作文的积极性。

第四，作文结束，要鼓励和帮助学生“广义”发表作品，强化学生的成功感、成就感，激发学生的写作兴趣。所谓“广义”发表不仅指学生作文的正式、公开刊登或出版，学生作文张贴、油印、传阅、宣读、出手抄报、上黑板报和网络上传等都可以看成是“发表”。人都有表现欲、发表欲，如果这一欲望得到正常满足，就会产生“成功感”“快乐感”，从而强化作文兴趣，提高写作能力。

第五，引导学生作文走“现实功利性”道路，发挥写作服务于社会、生活和现实的功能，激发学生的写作兴趣。学生作文在现实中的“应用”有利于让学生潜能涌现，产生写作的兴趣和积极性。《普通高中语文课程标准（实验）》极力强调语文的“应用能力”，倡导写作的“实用化”也说明了这一点。

三、倡导实践训练：写作学习的条件

（一）实践活动是写作材料获取和主题生成的唯一源泉

近年来，“语文教学生活化”“学生生活语文化”已成为人们的共识。实践活动一方面打通了学生语文学习的“源头活水”，另一方面也为语文服务生活、应用于社会提供了契机。写作是典型的“言语实践活动”。写作材料的获取、主题的生成都来源于生活，我们只有通过观察生活、认识生活和体验生活，才能获得素材的积累、感情的升华、人生的感悟，这样写作才会有“题材”和“主题”。所以说，实践是写作学习的唯一源泉。

（二）实践活动是写作能力和写作素养提高的重要途径

语文素养是以语文能力为核心的综合素质和修养。语文能力主要是指听、说、读、写的能力。写作能力是语文的重要能力，其发展和提高主要靠实践活动——训练来完成。写作学习从本质上来说是通过训练获得技能的过程。练笔实践必须贯穿于作文教学的全过程。

四、开放学习环境：写作学习的基础

当代中国社会发生的重大变化之一就是进入到一个开放的时代，中华民族以更为开阔的心胸关注更为广阔的世界，同时努力促进自身的改变与发展，这使得整个社会经历着整体转型。在这样一个开放、转型的时代，我们的学校教育当然也要转型，走开放性的道路。教育家叶澜认为，现代学校的开放应有两个角度：一个是向外的，对网络、媒体的开放，对社区、社会的开放，以及学校间、相关教育机构的相互开放；另一个是向内的，在管理上向师生的开放和教育教学活动中向学生发展的可能世界开放。[2]

中国的教育一直较为封闭。学校教育以课堂教学为中心，忽视社会教育、家庭教育和生活教育。课堂教学以教师为中心，忽视作为主体的学生的存在；以教材为中心，忽视学生的实践活动。这样的教育导致了学生主体地位的丢失、创新精神的缺失、实践操作能力的萎缩。

语文教学、写作学习更是一样，具有鲜明的“开放性”特征。《义务教育语文课程标准（2011 年版）》指出：要努力建设开放而有活力的语文课程。《普通高中语文课程标准（实验）》也强调：在写作教学中，教师应鼓励学生积极参与生活，体验人生，关注社会热点，激发写作欲望。引导学生表达真情实感，不说假话、空话、套话，避免为文造情。指导学生根据写作需要搜集素材，可以采用走访、考察、座谈、问卷等方式进行社会调查，通过图书、报刊、文件、网络、音像等途径获得有用信息。

目前，在新一轮课程改革中积极提倡的综合实践活动课程、研究性学习形式为开放性写作学习提供了有效的平台。综合实践活动是基于学生的直接经验、密切联系学生自身生活和社会生活、体现对知识的综合运用的实践性课程。研究性学习是学生基于经验与兴趣，在教师指导下，从自然、社会和学生自身生活中选择和确定研究专题，主动地获取知识、应用知识解决问题的探究性学习方式。它们都强调走出课堂，走向社会、自然，走开放性的学习道路。

五、提升创新能力：写作学习的手段

《义务教育语文课程标准（2011 年版）》指出：作文教学要为学生的自主写作提倡有利条件和广阔空间，减少对学生写作的束缚，鼓励自由表达和有创意的表达。《普通高中语文课程标准（实验）》也指出：写作是运用语言文字进行书面表达和交流的重要方式，是认识世界、认识自我、进行创造性表述的过程。写作教学应着重培养学生的观察能力、想象能力和表达能力，重视发展学生的思维能力，发展创造性思维。

鼓励学生自由地表达、有个性地表达、有创意地表达，尽可能减少对写作的束缚，为学生提供广阔的写作空间。

创新是人类的特征之一，是人类生存发展的手段。如果不会创新而只会重复，人类就不可能进步，就不可能有更高更好的生存条件和生活质量。现代教育以培养创新人才为己任；创新人才培养的关键是创新思维的培养。所谓创新思维，是一种具有开创意义的高智能活动，它与主体的意志、毅力与热情相结合就形成了主体精神的特征，具有很强的开创性、突破性和新颖性。

根据心理学的研究成果，人的创新思维主要表现在发散思维和聚合思维上。发散思维又称为求异思维、开放思维，是一种不依常规、寻求变异、从多方面探索答案的思维形式。聚合思维也称为集中思维、求同思维，它是依据已有信息，对面临的问题找到一个正确答案的思维形式。这个两种思维正是写作思维的本体思维模式。一方面，写作需要抓住一个问题，或围绕一个中心，尽可能广泛地从头脑中探索与它有关的问题，这种联翩思维方法，便是发散思维的运用；另一方面，作者又要从联翩思维（发散思维）之后，经过聚合思维（集中思维），在许多项目的相互作用中“创造”出一个新的思考。写作创造的过程就是发散思维和聚合思维的整合过程，是二者协调的结果。创造性是发散思维和聚合思维高度统一的产物。

我们为什么在写作学习中强调创新思维的培养？这主要基于两方面的考虑：首先，应试教育使学生作文“千人一面、众口一词”，套话连篇，毫无创新可言；其次，传统作文教学形成了一整套的“思维定式”，教师画地为牢，学生小心翼翼，作文没有自己的个性。

写作学习，从本质上说，是具有创新性、创造性的。美国写作学家威廉·W·韦斯特在《提高写作技能》一书中指出：所有的写作都是创造性的，所有的写作都包括一种新的表达“起源、发展、形成”的过程。即使你们用的是“旧”的思想和第二手材料，你也为它们创造着一种新的而且是唯一的表达方式。你产生出一些完全新的东西，一些认真的、完全表达出你的性格和才能的东西。[3]

创新性的写作学习可以走“由模仿到创造”的道路。模仿、借鉴是提高写作技能的有效途径，是人类历史文化继承的重要手段。“模仿”好比一座桥梁，学生通过“仿作”到达独立写作的彼岸。由模仿到创造，模仿是手段，创造是目的；模仿是条件，创造是结果。学习写作时，学生首先可以模仿，可以充分利用范文进行训练，从多方面熟悉和掌握范文的语言风格、表达方式，提高遣词造句、布局谋篇能力，为创造独立作文打好基础；然后在模仿的基础上，摆脱模仿的痕迹，跳出模仿的圈子，进行独立操作，从内容到形式都有所创造，实现写作学习的最高发展。

参考文献

[1] 联合国教科文组织. 学会生存[M]. 北京：教育科学出版社，1996：200.

[2] 叶澜. 实现转型：世纪初中国学校变革的走向[J]. 探索与争鸣，2007，(7)：1.

[3] 朗格. 提高写作技能[M]. 北京：中国社会科学出版社，1983：1.

第五节　作文教学模式研究综述

“模式”是我们现在常用的一个概念。《现代汉语词典》对它的解释是：某种事物的标准形式或使人可以照着做的标准样式。[1]模式具体到写作学习、作文教学上，是指值得遵循的、具有推广可能性的，并具有操作程序的“套路”“招式”或“范式”。

“新课改”以来，我国中小学作文教学改革如火如荼，作文教学模式层出不穷，并取得了显著的成绩。例如，观察分析表达模式、语言思维模式、文体中心模式、注重过程模式、分格作文、快速作文、快乐作文、读写结合、情境作文、想象作文、材料作文、话题作文、生活作文、活动作文、绿色作文、文化作文、新概念作文和非构思作文等，在全国产生了相当的影响。下面评介我国中小学典型的作文教学模式，以帮助大家寻找写作教与学入门的路径。

一、基于“语言·思维”的作文教学模式

语文是语言学科。语言是思维的载体，是思维的物质外壳；思维是语言的内核，是语言的内部形态。于是，我们把思维称为“内部语言”，把语言称为“外部语言”，从这个意义上说，语文学科又是思维学科。在语文教学中，思维的训练往往是通过语言训练来实现的。但为了达到更好的语言训练目的，也可以通过训练思维来训练语言。语言训练与思维训练相结合是语文教学的重要原则。

作文是富有创造性的复杂的语言实践活动。作文训练只有与思维训练相结合，才能达到最佳效果。如何把语言和思维训练结合起来？“观察—分析—表达”教学模式、“语言与思维结合”教学模式以及“分格作文”教学模式为我们提供了成功的范例。

（一）“观察—分析—表达”教学模式

“观察—分析—表达”教学模式是北京著名特级教师刘朏朏和首都师大教授高原提出的，侧重于培养学生认识能力的“三级训练”体系。其总体思路是：观察是基础，分析是核心，表达是结果，三者有机结合为一个整体。这一模式主要针对初中生作文教学，初中一年级着重进行观察训练，主要目的是培养学生的观察能力，训练方式是写观察日记、观察笔记，这一阶段侧重练习记叙和描写。初中二年级进行分析训练，主要目的是培养学生的分析能力，训练方式是写分析笔记，这一阶段侧重进行议论和说明的练习。初中三年级进行表达训练，主要目的是提高学生的表达能力，训练方式是语感训练和文章结构的训练，进行语感随笔和章法训练，侧重于语言运用和文章构思训练。[2]

这一模式符合写作“主客互化”律，是写作规律“双重转化”（由“物”到“意”，由“意”到“文”的转化）、“三级飞跃”（感知—内孕—外化）的具体运用，比较符合学生的写作学习思维和语言转换规律。

（二）“语言与思维结合”教学模式

“语言与思维结合”教学模式是北大附中语文教师章熊提出并成功实验的写作训练和作文教学模式。章熊认为，各种不同的文体在语言上要求有所不同，而思维的条理性则是相同的，写作学习应该是语言训练和思维训练的结合。他认为，写作训练应该包括五个方面：第一，语言练习（长短句变化、语感的培养等）；第二，形式逻辑训练（语言清晰性、语言连贯性、思维条理性的练习）；第三，想象与联想、综合与概括的训练；第四，写作技巧的局部练习（如说明性练习、观点与材料的处理等）；第五，阅读与分析练习。[3]

这种教学体系的特点并不是以语言知识和思维知识教授为核心，而是以思维训练为手段来提高学生的语言基本功，以语言训练为抓手来培养学生的思维能力。这一模式符合心理学、语言学的基本原理，语言与思维对应，以语言表达思维，以思维寻求语言，语言、思维同步共进，能有效地提高写作能力。

（三）“分格作文”教学模式

“分格作文”教学模式是黑龙江省常青老师设计并推广的作文教学模式，又称为“写作基本训练分格教学法”。这一教法要求学生先进行“分格训练”，后进行“综合训练”，使学生“于无法之中求得法，有法之后求其化”。分格训练中所谓的“格”，是单一的基本教学单位，相当于人们常说的“片段练习”“单项训练”的片段或项目。常青把表现五味（声、色、味、形、触感）和七情（喜、怒、哀、惧、爱、恶、欲）的基本元素划分为 265 个格，每一格配以范文，由易到难，由简而繁，逐格训练，循序渐进地提高学生观察、思维、想象、表达等写作能力。例如，有写人格、记事格、景物格、章法格、形式格。写人格又分外貌格、动作格、内心格、对话格。对话格可以这样训练：人 + 话；人 + 动作 + 话；人 + 动作 + 表情 + 话；人 + 心理活动 + 表情 + 动作 + 话。

“分格作文”训练法已经涉及写作智能的培养，即一种表层的语言思维模式，有利于学生思维和语言的发展。这一模式符合写作“循序渐进律”，符合单项训练与综合训练相结合的写作教学原则。写作学习没有“分格训练”作文不能具体化，没有“综合训练”作文不能整体化。综合训练是宏观控制，分格训练是微观把握。学生经“化整为零”“化零为整”训练后，写作水平自然得以提高。

二、基于“文体・过程”的作文教学模式

20 世纪 70 年代末，写作课教材中知识体系的基本框架就是“八大块”：绪论、材

料、主题、结构、表达、语言、修改和文风。这种知识体系偏重的是文章理论知识。当时，人们认为，只要学习了写作理论知识就可以提高写作能力。进入20世纪80年代后，一些学者认为，光是理论知识对提高写作没有多大帮助，主张进行写作过程训练，尤其是文体技法训练。于是，写作理论研究从以写作理论知识体系为中心转向以文体技法训练为中心。“文体中心，过程为主”理念深入人心。

（一）“文体中心”教学模式

20世纪初，以美国现代修辞学家希尔为代表的英、美学者“文体学”传入我国，自此以后，我国近百年的作文教学基本上以“文体为序列”、以“文体为中心”。这种写作教学模式结构基本上分三个层次：先记叙文，后说明文，再议论文，相对应于初中、高中作文教学。初一以记叙文为主，初二以说明文为主，初三以议论文为主；高一以复杂的记叙文为主，高二以复杂的说明文为主，高三以复杂的议论文为主。“文体中心”论的作文教学模式着重培养学生对每种文体特征、文体模式的把握能力，通过教学掌握每种文体的写作知识、写作方法，从而形成记叙文、说明文、议论文的文体写作规范。例如，20世纪80年代，上海特级教师钱梦龙等在“文体中心论”指导下，创造了“模仿—创造”的作文训练体系。这一体系着重对记叙文、说明文、议论文等文体的写作能力培养进行探索，其基本程序是“模仿—改写—仿作—评析—借鉴—博采”。

这一教学模式多年以来为我国中小学所采用，在我国有普遍的影响。其优点是学生写作“文体意识”强，作文也容易“入门”，效果明显；但“文体中心”写作训练模式对我国作文教学消极影响更大，整个中小学语文教学基本上围绕这些“虚拟”的文体知识转，淡化了学生写作整体素养的提高，不利于学生全面发展。

（二）“重视过程”教学模式

我国古代作文教学以“熏陶—自悟”为主，可以称之为“熏陶式”作文教学法；现代作文教学以“模仿—创造”为主，可以称之为“模仿式”作文教学法。在语文教学改革实践过程中，许多有远见的教师意识到，作文教学效率低下，是因为不重视“写作过程”，如果重视“过程训练”，必能快速提高学生写作能力，于是出现了许多“重视过程”的作文教学方法。

“重视过程”比较典型的是“文体为纬—过程为经”教学模式。这个模式以北京景山学校周蕴玉老师和上海于漪老师为代表。他们的做法是：以各种文体的写作特点为纬线，以写作的一般能力——审题、立意、选材、布局谋篇、语言运用等为经线，精选典范作品为例文，按照单元要求设计教学方案，组成一个读写结合、分阶段、有层次的训练序列。

“重视过程”的写作教学模式超越了写作教学“熏陶模式”“模仿模式”，形成了以“过程为中心”的教学模式。它是对“文体中心”作文教学思想的反思，为“新课改”提出“淡化文体，重视过程”开了先声。

（三）“快速作文”教学模式

“快速作文”是湖南省中学语文特级教师杨初春创造的教学模式。这一教学模式应“升学教育”之需，以“作文速度”为中心，在全国有广泛的影响。杨初春把“快速作文”教学体系概括为“五步四法两课型”。“五步”即基础训练（如兴趣、积累、语言）、思维训练、技巧训练、速度训练、综合训练；“四法”即写作限期限时法、指导先“实”后“虚”法、评阅浏览自改法、训练分步达标法；“两课型”即写作实践型和理论指导型。[4]

在记叙、说明、议论三种文体的写作技巧模式方面，他提出“快速写景状物 3 法”“快速抒情达意 4 法”“快速记人记事 3 法”“说理议论 4 法”“快速给材料作文 3 法”等。从这个意义上说，它也是“文体中心，过程为主”这一大模式的具体表现。

这一教学模式切合现代社会快节奏的要求，又符合“为考而教，为考而学”的应试之需，并有短期的效果，所以较受广大中小学教师和学生的欢迎，但这一教法缺乏写作理论依据。其实，写作能力是一个人整体素养的体现，要“快速作文”必须从提高写作主体素养入手，“博而能一”“厚积薄发”就是这个道理。

三、基于“动力·兴趣”的作文教学模式

学生学习写作，首先要有心理推动力，不然写作学习就是被动的、枯燥的、无效的行为。具体说，这种作文的心理推动力主要包括两个方面：一是作文的写作兴趣、热情的培养；二是作文成功感、成就感的培养。这两方面关系密切，写作有兴趣、有热情，作文就容易成功；反过来，学生成功感、成就感的培养，又会促进学生作文的兴趣、积极性的提高，从而形成良性循环。

因此，激发写作动机，培养作文兴趣一直是广大教师作文教学的第一要务。在这方面，“情境作文”教学模式、“活动作文”教学模式和“话题作文”教学模式等在全国影响最大。

（一）“情境作文”教学模式

“情境作文”是由教师为学生设计、渲染出一种合情合理的情境，以激发学生的写作欲望和作文兴趣，引发学生的联想和想象，结合平时所积累的材料而表达成文的一种作文形式。它强调从学生的生活实际、心理实际和思想实际出发进行联想和写作。

国内最早提出情境教学概念并最早进行系统实验的是江苏南通的李吉林老师，随后情境教学被广泛运用于各个学科领域。李吉林认为，设置精彩的教学情境，能有效地激起学生的情绪，促使学生带着感情色彩去观察、体验客观事物，并展开积极的思维与想象，从而激发表达的动机，这样学生就会不自觉地将情境中的声、色、形的表象与自己储存的词语联系起来，文章自然呼之欲出。[5]

“情境作文”的优点在于为写作者提供特定的“情境”，呈现具体可感的写作对象，更易于调动其写作情绪，激发其写作兴趣，而这些对产生主动、积极的写作心理和行为是至关重要的。这一教学模式符合建构主义教学原理。建构主义认为，“情境”是学习者积极建构知识的前提和物质基础，只有在情与境相融、心与心相碰、教与学互动的情境中，学生主体才会积极主动地建构意义和生命。

（二）“活动作文”教学模式

“活动作文”，是指以参加活动为基础，以观察生活为手段，以作文材料的获得、写作任务的完成为目标，提高学生语言文字表达能力的开放性实践型作文形式。

“活动作文”比较成功的案例是上海大学李白坚教授提出的“现场演示”作文教学法和题型作文教学法。“现场演示”作文教学法是李白坚在 2000 年第 1 期《写作》杂志上介绍此方法的称呼。“现场演示”作文教学法是一种以小学五、六年级及初中一年级学生为教学对象，以在作文课上设计可记叙的生动、活泼、有趣的游戏演示活动为作文内容，通过游戏演示活动、激发学生情绪、诱导学生在轻松愉快的氛围中完成从思维到文字的转化，并大规模提高思维创造力及写作水平的作文教学法。说它是“题型作文”教学法，是因为李白坚的作文教学是一个“大作文”教学体系，包括小学、初中、高中三个阶段，其中小学部分称为“快乐大作文”，初中部分称为“趣味大作文”，高中部分称为“创新大作文”。在教学方法上，小学的“快乐大作文”运用的是“现场演示”作文教学法，而初中和高中的教学则运用“题型作文”教学法。所谓“题型”，就是“题目类型”，相当于“问题”“话题”，是复合性、开放性、活动性的概念。“题型作文”向生活汲取素材，更依靠课堂现实活动创设情境。“题型作文”本质上可以理解为“活动写作，写作活动”式的作文。[7]

“活动作文”模式的价值在于“训练大于知识”“训练先于知识”“活动大于技法”“活动先于技法”“实践大于理论”“实践先于理论”。这一模式符合“趣味性”教学原则，符合“活动课程”原理，为“动力学”作文教学开了先河。

（三）“话题作文”教学模式

“话题作文”往往用一段提示语指明写作范围，启发思考，激活想象，让习作者在同一个谈话中心下，陈述各自从不同角度、不同立场产生的观点，或联想到自己的经历、体验，是一种不限文体的作文形式。“话题作文”最早是在 1999 年高考的写作题目设计中出现的。其特点是“三自”：要求题目自拟、立意自定、文体自选；“三开放”：写作范围开放——以“话题”作文，写作文体开放——淡化文体（但不能没有文体意识），写作要求开放——降低审题难度（但有一定的限制性）。

“话题作文”从“材料作文”脱胎而来，与“材料作文”一样都有材料提供，但“话题作文”与“材料作文”的“材料”作用不尽相同。“材料作文”要求在内容上对“材料”进行直接评述或引申发挥，开头、主体、结尾都要紧扣材料，并在形式上限制了角度、写法、体裁；话题作文则不然，在内容上源于材料而不限于材料，只要与话题有关

即可，在形式上角度、写法、体裁可根据写作者爱好、特长自由选择。话题作文与材料作文形式相比更加自由、开放。由于话题作文像材料作文一样提供故事、事件、轶事、名言等，易于激发学生的写作兴趣，写作要求上限制又少，便于学生发挥，很快成为高考命题的主要方式，也成了我国当代最流行的写作教学训练模式。

四、基于“做人·作文”的作文教学模式

作文与做人有密切的关系，这是古今中外写作界的一个共识。“文如其人”，意思是说具有什么样的人品，写出来的文章也就具有什么样的品格；做人达到什么样的境界，写出来的作品也就能达到什么样的境界。写作不仅仅是辞章、技艺的问题，更是作者素养本质的体现。因此，写作学习就是学会做人的过程，“文道合一”“人文共进”是“立人”与“立文”之间本质、必然的联系。在这方面，“绿色作文”“生活作文”和“新概念作文”教学模式为我们提供了成功的案例。

（一）“绿色作文”教学模式

这是一种基于学生心理，符合写作规律，倡导表达真情，追求个性张扬，主张做人与作文相统一的健康写作教学模式。绿色作文强调以兴趣为导向，面向社会、生活、自然，真实反映学生的心理状态、认知水平和生命存在，是一种原生态的校园写作。

由于应试教育对作文的污染，作文教学陷入了“一切为了考试”的泥潭。我国中小学师生为了“分数”往往绞尽脑汁，千方百计地寻求应试作文的套路，“一凑、二抄、三套”成了学生作文的捷径；千人一面、千部一腔、千篇一律的“现代八股文”比较常见，作文成了没有“精神”、没有“生命”、没有“灵魂”、徒有躯壳的文章，吉林特级教师赵谦翔称这样的作文为“死不死、活不活，黑不黑、白不白”的“灰色作文”。针对这种情况，他提出了“追求情感真诚、思想真实、个性真切”的“绿色作文”的口号，要求作文为做人而写，伴人生而在，以做人促进作文，以作文升华做人，使作文成为完善人生的健身器。[8]

这一作文教学模式提倡作文与做人相结合，符合“新课改”中“人文并进”的教育理念，符合人类教育“成人与成才一体”的终极目标，有利于学生的全面发展。

（二）“生活作文”教学模式

所谓“生活作文”，是一种以真实的生活世界为写作对象，以现实生活需要为作文能力培养目标，从观照学生真实生活、拓展作文内容入手，充分关注学生个性差异，努力激发写作内驱力，提高语言运用能力，发展学生思维，提升学生人格的作文理念及教学策略。

吉林省榆树市秀水镇第二中学特级教师李元昌创立的“社会生活化”写作教学模式

是“生活作文”的成功范例，这一模式又被称为“放—收—放”作文教学法。他认为，教育就是为了培养未来的劳动者，所以语文能力，特别是写作能力，必须同社会生活结合在一起。其中，第一个“放”，是引导学生走向生活，解决作文的材料；第二个“放”，是回到社会生活中去用。他认为，学生作文不是为了应考，更重要的是为了适应生活、改造社会，所以他积极提倡为生活作文、为社会写作、为农民服务。他安排的写作训练程序是这样的：初一解决材料问题，即“放”；初二上半年训练各种文体写作，即“收”；初二下半年和初三转向社会实践应用，即再“放”。[9]

主张以生活为中心的作文教学是新时期我国写作教学改革的一大亮点。生活的积累与体验对于学生写作而言十分重要，有了丰富的生活积累和体验，学生自然就能有物可言，有情可发。“生活作文”与“绿色作文”教学模式有异曲同工之妙，注重作文与生活相统一，强调作文与做人相结合，有利于学生核心素养的提高。

（三）“新概念作文”教学模式

作文教学改革是语文教学改革的“瓶颈”，怎样教作文、如何写作文一直都是师生深感头痛的难题。教师教作文往往按“命题—指导—写作—批改—讲评”的程序进行；学生写作文，往往人云亦云，亦步亦趋，本应千姿百态的文章也成了千人一面、众口一词的“新八股”。

为了改变这一局面，1998 年，由上海萌芽杂志社等发起的“新概念作文大赛”催生了新世纪新的写作教学模式。“新概念作文大赛”组委会《征文启事》中说，“新概念”提倡“二新一真”：“新思维”——创造性、发散性思维，打破旧观念、旧规范的束缚，打破僵化保守，无拘无束；“新表达”——不受题材、体裁限制，使用属于自由的充满个性的语言，反对套话，反对千人一面，众口一词；“真体验”——真爱、真切、真诚、真挚地关注、感受、体察生活。“新概念作文”的出发点是探索一条还语文教学以应有的人文性和审美性之路，让充满崇高的理想情操、充满创造力和想象力的语文学科，真正成为提高学生综合素质的基础学科。[10]

“新概念作文”同传统作文的教学观念是大相径庭的。“新概念作文”强调学生创新的思维、真实的体验、个性化的表达，是“人文共进”理念的集中体现。这一模式是“新时期”作文教学改革的“先声”，是对传统作文教学的“扬弃”。它为中小学生写作学习探索出了一条新路：表达真情性、真感受，自由写作，放飞心灵。

以上评介了我国中小学数个典型的作文教学模式，但这并不是全部，随着社会的发展、写作教学研究的深入，还将出现许多新的模式。对于“模式”我们要辩证地看待：一方面我们需要“模式”（建模），以便按“法”指导学生，学生按“式”模仿学习；另一方面我们又要突破“模式”（解构），打破“公式化”“程式化”的套路，创新发展，以便写出更加新颖的文章。希望教师和学生在学习模仿技法、模式的同时，能寻找到、创造出适合自己的写作训练和作文教学模型、式样，“由仿到创”“法而无法”“循序渐进”地提高自己的写作水平和教学能力。

参考文献

[1] 中国社会科学院语言研究所词典编辑室. 现代汉语词典[M]. 7版.北京：商务印书馆，2016：919.

[2] 王伟鹏. 中学语文作文教学[M]. 长春：东北师范大学出版社，2000：224.

[3] 毕养赛. 中学语文教学引论[M]. 杭州：浙江教育出版社，1988：309.

[4] 周进芳. 中学作文教学研究[M]. 武汉：华中科技大学出版社，2002：194.

[5] 杨初春. 实用快速作文法[M]. 南宁：漓江出版社，1992：26.

[6] 李吉林. 李吉林情境教学—情境教育[M]. 济南：山东教育出版社，2001：7.

[7] 李白坚. 大作文[M]. 上海：上海交通大学出版社，2001：63.

[8] 王鹏伟. 中学语文作文教学研究[M]. 长春：东北师范大学出版社，2003：254.

[9] 王鹏伟. 中学语文作文教学研究[M]. 长春：东北师范大学出版社，2003：236.

[10] 周进芳. 中学作文教学研究[M]. 武汉：华中科技大学出版社，2002：225.

第六节　写作教学模式建构的方法

教学模式是连接教学理论与教学实践的中介。写作教学模式是教师在教学理论的基础上，在遵循写作学习和写作教学内在规律的前提下，在写作教学实践的过程中，逐步建立起来的经过实践检验行之有效的比较固定的写作教学程序、教学方式。“新课改”以来，写作教学改革如火如荼，写作教学模式层出不穷，同时也出现了学生写作模式化、教师写作教学模式僵化的现象，致使学生写作水平提高缓慢。为了使写作教学走出程式化困境，研究写作教学模式建构极其重要。建构一个新的写作教学模式方法有很多，归纳起来主要有以下四种。

一、基于实践经验的建构

实践是认识的来源，是认识发展的动力，是认识的最终目的，也是检验真理的唯一标准。任何反映客观真理的理论都来自实践。因此，任何教学理论都应建立在丰富的经验和学科材料积累的基础上，不能企望在学科的荒漠上建构理论的海市蜃楼。语文教师要具有实践的自觉性和主动性。

杜威是美国划时代的教育家，经验的实践性是杜威教育理论科学内涵的基础，他反复强调“从实践中来，到实践中去”，并且认为认识和经验是统一的。建构教学模式作为一种教学活动同样也依赖实践和经验，一切教学模式的成型都来源于经验的积累和实践的验证。教师要立足于教学实践，梳理教学事实，反思教学活动，积累教学经验，形成丰富的经验教学论，在此基础上，借助科学的教学论、方法论建构个性化的教学模式。

同时，教师还要有自觉建构教学模式的意识。詹姆斯指出：教师专业成长的可能性在于教师本身对成长的承诺。[1]这说明教师的专业成长动机来自教师内在的主观意愿，教师要实现专业的自主发展，就必须具有自觉地积累实践经验和反思实践经验的意识，如果一个教师只满足于经验的获得而不对经验进行深入的反思，那么他将会故步自封，在教学上难以取得较高的造诣。

写作教学模式的建构一定也需要语文教师在长期的写作教学实践中，经过反复摸索，不断积累经验，先通过自觉建构抽象的、规范的操作程序，形成“粗坯型”写作教学模式，然后在实践中进一步修正、完善写作教学模式，使写作教学模式逐步定型，最终形成稳定的模式，并逐渐推广应用。例如，20 世纪八九十年代，在实践基础上形成的比较成熟的写作教学模式有“观察—分析—表达”模式（北京刘朏朏和高原）、“语言—思维”训练模式（北京章熊）、“分格作文”训练模式（黑龙江常青）、“文体递进”训练模式（上海钱梦龙）、“重视过程”教学模式（北京周蕴玉和上海于漪）、“快速作文”教学模式（湖南杨初春）、“读写结合”教学模式（广东丁有宽）等。

二、基于理论指导的建构

教学模式还可以基于教学理论、学习理论等理论研究的成果，通过演绎而获得（最终要经过实践检验）。[2]毛泽东在《实践论》中指出：“我们的实践证明：感觉到了的东西，我们不能立刻理解它，只有理解了的东西才能更深刻地感觉它。感觉只解决现象问题，理论才能解决本质问题。这些问题的解决一点也不能离开实践。”从哲学的角度可以看出，理论和实践是分不开的。鉴别一个教学模式成熟的程度，一般从其理论基础中即可窥见一斑，当理论基础显示出单薄、泛化倾向时，该模式的传播应用效果就打上了一个问号。[3]由此可见理论指导对于模式建构的重要性。任何一种科学的教学模式都必须有教育理论、教学理论和模式建构理论作为指导。当然，写作教学模式的建构也离不开理论的指导。

语文教师可在理论、理念的指导下主动建构可操作的教学模式：第一，从理论出发，建构理论上“可能”的模式。写作教学模式赖以建立的教学理论，是写作教学模式深层内隐的灵魂和精髓，它决定着教学模式的方向性、独特性和科学性，理论基础在教学模式结构中既是独立的因素，又渗透在教学程序、教学方法、师生关系、个性特点等其他因素之中。第二，结合实际情况，建构实践上“可行”的模式。“可能”的模式并不等于“可行”的模式，还要结合实际的教学情况来将“可能”的模式变为“可行”的模式。语文教师可根据本校或本班学生的情况以及不同的文体写作教学进行有针对性的建构，尤其是要基于学生的学情视角来“量身定做”适合学生的模式，如国外教师根据建构主义教学理论建构的支架式、抛锚式写作教学模式。第三，经过多次实践检验，建构“可信”的模式。实践是检验所有教学模式是否有效、是否科学、是否优秀的唯一标准。理论对于模式建构具有启发性，但是，最终必须落实到建构有操作性、有可行性、有可信性以及具有推广性的教学模式。“可行”的写作教学模式还需要通过具体的、多次的写

作教学实践来检验，如果能够真正激发学生的写作兴趣，提高学生的写作水平，即可成为“可信”的写作教学模式。[4]例如，马正平根据“动力学”和“思维学”原理，建构了以“兴趣动力激发”和“思维操作训练”为核心，以“创新”为目的，以学生活动为主体、学生自学为基础、教师导写为教练、思维训练为主线的动力学—操作化—成功感（DDC）作文教学模式。

三、基于继承模仿的建构

教学模式是连接教育理论与教育实践的中介，它是人们在长期的教学实践中不断总结经验、改良教学而逐步形成的。新中国成立以来，随着我国的教育事业逐渐走向正规，已经产生了许多有影响的写作教学模式。但这并不意味着我们就再也不需要建构模式。由于时代的发展、教学理念的进步、教学环境的改变等多种因素，我们必须要在继承传统的基础上模仿、创新建构模式。这也是建构模式一种极其重要的方法。

新的教学模式的诞生便是创新，旧的教学模式的消亡或被替代就意味着发展。而发展需要创新，创新需要继承。正如陆机的《文赋》中说的“袭古而弥新”“沿浊而更新”。继承传统模式而推陈出新的建构一般步骤是：继承—模仿—改造—创新。这一方法是通过对已有的教学模式的吸收、借鉴、改造，创造出新的教学模式。鉴往可以观今，也可以顾后。首先，对以往的写作教学模式进行梳理，审视其得失。以往有些写作教学模式，即便没有成功的经验，也会有失败的教训。研究已有的写作教学模式，重新审视当前众多的写作教学模式，可以澄清思想，改进方法，为建构新的写作教学模式创造基本的条件。然后，模仿旧有写作教学模式中值得借鉴的建构理念、教学方法，改造当前模式在教学实践中与教学情境、学生写作等不适应的因素，分析具体原因，并结合现实加以丰富和发展，创造出新的模式。

继承模仿可以分为以下几种方式：第一种是机械模仿，即“照着葫芦画瓢”，就是直接运用所看到或了解觉得适合自己的写作教学的模式。这个方式可以说是继承模仿的最低层次，一般不提倡语文教师运用这种方式，因为通过这种机械模仿而建构出的模式往往在教学实践中会导致模式僵化。第二种是改进模仿，可以对别人创建的写作教学模式进行适当的改进，针对这个写作教学模式的不足之处，或者针对这个写作教学模式不适用于本班写作教学的地方进行改进。第三种是组合模仿，即综合几种写作教学模式，汲取其精华部分。例如，将所了解的写作教学模式的各自教学理念、教学方法、教学过程等进行比较，然后对其进行重构，即可成为一种新的写作教学模式。第四种是创意模仿，语文教师可以在继承的基础上进行创造性地模仿，建构具有个人特色的写作教学模式，这种方式是继承模仿的最高层次，也是我们极力提倡语文教师进行建构写作教学模式的最佳方式。例如，李吉林的“情境教学”是模仿国外“情景教学”结合我国古代“意境说”创新而来的；郑逸农的“非指示性教学”是继承罗杰斯“非指导性教学”发展而

来的。这种在模仿基础上的创新建构模式的方式既能够防止模式的束缚和落后，又能够适应不断变化发展的学情，是广大语文教师建构写作教学模式的一种便于学习和利用的方式。

总之，教师要认识到，继承是为了创新，创新又离不开模仿，继承与创新的辩证需求是写作教学模式获得良性发展的原动力。任何写作教学模式自身都存在一定的不足之处，必须取长补短，从相关的写作教学模式中汲取营养，吸纳合理的理论与方法，结合教师自己的教学实践创新建构。当然，创新一定要有依据，教师应该在研究教育理论（如教育学、心理学、教学论、写作学、语言学等）的基础上，结合实际，准确把握新课标写作教学理念，大胆创新建构。

四、基于不同情形的建构

毛泽东在《矛盾论》中指出："任何运动形式，其内部都包含着本身特殊的矛盾。这种特殊的矛盾，就构成一事物区别于他事物的特殊的本质。这就是世界上诸种事物所以有千差万别的内在原因，每一物质的运动形式所具有的特殊的本质，为它自己的特殊的矛盾所规定。这种情形，不但在自然界中存在着，在社会现象和思想现象中也是同样地存在着。每一种社会形式和思想形式，都有它的特殊的矛盾和特殊的本质。因此解决问题需要具体问题具体分析。"从哲学的角度来看，写作教学也具有特殊性，建构写作教学模式也要根据不同的情形来建构不同的模式，不能够只用一个标准、一套模式、一种方式、一条思路去要求学生。依据具体情况建构具体模式，才是解决写作教学的正确方法。

建构主义认为：学习总是与一定的社会文化背景即情形相联系的，在一定的情境下进行学习，可以激发学生的联系思维，使学习者能利用原有认知结构中的有关经验去同化和索引当前学到的新知识，从而使新旧知识建立起联系，并赋予新知识以某种意义。[5]语文教学应为学生创设良好的自主学习情境，帮助他们树立主体意识，根据各自的特点和需要，自觉调整学习心态和策略，探寻适合自己的学习方法和途径。不同的写作教学模式并不是彼此对立的，而是适合不同情形和策略的。因此，针对不同课型、文体、文本、教师教学、学生群体等建构不同的教学模式是每个语文教师应该明确的方法。

任何一种写作教学模式在使用条件和应用范围方面都具有一定的局限性，没有"放之四海而皆准"的万能写作教学模式。教师应该根据不同的教学情形，建构多元的写作教学模式，不同的作文类型就有不同的教学模式，对于不同的学生也有不同的教学模式。例如，"新课程"写作教学模式的建构可根据不同的作文目的、作文条件、作文要求建构不同的模式，如材料作文、话题作文、情境作文、想象作文、生活作文、生命作文、生本作文、活动作文、新概念作文、体验作文、绿色作文、文化作文、合作作文、乡土作文、课本作文、素描作文、言语交际作文、小品表演作文、创意写作、网络写作和非

构思作文等不同模式。

以上所述的几种写作教学模式都是语文教师根据不同的教学情形各有侧重地建构出来的，这样的建构方式更加适合语文教师，所建构的写作教学模式也更加适合学生。

参考文献

[1] 王天平. 教学实践家的品质及其成长[J]. 当代教师教育，2011，(3)：1.

[2] 梁靖云. 构建教学模式：教师应当具备的基本功[J]. 教育理论与实践，2012，(23)：1.

[3] 李如密. 关于教学模式若干理论问题的探讨[J]. 课程·教材·教法，1996，(4)：1.

[4] 彭小明. 语文课程与教学新论[M]. 杭州：浙江大学出版社，2009：98-101.

[5] 姜丹. 信息技术环境下的中学语文教学实践[J]. 中国电化教育，2012，(4)：1.

第七节 写作教学模式建构的策略

“模式”是我们现在常用的一个概念，但含义并不是很确定。英语的“模式”（model）也有“模型”“模范”“典型”“样式”“型”等含义。《现代汉语词典》对“模式”的解释是：某种事物的标准形式或使人可以照着做的标准样式。[1]《国际教育百科全书》中对“模式”的叙述是：对任何一个领域的探究都有一个过程。在鉴别出影响特定结果的变量，或提出与特定问题有关的定义、解释和预设的假设之后，当变量或假设之间的内在联系得到系统的阐述时，就需要把变量或假设之间的内在联系合并为一个建设的模式；模式是可以被建立和检验，并且如果需要的话，还可以根据探究进行重建。[2]

写作教学模式是教师在教学模式的基础上，在遵循写作学习和写作教学的内在规律的情况下，在写作教学实践的过程中或在理论指导下，逐步建立起来的经过实践检验行之有效的比较固定的写作教学程序、教学方式。“新时期”特别是“新课改”以来，写作教学改革如火如荼，写作教学模式建构层出不穷，如“新概念作文”“绿色作文”“文化作文”“创新作文”“生活作文”“活动作文”“网络作文”等；同时也出现了学生写作“模式化”、教师写作教学“公式化”的现象，致使学生写作水平提高缓慢。

写作教学模式需要不断解构。解构是为了教学方法的多样，是为了教学方式的创新，是为了教学的个性化、艺术化。写作教学模式也需要不断建构。建构是为了教学秩序的建立，是为了教学的科学化，是为了教学行为的可操作、可模仿。写作教学模式的解构与建构不是让教师教学“程式化”，而是让教师学会“教学创新”。为了解构学生的写作模式，促使写作教学走出“程式化”困境，语文教师不但要有解构写作教学模式的方法，而且更需要有灵活、科学的建构模式的策略。

一、树立写作教学模式建构意识

意识就是像感觉、心境、情绪、反思、记忆、思维和自我关注这样的各种形式的主观经验。建构写作教学模式意识就是对写作教学模式建构的有意注意。

首先，语文教师要肯定模式是客观存在和不可或缺的。在建构写作教学模式之前，语文教师一定要意识到模式的存在客观性。写作有模式，写作教学也有模式。也许有些教师会质疑模式的运用会不会束缚教学，其实是不会的，更何况必要的“束缚”有时也是必要的。这是因为，任何事物既有解放的作用，又有束缚作用，而这两种作用都是需要的。一方面，事物的束缚作用（规则）可避免盲目性，防止混乱；另一方面，事物的解放作用（自由）可避免格式化，防止僵固。例如走路，必须遵守交通规则，这是束缚；按规则走才会顺利、安全，这又是解放。又如，地球具有吸引力，也是一种模式，这使任何人都难以随意离开地面，这无疑是束缚；但正因为如此，人们才能生存在地球上，这无疑也是解放。在教学领域，教师要肯定模式的客观存在，不断地建构模式和突破模式。

其次，语文教师一定要有主动建构模式的意识。查有梁先生认为评价一所学校的教学水平主要可以从三个方面判断：一是看学校对教学理论和教学理念是否有深入的研究；二是看他们是否针对学校的实际问题建立了对应的“教学模式”；三是看他们是否在“教育实践”中有长远的、全局的打算。[3]可见建构教学模式不仅是时代的呼唤和要求，同时也是检验教学水平的标准之一。从国家到地方，要建构办学模式，从学校到每位教师，要建构适合本校、本班同学的教育模式。对许多学校的校长、教师，他们所缺乏的正是建立各种教学模式的自觉意识。“建模意识”不强，既影响教育理论的具体化，又影响教育实践的“升华”。[4]由此可看出建模意识的重要性，尤其是处于教学一线的广大教师，一定要有自觉而又强烈的建模意识。教师要意识到：第一，建构教学模式不是教育专家的职责，不能够只停留在对现有模式的依赖和期待中；第二，并不是只有教育专家才有能力建构教学模式，一线的教师同样有能力建构。

写作是一种心智活动，源于表达的需要。而传统的写作教学使学生对作文产生恐惧心理从而失去了兴趣。传统的写作教学模式多年来一直受到批判，建构新的写作教学模式已经成为语文教育和写作教学的重要任务。因此，语文教师要树立自主建构写作教学模式的意识。

二、营造写作教学模式建构环境

教学环境主要是指教学活动开展的场所、教学设施、组织形式和人际关系等。教学环

境可分为硬环境和软环境。写作教学模式建构的环境创设也包括硬环境和软环境两个方面。

查有梁先生认为，基础教育改革的一项重要任务就是：教育行政领导要学会构建区域性的教育发展模式——宏观层次的教育模式；每所学校的校长要学会构建该学校的办学模式——中观层次的教育模式；每位教师针对自己的教学个性、所教学科，所教学生的实际，构建自己的教学模式——微观层次的教育模式。[4]自主创新建构教学模式已成为“新时期”办学和教学的大势所趋，语文教师有了自觉建模的意识，还需要一定的环境来促进模式的建成，因此，学校和教师之间要营造建模的氛围。学校应该积极鼓励和提倡教师建构教学模式，可将教师自主建模作为教师专业发展的一种“校本培训”方式，根据本校语文教师所建构的写作教学模式开展建模交流会；语文教师之间也可以互相讨论各自的模式。

例如，抚顺市教育局及其所属学校的各级领导就充分发挥骨干教师的作用，发动广大教师积极建构各具特色的教学模式，充分发挥骨干教师的作用。对于已退休的、教学经验丰富的、有学识的老教师也非常器重，抚顺市教育局将这些老教师聘为教学模式建构的顾问。在这样一个建模氛围之下，短短三年内，抚顺市的教师就出版了《小学课堂教学模式选编》《中国小学实用教学模式》等书，重点概括论述了教师们建构的 77 个教学模式，并形成了“立模—说模—观模—评模—炼模—定模”的建模体系，使得广大教师不仅树立了建模的意识，而且增强了建模的信心。各个地区的学校和教师可以效仿抚顺教育局的做法，根据写作教学的规律和特点，积极营造建模的良好氛围，在教师建构写作教学模式的过程中尽可能地给予技术上、实践上和理论上的支持。[5]

三、确定写作教学模式建构对象

建构任何教学模式都需要确定建构的对象，有了明确的建构对象才可以避免建模的盲目性。每个语文教师都有自己的教学个性，有自己的长处和短处，因此，在建构写作教学模式时，可以依据自身的条件、自身的素质、自身的兴趣来选择对象。例如，语文教师可以总结自己的实践经验，或者选择自己喜欢的教育理论，或者模仿改造他人的写作教学模式，等等，这样有针对性地建构写作教学模式，不仅可以使语文教师扬长避短地建构出最优化的写作教学模式，而且还可以使他们自身的素质得到进一步的提高。

选择建构对象可以参照学术论文选题的“小”“新”“实”“土”这四个标准。“小”就是指对象的选择不能过于宽泛或笼统，否则建模很困难，尽量从“小”入手，建构一个小型的适用本班同学的写作教学模式。例如，可以从本班学生写作存在的问题出发，建构一个解决问题的模式。“新”是指所建构的写作教学模式要新颖独特，摆脱传统的写作教学模式。如果还是老生常谈，那么建模就没有意义，也无教学效果可谈。“实”就是指要实用，具有可操作性、实效性，从本班写作教学实际状况出发，建构既可行又实效的教学模式。不能只顾“新”却忘了“实”，导致写作教学模式好“看”而不好用。“土”是指建构写作教学模式时要有本土化意识，有自己的特色。语文教师可以根据校本课程、本地区或本学校的人文、地理、历史等文化方面的特色优势进行建构。

四、选择写作教学模式建构方法

方法是指为完成某一任务所采取的策略和活动方式。写作教学模式建构的方法是指语文教师为完成写作教学模式建构而采取的一系列方式、步骤、手段、技术的总和。写作教学模式建构的方法很多，归纳一下大致有四种方式。

（一）反思实践，自觉建构

在长期实践中，经过反复摸索，不断积累经验，抽象、建构规范的操作程序，形成教学模式，并且在实践中进一步修正、完善，逐步形成定型的建构模式，如李吉林“情境作文”教学模式的建构。

（二）理论引导，主动建构

在理论指导下主动建构模式的基本步骤是：第一，从理念出发，建构理论上可能的模式；第二，结合实际情况，建构实践上可行的模式；第三，经过多次实践检验，建构可信的模式。例如，在“研究性学习”的理论指导下建构“研究性作文教学模式”，在现代信息技术与学科教学整合理念指导下建构 “网络写作教学模式”。

（三）继承传统，创新建构

继承传统模式，推陈出新建构新的教学模式。一般步骤是：继承—模仿—改造—创新。这一方法是通过对已有的教学模式（本学科或其他学科的教学模式）的吸收、借鉴、改造，创造出新的教学模式。例如，“非指示性”作文教学模式是郑逸农老师模仿美国人本主义教育家罗杰斯“非指导性”模式建构的。

（四）不同情形，多元建构

针对不同课型、文体、文本、教师教学、学生群体等建构不同的教学模式是每个语文教师应该明确的方法。“新课程”写作教学模式的建构可根据不同的作文目的、作文条件、作文要求建构不同的模式。例如，“写实作文”与“写虚作文”、“生本作文”与“课本作文”、“命题作文”与“材料作文”、“生存写作”与“生命写作”、“公文写作”与“文学写作”等是教学模式的不同建构。[6]

语文教师要选择适合自己的方式方法进行建构，只有选择的方式方法恰当，才可以将自己的教学风格、教学特长等个人独特的人格魅力与模式相融合，形成独树一帜且适合自己学生的写作教学模式。

五、提高写作教学模式建构能力

能力是指顺利完成某一活动所必需的主观条件，是直接影响活动效率，并使活动顺利完成的个性心理特征。写作教学模式建构能力是语文教师建构写作教学模式，提高学生写作水平的综合素质。

建构写作教学模式是一种具有高度创造性的活动。一方面，它依赖于建模者的写作教学实践经验、直觉和独特的创造力；另一方面，现代写作教学模式又极大地依赖于一定的教育理论和先进的教学理念。因此，语文教师如果想建构科学、合理的写作教学模式，必须要提高自身建模的能力，既要有实践经验的背景，又要有科学教育理论和写作教学理论的支撑，在不断解构、建构、重构写作教学模式的过程中提高建模的能力。

从学校方面讲，首先，校长要有建模意识，要有远见卓识，要带头搞教育科研，研究适合学校自身特点的整体建模方向和过程。其次，要尽量给语文教师建构写作教学模式提供一定的条件。例如，创造一些继续教育的机会，鼓励他们参加专业发展的课程学习，多开展语文教师之间的交流等。

从教师自身方面看，提高写作教学模式建构能力关键在于提高语文教师自己的素质。教师要自觉地联系教学实际，分析本班学生的特点，钻研教育理论、建模知识，从做中学，从教中学，从研究中学，真正把教育理论内化为自己建构的教学模式。将写作教学模式作为写作教学与写作理论的中介，作为中学生写作出现的问题与解决问题的中介。

六、评价写作教学模式建构结果

评价，作为一种活动，渗透在人类生活的各个方面。评价的核心是建立在某些准则和价值标准之上的价值判断。教育评价的主旨是以目标为中心，通过学习者具体的行为变化来判断教育目标的达成程度。写作教学模式建构评价是指对写作教学模式建构进行价值判断的过程，即根据写作教学模式建构的目标，运用科学的评价方法和技术，搜集写作教学模式建构各方面的信息，对写作教学模式建构活动的价值做出客观衡量和科学判定。

评价写作教学模式建构的结果不是以语文教师建构了多少个写作教学模式，而是要看写作教学模式的应用效果，所建构的写作教学模式能否应用、应用效果如何、有无推广价值，都需要通过写作教学实践的检验，最终应以是否有利于提高学生的写作能力为判断标准。

写作教学模式是通过写作教学活动进行操作的，所以，探索最佳的写作教学模式不能停留于纯粹的理论—思辨阶段，还应采用实证—实验方法，要让理论—思辨方法与实证—实验方法结合起来。评价一种写作教学模式的好坏与优劣，应当在实际写作教学过程中得以验证。

总之，为了探寻最佳的写作教学模式，应该对作文教学的方方面面进行哲学的、系统方法的实证一实验的科学研究。此外，也不能放弃对已有的行之有效的写作教学模式进行实证一实验。由于教学内容、教学对象、教师自身素质不同，最佳的写作教学模式不可能只有一种，因而也不能轻易否定某一种模式。现存的写作教学模式之所以是“存在的”，就在于有其“合理性”；然而它们也有需要改进的地方，因为它们没有被更多的语文教师“复制”。

参考文献

[1] 中国社会科学院语言研究所词典编辑室. 现代汉语词典[M].7 版 北京：商务印书馆，2016：191.

[2] 托斯顿·胡森. 国际教育百科全书（第 6 卷）[M]. 贵阳：贵州教育出版社，1991：1.

[3] 查有梁. 教育建模[M]. 南宁：广西教育出版社，2003：13.

[4] 查有梁. 论教育模式建构[J]. 教育研究，1997，(6)：1.

[5] 彭小明. 语文课程与教学新论[M]. 杭州：浙江大学出版社，2009：98-100.

第六章
语文教学典型案例新样式

第一节　阅读教学：基于学情的多重对话——四年级《两个铁球同时着地》教学案例①

阅读是搜集处理信息、认识世界、发展思维、获得审美体验的重要途径。阅读教学是学生、教师、文本之间对话的过程。王虹老师在《两个铁球同时着地》教学中基于学情，从预习中反馈信息，在教学中提出各类问题，开展多种活动，充分互动，落实语言训练；通过教学语言、肢体语言、教学板书、多媒体课件等媒介进行立体表达，激发学生学习语文的兴趣，培养学生学习语文的良好习惯，提高学生学习语文的能力，教学效果较好，值得提倡、推广。

背景信息

阅读是一种通过语言媒介理解文本、接受信息、体验感悟和获得美感的过程。从建构主义角度讲，阅读即建构文本意义和建构自我（精神）世界的过程。苏霍姆林斯基说过：让学生变聪明的方法，不是补课，不是增加作业量，而是阅读，阅读，再阅读。《义务教育语文课程标准（2001 年版）》也指出：阅读是获取信息、认识世界、发展思维、获得审美体验的重要途径。可见阅读对于语文课程和学生成长的重要性。

阅读教学是在教师指导下的学生自主的阅读实践活动。学生在阅读活动中具有自主性、独立性，教师则起引导、点拨的作用。教师不能用自己的分析讲解代替学生的阅读实践。《义务教育语文课程标准（2011 年版）》指出：阅读教学是学生、教师、教科书编者、文本之间对话的过程。在小学语文教学中，阅读教学所花时间最多，所费精力最大，所获信息最广，所受教育最深。阅读教学在语文教学中有崇高的地位。如何进行阅读教学？什么样的阅读教学方法才是有效和高效的？一代代语文教育家和语文教师不断追寻着答案。

阅读教学方法是指为了提高语文素养，根据语言和言语规律，凭借言语材料，教师、学生与教学内容之间进行交往对话活动而运用的一系列方式、步骤、手段、技术等方面的总和。阅读教学方法很多，如精读法、略读法，朗读法、默读法，导读法、自读法，点拨法、对话法等，不胜枚举。随着时代的发展、社会的进步，民主平等观念深入人心，学生越来越有主体意识，教育教学越来越走向“平等对话”，因此，基于民主、平等观念的“对话法”在语文教学方法中越来越受到重视。如何开展包括问答、谈话、讨论和辩论等方式的对话教学？王虹老师的《两个铁球同时着地》（“人教版”小学《语文》第

① 彭小明，王虹。

10 册第七单元第 25 课）教学案例为我们提供了很好的示例。

王老师是浙江省温州市蒲鞋市小学的高级教师，本科毕业。他曾获浙江省“教改之星”、温州市教坛新秀、鹿城区优秀教师称号，担任浙江省“领雁工程”学员导师、鹿城区第二届“名师工程”研修班学员导师，获鹿城区小学语文阅读教学优质课一等奖。

温州市蒲鞋市小学创办于 1985 年，是温州市示范性窗口学校，是鹿城区教育局直属的实验小学。学校现有龟湖、桥儿头、黎明、双井头四个校区。各校区布局合理，环境优美，设备齐全，师资雄厚。20 多年来，学校秉承“让每一位孩子享受优质教育”的办学理念和“追求智慧教育，创建浙江省现代化名校”的办学目标，以“朴实、求真”为校训，坚持以“为孩子的今天和明天优秀做人、成功做事、幸福生活奠基”的育人理念，全面贯彻党的教育方针，全面实施素质教育，努力培育多元、和谐的育人文化生态，不断提升办学效益。学校的教育教学质量得到社会、家长和教育行政部门的充分肯定和广泛认可，学校教育成果显著，影响较大。中央电视台、中国教育报、浙江教育信息报等媒体 50 余次报道学校教育成果及和谐校园创新举措。

案例正文

一、教学材料与学情分析

阅读教学材料是人教版小学语文教材四年级下册第七组第 25 课《两个铁球同时着地》。

第七单元选编了精读课文《两个铁球同时着地》《鱼游到了纸上》，略读课文《全神贯注》《父亲的菜园》。从伟大的科学家、艺术家到残疾人、普通人，课文中这些人物的身上都具有一种执着专注、不懈追求的精神。

《两个铁球同时着地》是第七单元的第一篇文章，“想要成功，就该有明确的目标，并进行坚持不懈的追求”是本单元的主题。本篇文章讲述的是意大利科学家伽利略在追求真理的过程中承受着巨大的压力，勇敢挑战人人信奉的哲学家亚里士多德的一句话，并经过反复求证和公开试验，用事实捍卫了真理。从文本价值上说，课文赞扬了伽利略不迷信权威的独立人格和执着追求真理的精神，是教育学生尊重权威但不能盲从以及培养学生创新意识的好教材。从文章表达上看，主要有两个突出特点：一是通过从质疑、求证到公开试验这样的具体事例来表现人物品质；二是通过环境或侧面描写来烘托人物，这些理应成为学生语言学习的重要资源。所以，教学这篇课文，立足学习文本写作特点的同时感悟文章所要表达的价值取向，实现人文性和工具性的和谐统一。

通过以往的学习，四年级的学生已经掌握了学习生字、理解词语的方法，已具有较强的独立识字及预习课文的能力，能够将默读与思考有机结合，把握课文的主要内容。因此，教学要更加放手，注重引导学生体会文章的思想感情，领悟作者的表达方法。

二、教学设计与课堂实施

《义务教育语文课程标准（2011 年版）》指出：学生是学习的主体。语文课程必须根据学生身心发展和语文学习的特点，爱护学生的好奇心、求知欲，鼓励自主阅读、自由表达，充分激发他们的问题意识和进取精神，关注个体差异和不同的学习需求，积极倡导自主、合作、探究的学习方式。教学中，老师要做学生思维的激活者、情感的激发者、学习的引导者，以问题解决为主线，以学生读、说、议、写，去代替教师单一的讲授，把探究获取知识的主动权还给学生，使学生在自主、合作、探究的学习中主动发展。

恰当地选择教学方法，至关重要。教学有法，但教无定法，教学方法的选择应根据教学内容和学生实际情况出发。在教学中，教师作为学习的组织者，引导者，要充分考虑学生学习的起点，基于学生的问题精心设计多种语文实践活动，注重听、说、读、写相互联系，注重与生活联系，注重三维目标的融合，创设自主、合作的学习方式，让学生自主阅读，通过对课文重点句段的感悟、理解、品味、积累、运用，使学生得到思想的启迪、思维的发展，树立正确的价值观、人生观。

（一）猜一猜，揭示课题

1. 根据信息，猜猜他们是谁？

地心引力的发现者—— 电灯的发明者—— 放射性元素镭的发现者——

有什么发现？（都是科学家）

2. 直接揭题：这节课让我们一起来认识一位伟大的科学家。齐读课题。指导读好多音字“着”（zháo）。

（二）练一练，反馈预习

1. 易错字反馈。

出示学生预习中认为难写的生字，抓住易错部位识记生字。

辩论家、解释、固执

（1）理解“辩论家”的意思。

（2）选词填空。

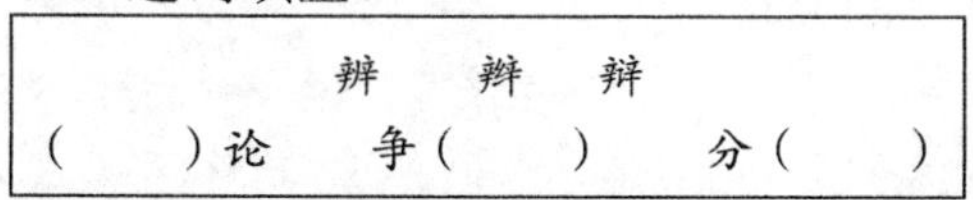

辨　辫　辩

（　　）论　　争（　　）　　分（　　）

根据中间的形旁所提示的意思，来辨析这三个字。

2. 当堂听写（由学生报听写），同桌互改。

3. 反馈预习中学生提出的问题，并根据问题梳理课文主要内容。

根据执教班级学生提出的问题罗列如下：

①为什么大家这么信奉两千多年前的希腊哲学家亚里士多德呢？（15人）
②为什么人们会盲目地相信亚里士多德？（2人）
③为什么亚里士多德的话不容更改？（3人）
④伽利略的疑问是怎样产生的？（8人）
⑤伽利略为什么要进行公开试验？（4人）

（1）梳理合并相似问题（①②③合并为①）；

（2）带着这些问题再次读课文，注意把课文读正确、通顺；

（3）根据问题⑤的解疑，相机板书：疑问、试验、结论；

（4）借助板书试着概括课文的主要内容（学生自由练说—指名说—教师指导、评议）。

这节课我们就先来重点解决同学们疑问最多的①③这两个问题。

（三）读一读，了解背景

1. 从文中哪儿获取到人们非常信奉亚里士多德？

2. 全班交流，出示第二自然段。

那时候，研究科学的人都信奉亚里士多德，把这位两千多年前的希腊哲学家的话当作不容更改的真理。谁要是怀疑亚里士多德，人们就会责备他：你是什么意思？难道要违背人类的真理吗？

（1）自由地读读这一段，如果让你摘录这段话中的一个词来概括亚里士多德在当时人们心中的地位你会选择哪个词，说说你的理由。（预设：信奉、真理、不容更改等词）

学生自学—同桌交流—全班分享，感受亚里士多德在人们心中的地位。

（2）补充亚里士多德的简介。

他是世界古代史上最伟大的哲学家、科学家和教育家之一，曾被称为是古希腊哲学家中最博学的人物。他是一位百科全书式的科学家，他几乎对每个学科都做出过贡献。据说有四百到一千部著作。他是欧洲历史上最伟大的四大军事统帅之首亚历山大的老师。

此时，如果亚里士多德就站在你面前，你想对他说什么？

（3）创设情境引读第二段。

难怪人们会如此信奉他，认为他就是人类的真理，无论谁要是怀疑他，人们就会责备他——（生读），甚至会责骂他——（生读）。

然而在两千年以后，却有一个年轻人，对他曾经说过的哪句话产生了疑问？这个年轻人就是——指名板书：伽利略（关注“略”的书写）。

（四）说一说，体会品质

1. 自己轻声地读读亚里士多德的话，你们明白他说的意思吗？

2. 练习检测，选字填空。

轻 重 快 慢
两个铁球，一个10磅重，一个1磅重，同时从高处落下来，10磅重的落得（ ），1磅重的落得（ ）。也就是说（ ）的落得快，（ ）的落得慢。

3. 创设情境，体会伽利略产生疑问的心理过程。

亚里士多德的话就像真理，传遍了整个科学界，人们坚信——（引读：两个铁球，一个10磅重，一个1磅重，同时从高处落下来，10磅重的一定先着地，速度是1磅重的10倍）。

这句话一代又一代地传下来，一直被传了两千多年。有一天，伽利略也读到了这句话，谁来当伽利略来读一读。（指名读）

伽利略读着读着，你还那么肯定他说的是对的吗？你有疑惑吗？

带着你的不肯定，带着你的疑惑，再来读读。

4. 那伽利略的疑问又是怎样产生的呢？仔细默读这段话，读明白了就把手举起来。

（1）全班交流。你们就像伽利略一样，默默地思考着，你们发现亚里士多德说的这句话中有什么问题吗？这还仅仅只是伽利略的一种推测，所以文中用了“如果”。

（2）体会伽利略敢于提问，创设情景对话。

师：伽利略越想越觉得亚里士多德的话是错的，当他这样想着的时候，却有一个强烈的声音一直在他耳畔回响。他仿佛听到那些亚里士多德的拥护者说——

生：你想违背人类的真理吗？

师：伽利略你犹豫了吗？你还是放弃吧，怀疑真理，你知道是什么后果吗？

生：放弃！

（3）创设情境，复述中进一步理解伽利略思考的过程。

他越想越觉得自己的想法有道理，终于有一天，他把自己的疑问说给他的学生们听。

出示：

两个铁球，一个10磅重，一个1磅重，如果两个铁球拴在一起，那么（ ）。如果把拴在一起的铁球看成一个整体，那么（ ）。这样从一个事实中却得出了两个相反的结论，这怎么解释呢？

自由练说—指名上台演示讲解—其他学生可以向这个同学提问—同桌互相说一说。

（五）想一想，延伸课后

1. 出示学习单上的其他未解的疑问，激发课外的自我探究和对下节课的期待。

2. 继续完善信息表，对你感兴趣的人物再进一步了解。根据收集到的资料，抓住重点词摘录下来。

三、案例分析与同行评议

（一）教学思路

1. 反馈预习，了解学情

《义务教育语文课程标准（2011 年版）》指出：学生是学习的主体，教师是教学的

组织者。基于四年级下学期的学生已经较好地养成了预习的习惯的学情，开课伊始，检查预习，设计易错字盘点、形近字辨析等形式，面向全体学生，关注个体差异，教师在学生学习活动过程中相机指导学生抓易写错的部件来记忆字形，引导学生抓住表意部件来区分形近字。这样既授之以鱼，又授之以渔，让学生在以后的字词自学中能得以举一反三地运用。接下来进行当堂听写，及时巩固之前的教学，又让学生自己了解到对字词的掌握情况，做到查漏补缺，提高学习的效率。这一学习活动中，学生报听写，生生互评，既落实了写字要求，达成书写端正、美观的楷体字的教学目标，又充分体现了学生是课堂的主人，是学习的主体。

2. 质疑问难，梳理问题

《义务教育语文课程标准（2011 年版）》第二学段阅读目标指出：能对课文中不理解的地方提出疑问。古代教育学家朱熹也曾说：读书始读，未知有疑。其次则渐渐有疑，中则常常有疑。过了这一番以后，疑渐渐解，以致融会贯通，都无所疑，方始是学。因此，在学习中教师要注重培养学生质疑问难的能力，为了达成这一目标，在本教学案例中，执教者设计了以下几个层次的教学：第一，在预习中记录下疑问；第二，在反馈中师生梳理合并相似问题；第三，带着问题再读课文；第四，围绕关键问题的解决展开学习；第五，带着未解决的问题延伸到课外，利用人物信息表这一载体，引导学生进一步进行课外阅读，完善对人物的认识。学贵有疑，学生在不断解惑中充满着对学习的期待、探索。

3. 整体感知，学习概括

对于四年级下学期的学生而言，在前面的学习中已经接触到一些概括课文主要内容的方法，并有一定的概括能力。根据本文的特点，教学中引导学生从自己提出的问题中寻找事情发展中的关键事件提炼关键词，并借助关键词来尝试概括课文主要内容。语文的学习，不仅要关注学生“语感”的培养，更要注重培养学生的“文感”。因此，在学生初步概括课文内容之后，在本教学案例中，执教者又出示了二年级下册《动手做做看》、三年级上册《科里亚的木匣》，让学生比较、发现文章结构上的相似点，即“事例 + 启示”，无形中让学生了解了本文的构篇形式，又为进一步完善主要内容的概括做铺垫。接着又引导学生快速浏览本组其他几篇文章，发现有异曲同工之处。然后归纳这类文章主要内容概括上的方法：事例的概括加上受到的启示。最后，学生在原有概括的基础上，进一步完善。教材无非是一个例子，通过以上教学，展开学习的过程，注重知识的联系，力图达成课标第二学段提出的“能初步把握课文主要内容”这一目标。

4. 问题主线，探究学习

以学生课前提出的最多的两个疑问（①为什么大家这么信奉两千多年前的希腊哲学家亚里士多德？②伽利略的疑问是怎样产生的？）作为主线展开学习，充分了解了学生的学情，把“要我学”变成了“我要学”，激发了学生学习探究的主动性。第一个问题指向故事的时代背景，此问题的解决为体会伽利略的人物品质起着重要作用。第二个问题正是本文学习的难点。因此，以这两个问题为主线的教学是紧紧围绕重难点展开的。

第一个问题的解疑主要是围绕第二自然段的学习展开的。首先，学生自由朗读

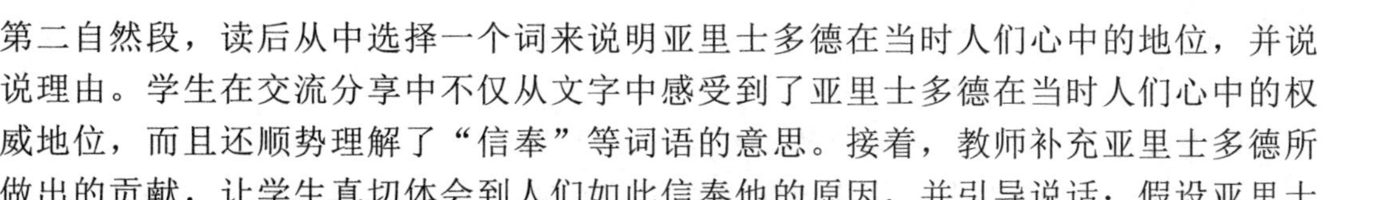

第二自然段，读后从中选择一个词来说明亚里士多德在当时人们心中的地位，并说说理由。学生在交流分享中不仅从文字中感受到了亚里士多德在当时人们心中的权威地位，而且还顺势理解了“信奉”等词语的意思。接着，教师补充亚里士多德所做出的贡献，让学生真切体会到人们如此信奉他的原因，并引导说话：假设亚里士多德就站在你面前，你想对他说什么？于是亚里士多德高大的人物形象跃然纸上，指导学生读出此段中责备的语气，以及伽利略在进行公开试验时人们嘲笑的语气就水到渠成了。

《义务教育语文课程标准（2011 年版）》指出：阅读教学应该引导学生钻研文本。崔峦老师也曾指出：中段教学要重视段的教学。第三自然段涉及物理知识，理解内容是学生学习的一个难点。突破难点的方法，还是给予学生时间反复地读文，学生与文本进行对话，默读，边读边思考，边读边写感受。在本教学案例中，执教者通过以下的学习活动来达成第二个问题的学习：第一，轻声读亚里士多德的话，通过选择填空检测对内容的理解。第二，创设情景，以读代讲，体会伽利略产生疑问的心理过程。第三，抓住“一个事实”和“两个相反的结论”，探究交流亚里士多德话中的矛盾。第四，创设情景对话。伽利略越想越觉得亚里士多德的话是错的，当他这样想着的时候，却有一个强烈的声音一直在他耳畔回响。他仿佛听到那些亚里士多德的拥护者说：你想违背人类的真理吗？伽利略你放弃吗？你看到了一个怎样的伽利略？把体会用关键词记录到伽利略的人物信息表“人物评价”一栏中。第五，尝试复述，指名上台演示讲解，进一步理解伽利略思考的过程。这一板块的教学主要采用以读代讲，利用角色转换，营造对话的话题，紧紧围绕“语言学习”这个核心，引导学生经历语言学习的过程，在学习语言的同时，感受伽利略宁可牺牲自己也要追求真理的精神境界，促进了工具性与人文性的统一。

5. 关照语境，关注写法

阅读教学尤为重要的是培养学生的语感和整体把握的能力。学完课文，教师质疑：课文既然是写伽利略，课文第二自然段与伽利略无关，可否去掉？这一问，激起学生对前后语境的关照。学生在讨论交流中，体会到写第二自然段环境描写是为了更好地烘托出显伽利略敢于挑战权威独立人格的品质，帮助学生学习积累写人物品质的方法，从而为本单元写人的习作做好读写结合的准备。

总之，在本教学案例中，执教者紧紧抓住文本的特点，让学生充分发挥自己学习的主动性，力图让语文教学“味正情浓”。正像叶老说的：既要有语感的敏锐，既要从语言文字去揣摩，又应把生活经验联系到语言文字上，使学生的学习能力得到提高，语言学习得到增量，思维得到启迪，情感得到熏陶，这是语文教学追求的一种美好的境界，也是我们努力追求的目标。

（二）教学特点

《两个铁球同时着地》是人教版四年级下册第七组第一篇课文。这组课文是一组写人的文章，都是讲述人们通过努力获得成功的故事。这篇文章既是写人的，又带有科普

性质，语言朴实，叙事简洁。王虹老师执教的第一课时，教学扎实、高效、灵动。在以下几个方面做得特别出色。

1. 基于学情：充分考虑学生的学习起点展开教学

学习起点是指学生从事新内容学习的知识基础、生活经验和情感体验等方面的已有储备。学习起点，是有效教学的关键，教师只有把握了学习起点，了解了学生的真实起点，从学生现有的水平出发，展开有针对性的教学活动，语文教学才能真正成为有效教学。

在本教学案例中，执教者基于学生已经预习过课文的学习起点，在揭示课题后，首先直接呈现学生预习中大部分人所提出的难写的字“辩论家”“解释”“固执”，然后对其中特别容易出错的“辨”字进行辨析，再和学生小结学习难写字词的方法，就是抓住一个字中特别容易出错的地方重点识记，之后马上听写。对于学生通过自己的学习能够学会的生字，课堂上不再讲，学生觉得难写的、易错的就是教学重点。这样的教学方式就不是把学生定位在零起点来学习，而是真正把教学时间用在学生需要学的内容上。

2. 活动中心：以学习活动为载体提升学生的语文素养

学习活动是指在教师的指导下，学生在课堂上充分占有时间，进行有形式、有内容的学习语言、习得技能、发展智能、训练思维的实践过程。在本教学案例中，执教者借助听、说、读、写充分展开了学生语言实践的过程。

例如，让学生借助板书概括课文主要内容；以选词填空的形式让学生辨析“辨”“辫”“辩”三个字；以选字填空的形式理解亚里士多德说的话；在学生充分了解伽利略的所作所为时，让学生抓关键词对人物进行评价。

又如，文章中伽利略的思考过程这一段话是一段很有条理，逻辑性很强的话，说得清楚又简洁。学生平常的语言中无法做到这样规范，在本教学案例中，王老师充分抓住这一段文字，展开学习活动。她先让学生找一找亚里士多德话中的问题，再演示同一个试验两种不一样的结论，最后创设情境，让学生说一说伽利略的思考过程，那么，学生就在理解的基础上和这种规范的语言有了充分的接触。这种规范的语言也就积累在学生的脑海中了。

以上这些学习活动的展开都让学生充分置身在语言实践中，学生的语文能力也在实践中得到提升。

3. 以生为本：充分体现儿童为本的教学理念

以学生的发展为本是新课标的核心理念，面向全体学生，关注每一位学生；因材施教，注重每一位学生的成长，发展每一位学生的个性。语文课堂自然应将促进学生的发展作为出发点和归宿，它应该成为学生“自主、合作、探究”学习的主阵地，使每一位学生都能在语文学习中主动、自觉地进入丰富多彩的语文天地，感受语文的魅力，享受语文的乐趣。

在本教学案例，王老师这堂课的教学围绕学生预习中提出的问题展开，王老师展示了学生提问比较多的四个问题，进行梳理归类后，带着这些问题进入学习，这样让学生学习的目的性更强，之后的学习就是围绕着学生提出的问题展开，真正做到了从学生的需要出发，做到了以学定教，顺学而导，这就是以生为本教学理念的体现。当学生出现“试验”和“实验”不分的时候，王老师马上抓住这个生成的教学点展开辨析，真正体现了王老师的教就是为学生的学服务。

判断一堂语文课优劣最重要的标准就是学生是否在课堂上有语言的发展、能力的提升。纵观这堂课，我们可以看到学生学有所乐，学有所获，所以，这是一堂优秀的语文课。

（三）案例价值

1. 以对话为手段，关注学生的全面发展

以学生的发展为本是新课标的核心理念，面向全体学生，关注每一位学生；因材施教，注重每一位学生的成长，发展每一位学生的个性。语文课堂自然应以“平等对话”为手段，将促进学生的发展作为出发点和归宿，它应该成为学生“自主、合作、探究”学习的主阵地，使每一位学生都能在语文学习中主动、自觉地进入丰富多彩和语文天地，感受语文的魅力，享受语文的乐趣，体验学习语文的成功，发展自己的个性，完善独立的人格，提高核心素养。

2. 以活动为载体，提升学生的语文素养

学习活动是指在教师的指导下，学生在课堂上充分占有时间，进行有形式、有内容的学习语言、习得技能、发展智能、训练思维的实践过程。也就是，课堂教学要以学生的发展为中心目标，充分让学生活起来，动起来。

结语

阅读是一种通过语言媒介来理解文本、接受信息、体验感悟和获得美感的过程。从建构主义角度讲，阅读即建构文本意义和建构自我（精神）世界的过程。阅读教学是在教师指导下的学生自主的阅读实践活动。学生在阅读活动中具有自主性、独立性，教师则起引导、点拨的作用。教师不能用自己的分析讲解代替学生的阅读实践。本案例课文来自《两个铁球同时着地》。执教者王老师是浙江省温州市蒲鞋市小学高级教师。王老师在《两个铁球同时着地》教学中基于学情，从预习中反馈信息，在教学中提出各类问题，开展多种活动，充分互动，落实语言训练；而且通过教学语言、肢体语言、教学板书、多媒体课件等媒介进行立体表达，能激发学生学习语文的兴趣，培养学生学习语文的良好习惯，提高学生语文学习的能力，教学效果较好。

案例思考题

（1）语文课既要学语言又要学言语，本案例是否强调了言语的学习？

（2）语文课既要学言语形式又要学言语内容，本案例是否强调了言语形式的学习？

（3）语文课既要学口头言语又要学书面言语，本案例是否强调了口头言语的学习？

（4）语文课既要学语言又要学文章，既要培养语感又要培养文感，本案例是否强调了文感培养？

（5）语文课是人文学科，在强调工具性的同时要强调人文性，本案例是否强调了人文性？

案例使用说明

1. 适用对象

本案例课文来自人教版小学语文四年级下册第七组第25课《两个铁球同时着地》。执教者是浙江省温州市蒲鞋市小学的高级教师。执教者不是特级教师、名师，教法较为传统，创新性不够，本案例适合初学者学习。

本案例适用于小学教育专业、教师教育相关专业的研究生或本科生，以及小学语文教师的专业培训。适用课程包括《小学语文课程与教材研究》《小学语文教学设计与实施》《教学设计》《课程与教学论》《教学技能》等相关章节。

2. 教学目的

（1）通过抓易错部件重点指导写“辩、释、执”等生字，能辨析形近字“辩、辨、辫”。能正确、流利地读通课文，有感情地朗读“人们责备”的话。

（2）初步学习抓关键词概括课文主要内容，借助已学类似结构的文章，完善课文主要内容的概括。

（3）在学习中能提出疑问，依托问题的解决，了解故事背景。通过还原情境，帮助学生理解伽利略产生疑问的思维过程，感受伽利略敢于质疑、善于思考的品质。

（4）利用人物信息表，在阅读中记录阅读体会，通过补充人物信息，激发学生课后对人物的进一步了解。

3. 要点提示

（1）相关理论：教学设计、语文课程与教学、阅读教学、对话论。

（2）关键知识点：阅读、人物故事、记叙、语言描写。

（3）关键能力：研读教材的能力、学情分析的能力、教学设计的能力、教学实施的能力。

（4）案例分析思路。

这是一个较为成功的典型的教学案例。案例展示的是《两个铁球同时着地》的第一课时。教学过程大致分为五个步骤：一是游戏导入；二是吟读课题；三是读辨字词；四是提出问题，对话讨论；五是朗读课文，研习文本。从整体上看，教序清楚，内容丰富，互动充分，效果明显。

①表达立体，基本功扎实。执教者教学基本功过硬，书写端正，PPT 制作精美，语音准确，教学具使用恰当，教态自然。板书、课件、教具、语言四位一体，结合自然，形成立体表达态势，教学效果较好。

②内容充实，重难点突出。整个课堂既有语言学习，又有文章学习，兼顾语感培养和文感培养。从落实字词学习到朗读、文本理解到学生语言表达，都较为充分。从课堂看，能梳理出课文四个层次：简介伽利略（爱质疑，善辩论）；时代崇拜亚里士多德；伽利略质疑亚里士多德的话；伽利略试验（先试后验）成功。

③气氛活跃，节奏适中。课堂反馈渠道通畅，学生发言积极，课堂学习氛围好，节奏快慢适中，适合学生。

但是美中不足的是教法较为传统，创新不够；教者激情不足。

4. 教学建议

本案例从教学方法看，执教者大致使用了三种方法：第一，对话法，提问、谈话、讨论较为充分；第二，活动法，能让学生动手做试验、模拟、填表，学生实践时间充足；第三，电教法，运用现代信息技术与语文教学整合，PPT 优美，有音频，有视频，形象生动。

鉴于本案例教法较为传统、创新不够、教者激情不足等方面的缺陷，我们建议：在教学设计时要考虑创新、创意，创造性地解读课文，巧妙地安排教学程序；执教者加大音量，激发热情，增强感染力，提高教学效率。

5. 推荐阅读

（1）王松泉. 阅读教育学[M]. 沈阳：辽宁大学出版社，2001.
（2）孙建锋. 小学语文：享受对话教学[M]. 重庆：西南大学出版社，2009.
（3）李吉林. 小学语文情境教学[M]. 南京：江苏教育出版社，1996.
（4）江平. 小学语文课程与教学论[M]. 北京：高等教育出版社，2007.
（5）彭小明. 小学语文课程与教学论[M]. 北京：科学出版社，2013.
（6）倪文锦. 小学语文新课程教学法[M]. 北京：高等教育出版社，2003.
（7）叶圣陶. 叶圣陶语文教育论集[M]. 北京：教育科学出版社，1980.

附　　录

一、教学实录整理

《两个铁球同时着地》课堂实录

（执教教师：浙江省温州市蒲鞋市小学　王　虹）

（一）猜一猜，揭示课题

1. 根据信息，猜猜他们是谁

师：猜一猜，他是谁？如果猜到了，马上叫出来好不好？第一题——（幻灯片呈现“地心引力的发现者——”）

生：牛顿！

师：这边很快，不用举手，马上说。（幻灯片呈现“电灯的发明者——”）

生：爱迪生！

师：太快了！是谁？

生：爱迪生！

师：对，第三个有点难度哦！（幻灯片呈现“镭的发现者——”）

（学生声音变弱，有个孩子说“居里夫人”）

师：那个男孩子太厉害了。对！居里夫人。有没有发现，这些我们猜的都是——？

生：名人。

2. 直接揭题

师：科学家，名人，对的！今天这节课我们来认识一位科学家，走进他的一个故事，我们一起来读读课题！

生：两个铁球同时着地！

师：课题中这个字（着）是个多音字，你们读得特别好，我们再来读一读！

（学生再读）

（二）练一练，反馈预习

1. 易错字反馈

师：课前我们都已经预习过课文，你们在预习过程当中遇到了这三个词，特别容易写错，我们先来读一读。

生：辩论家，解释，固执。

师：最后一个字，在课文中它读 zhí，连起来的时候我们可以读轻声，怎么读？谁来读一读？

生 1：固执（zhi）。

师：很好听！学着她的样子，一起来！

生：（齐读）固执。

师：好，我们先来看排行榜老大“辩论家”，你知道什么是“辩论家”吗？

生2：我觉得是法庭里那种维护他们，去反击这不是我的错或者这不是我们的错的人！

师：看来她已经关注到这个人很会——

生：会说。

师：很会说，口才特别好，所以“辩”字中间是一个？

生：言（言字旁）。

师：跟它很像，还有两个兄弟，你能不能辨清他们呢？会的请举手！（幻灯片出示选词填空，辩、辨、辫三个字，（ ）认，争（ ），（ ）子）

生3：“辨认”的“辨”是第二个“辨”。

师：好，换一个人，你来！

生4：“争辩”的“辩”是第一个“辩”。

师：好，最后一个，不用说了，是——

生：“辫子”的“辫”！

师：哎？我就很纳闷了，这些字长得那么像，你们怎么一下子就把他们辨得那么清楚了？你们根据什么来辨？

生5：我就拿最后一个词语来解释，它里面是一个绞丝旁，辫子就是我们的头发，头发是一根一根的，很像丝绸，所以里面是绞丝旁。

师：以此推理，其他几个字我们都可以根据它们中间的部分猜到它的意思，这样就把它们搞清楚了，对不对？那么难写易错的字，老师教给你们一个办法，我们可以抓住这些字当中特别容易写错的这个部分，是不是就很容易把它们记住了？记一记！敢不敢马上挑战一下？

生：敢！

2. 当堂听写（由学生报听写），同桌互改

师：马上听写这三个词！拿起你的笔，答我们刚才这张纸上的第一题。谁来当老师？第一个词你想报哪个？你来！

生1：解释。

师：来，写下来。注意一下写字姿势啊！嗯，这个女孩子的后背挺得特别直！

（教师在教室内走动，观察学生的写字情况）

师：这个女孩子的握笔姿势太漂亮了，很标准。

师：你已经写好了？真快！第二个词，谁来？

生2：辩论。

师：（等待，观察学生的写字情况）我们班同学的字写得真漂亮！最后一个词就不用报了，你们肯定知道是什么，对吧？写下来。

师：写完了，马上跟你的同桌校对一下，如果他全写对了，就给他打上一颗星，如果字又很漂亮，再给他添一颗。

师：这个字真漂亮！有些组的孩子，校对的也特别快，好了，还有那边几个孩子已经做好告诉我，他们已经好了。如果有错马上在旁边订正一下！好了是吗？

（大部分学生已经举手示意完成）

3. 反馈预习中学生提出的问题，并根据问题梳理课文主要内容

师：我们班的同学字写得好，又写得对，也很会提问题，我们来看看，这是你们在预习当中提得特别多的一些问题，快速浏览一下，哪些问题它们的提法不一样，但是它们所表达的意思是差不多的？

（幻灯片呈现五个问题）

师：有一个同学发现了，看出来了吗？哪几个问题？

生1：第一个问题、第二个问题和第三个。

师：他们意思是不是差不多？那我们就把它去掉一些。（把幻灯片中第二第三个问题去掉）好，那么还剩这么几个问题，我们这节课先带着这些问题，打开书，读一读课文，注意把课文读正确，读通顺，明白了吗？自己读自己的，带着这些问题进行思考。好，开始。

（学生开始读课文，非常投入，教师走动观察，和个别学生交流）

师：自己读自己的。你可以快一点就快一点，根据自己的节奏来读。

后背挺起来！今天表现得很好！把书拿好一点，对，两只手！读完了吗？读得很快，再思考一下刚才的问题。

师：声音渐渐轻了，我看很多同学都已经读了一遍了，是吗？读了课文，这篇课文主要讲谁？

生：伽利略！

师：（在黑板上写“伽利略”）注意一下这个“伽”字，它是带有——？

生：单人旁。

师：对！带有单人旁的。“略”是我们今天要写的生字，注意一下他左边是什么旁？

生：田字旁！

师：“略”原来是指割分土地，所以左边是田字旁。这些是你们提的问题，提的问题里面又提示我们很多的信息。你们来看下面两个问题，你能不能抓住其中的关键词来说说，伽利略做了什么？第四个问题，伽利略做了什么？我们可以提取到什么信息？（有学生开始举手）

生2：伽利略产生了疑问，这里可以看出他爱多动脑。

师：你产生疑问了吧？（板书“产生疑问”）那思考一下，下一个我们又可以怎么提炼？抓住什么词？伽利略做了什么？

生：公开试验。

师：对，公开试验。（板书“公开试验“）那你能不能借助老师黑板上的这些关键词，来说一说这篇课文讲了一件什么事吗？自己先练着说一说，试试看。

可以声音放开一些，没有关系。那个女孩子说得真起劲！

好，谁愿意先来试一试？就一个女孩子？其他同学没有关系，说错了我们可以帮助。

好，你来！我给你个机会来当老师。（两个孩子都站起来）你也举手了，是吗？那请你来说一说。（对另一个孩子说）等会儿你可以进行指导，好吗？

生 3：我觉得这篇课文主要讲了伽利略对亚里士多德的话产生了疑问，然后反复做了许多次实验，最后在比萨斜塔上公开做了实验，改变了亚里士多德的话。

师：好，刚才你在说的时候说到了这个词（板书“实验”），我们来看一看“试验”和“实验”有什么区别？先来看看“试验”，这个词侧重说什么？你自己来说。

生 3：我觉得这个“试验”它的意思是尝试。

师：尝试，说明结果知不知道？

生：不知道。

师：不知道，而“实验”往往我们已经知道了结果，试验的时候有可能会带来一些危险，因为我们不知道结果，是吧？那课文当中是用的哪个词？

生：试验！

师：刚才你说的不错，来！小老师，你来评判一下他说的。

生 4：我觉得这个同学说得很好，她把各个方面都说到点上了。

师：那我们把掌声送给这个孩子，也送给那个小老师，她点评得也特别棒！你们都会说吗？对你的同桌再来说说，放声地说一说！

（三）聚焦问题一，了解故事背景

1. 从文中哪儿获取到人们非常信奉亚里士多德

师：这节课我们先来解决前两个你们提得特别多的问题，先来看第一个问题，好不好？大家那么信奉亚里士多德，课文哪一段就写了这个部分的内容？

生 12：第二自然段。

师：来，自己来轻声地读一读。如果让你找到一个词摘录下来，代表亚里士多德在人们心目当中的地位，你会选择哪一个词？你可以把他圈出来。

2. 全班交流

师：跟你的同桌分享一下，说说你自己的理由。（教师在教室中走动观察，与一个孩子单独交流）你选择的是什么？

生 12：“不容更改”。

师：好，想想你的理由。

师：你选择的什么词？

生 13：我觉得是“信奉”，然后是“不容更改”。我觉得“信奉”是信服的意思，就是很相信他。

师：可以啊，我们来分享一下，好不好？来，那位女孩子！

生 13：“责备”这个词。

师：说说你的理由。

生 13：因为如果他们不把这个话当成不容更改的真理的话，那人们就不会去责备他，说他不好，而是不理他。

师：你看理由充分就可以，还有不一样的吗？你来。

生 14：我觉得是“不容更改”，如果他的话可以更改，在人们的心中就不是真理了。

师：你看他也有自己的充分理由，很棒！

生 15：我觉得应该是“人类的真理”，人们都把他的话信奉为人类的真理，难道还不是很崇拜他吗？

生 16：我感觉是“信奉”，“信奉”的意思是信服，也就是很相信的样子。

师：相信到什么样的程度？

生：“不容更改”。

师：“不容更改”的真理，也就是说，亚里士多德在他们的心中就等同于——？

（学生中有说“上帝”，有说“真理”）

师：等同于上帝，等同于真理，等同于神这样的地位。同学们都提到为什么会这样？我们来了解一下。（幻灯片出现亚里士多德的介绍）

师：下面在窃窃私语，这个时候你有什么样的感觉？此时，假如我就是亚里士多德，你想对我说些什么？可以不举手，站起来就说。

生 1：亚里士多德，你真是一位太出色的大哲学家了，你为人类做出那么多的贡献，我真的有种把你的话视为不容更改的真理的感觉！

师：谢谢，谢谢！

生 2：如果你是亚里士多德的话，我会对你说，亚里士多德，我太佩服你了，你居然能做到百科全书式的科学家！我的记忆力——小孩子的记忆力都不可能做到这样，更何况是大人了！你太厉害了！

师：还有谁想说？只管站起来！最后一个机会了，有没有男孩子想把握一下？

生 3：如果你是亚里士多德，我会想对你说，你对科学做出了很大贡献，让我非常敬佩，你对科学也有一种认真的态度，可是我认为你应该多进行试验，让自己的话变得更加的正确。

师：其实我说了很多，也做了很多，你看到了。阅读过他的资料以后，你就知道人们当时对他的信奉有没有夸大其词。

生：没有。

师：没有。确实就是人们心目当中的那个真理，那个神，难怪如果有人怀疑他，人们就会责怪他，甚至有可能人们还会责骂他——？

生：是什么意思？难道要违背人类的真理吗？

师：可是就有一个人，他 25 岁就已经是年轻的数学家。是谁？

生：伽利略。

（四）聚焦第二问题，体会伽利略善于思考的品质

1. 自己读亚里士多德的话

师：伽利略就对亚里士多德曾经说过的哪句话产生了他的疑问？

生 1：亚里士多德曾经说过，两个铁球，一个 10 磅重，一个 1 磅重，同时从高处落下来，10 磅重的那个先落下来，速度是 1 磅重的那个的 10 倍。

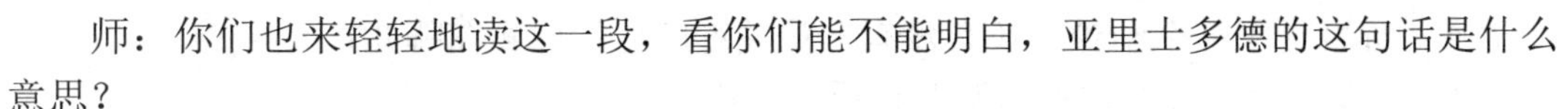

师：你们也来轻轻地读这一段，看你们能不能明白，亚里士多德的这句话是什么意思？

（学生认真读）

师：你都读懂了吗？好，来看看，你们是不是真的都读懂了？跟你的同桌说一说。（出示幻灯片选字填空）

2. 练习检测

师：好，哪位亚里士多德的学生来说一说？

生 1：两个铁球，一个 10 磅重，一个 1 磅重，同时从高处落下来，10 磅重的落得快，1 磅重的落得慢。也就是说，重的落得快，轻的落得慢。

师：对吗？

生：对。

师：看来啊，你们真的是他的好学生，都已经明白他的意思。那他这句话实质上就向我们强调了，重的落得快，轻的落得慢。这句话在科学界传遍了，所有他的学生、他的拥护者，还有那些科学家们全部坚信“重的落得快，轻的落得慢”。这句话呀，伽利略他也读到了。

3. 创设情境，体会伽利略产生疑问的心理过程

师：谁愿意来当一下小伽利略，也来读读这句话。

生 1：两个铁球，一个 10 磅重，一个 1 磅重。同时从高处落下来，10 磅重的一定先着地，速度是 1 磅重的 10 倍。

师：伽利略，你只读过一次吗？

生 1：读过成百上千次。

师：哎哟，读着读着，你在脑海里还那么坚信吗？不那么坚信了，是吧？那你再读读看。

生 1：两个铁球，一个 10 磅重，一个 1 磅重，同时从高处落下来，10 磅重的一定先着地，速度是 1 磅重的 10 倍吗？

师：10 倍吗？你看这个问题在他的脑海里产生了疑问，那伽利略他又是怎么想的呢？他的疑问又是怎么产生的呢？

4. 伽利略的疑问又是怎样产生的

（1）全班交流。

师：请你们默读这个部分，拿起你的笔，可以找到相关你觉得比较重要的信息，把它画出来，看看亚里士多德的话当中到底有没有问题？

今天我们班的女生特别的积极，男生加加油！抓住关键信息把它画出来，你觉得，亚里士多德的话当中有什么问题吗？如果你找好了可以举手示意一下老师。（教师四处走动，观察，与学生有个别对话）

师：谁来当一下“小伽利略“？来说说你刚才在读亚里士多德的话时，找到了什么问题？你来试试。

生 1：如果两个铁球拴在一起，落得慢的就会把 10 磅重的弄得落得慢了。

师：你发现了一个结论，还有没有，最关键的他的问题在哪儿？

生2：从一个事实中却得出两个相反的结论。

师：她关注到了这一段的最后一句，“一个事实当中得出两个相反的结论”。那“一个事实”是什么？

生：亚里士多德的话。

师：对，就是亚里士多德说的话，也就是他说的重的落得快，轻的落得慢。那“两个结论”呢？

师：是不是这两个结论？（幻灯片展示）这两个结论是相反的，也就是，互相矛盾的。这怎么解释呢？那我们先来看看第一个结论，老师给你个道具，试试看，你能不能假设一下？第一个结论，他怎么来演示的呢？谁愿意来当一下伽利略？那个男孩子你来吧？下面的可要看仔细喽！

生3：（演示）10磅重的和1磅重的拴在一起，看成一个整体，就应该比这个1磅重的落得快。

师：清楚了吗？有没有要补充？

生3：1磅重的既然比10磅重的落得慢，那么这个就能拴住10磅重的。

师：他说的是哪一个？

生：第一个。

生4：所以速度就会慢。

师：那第二个呢？

生4：第二个，如果把它们拴在一起，速度就会……

师：当成一个什么？

生4：当成一个整体，速度就会比10磅重的落得快。

师：是这个意思吗？听明白了吗？

生：明白了。

（2）体会伽利略敢于提问。

师：这两个孩子真不错！谢谢！伽利略也是像你们刚才一样在那里想，他越想越觉得自己是正确的。可是，就在他这样想着的时候，他的耳畔一直有个很强烈的声音，那个声音来自那些拥护亚里士多德的人，你仿佛听到他们在说什么？

生1：我会听到两个声音，第一个是：“你是什么意思，难道要违背人类的真理吗？”后面是：“这个青年真是胆大妄为，竟想找亚里士多德的错处，有人说，等会儿他就固执不了了，事实是无情的，会让他丢尽了脸。”

师：这是你借用书中的话，你还能想象到当时的那些人会怎么说？

生2：你竟敢怀疑我们一直相信了两千多年的哲学家，你肯定会输的。

师：肯定会输的！（加重语气）伽利略有没有放弃？

生：没有！

师：会不会放弃？

生：不会！

师：为什么他不放弃？

生1：因为他有自己的想法，他不会盲目地去相信别人。

师：此时，你看到了一位怎样的伽利略？

生1：求真的伽利略。

生2：信心坚定。

师：信心很坚定，是吗？那就把这个词写到黑板上。

生3：坚持不懈。

师：就把这个词写下来。你还想到什么，拿起你的笔，在刚才的这张人物评价表里边，写下你此时看到的那个伽利略。也像他们一样抓关键词，写下来就可以了。

师：读一读你写的。

生1：大胆质疑，实事求是。

师：很好！

生2：不畏强权，信心坚定。

师：真好！

生3：有主见，坚持不懈。

生4：追求真理，勇于探索真理。

生5：老师，我！伽利略是一个尊重权威，但不盲目相信权威，实事求是的人。

师：刚才，我们所读的这些，还仅仅只是伽利略当时的一种想法，还是一种猜测，对不对？所以课文当中用了什么？

生："如果"。

（3）创设情境，复述中进一步理解伽利略思考的过程。

师：对，那么有一天，伽利略他想到他的课堂里跟他所有的学生来分享他这个疑问。来试试看，此时，你就是伽利略。自己在下面先练练，等会儿你怎么跟你的学生来讲你的疑问呢？自己先来试试，你可以借助你旁边的东西做道具。

师："伽利略们"，你们有信心吗？推荐一个你认为可以充当我们的"小伽利略"的。掌声有请。可以允许你再请一个助手。

生1：助手不用了。

师：多么自信！接下来你们都是？

生：学生。

师：谁的学生？

生：伽利略！

师：如果你听了他这个分享的疑问，你有问题也可以举手问他。

生1：我们假设这支笔是1磅重的铁球，这支笔是10磅重的铁球，如果把它们两个拴在一起，一磅重的铁球就会拖住10磅重的铁球，那么落下的速度应当比10磅重的铁球落下的速度慢。但是，如果我们把它们看成一个整体，落下的速度就应当比10磅重的铁球快，因为如果把它看成一个整体，它就有11磅重。（该学生口齿伶俐，讲完学生鼓掌热烈）

师：你们有没有问题要问问他？（没有人提问）都听清楚了，是吧？讲得很清楚。那此时，如果真的伽利略在分享他的这个疑问，他的学生都像你这么乖乖地听着？

生 1：我们既然把亚里士多德的话当成不容更改的真理的话，我会反斥我的这位老师。

生 2：我会这么说："老师，你怎么能说亚里士多德这位权威人物说的话是错的呢？他就是我们人类的真理！"

师：你看，伽利略是不是承受着很大的——？

生：压力！

师：是的。感谢我们这位"小伽利略"。掌声送给她！现在我们已经解决了这两个问题。在预习中，我们还有很多很多这样一些小问题，那么这些问题我们有些放到下节课再来讲。

（五）激发思考，课后延伸

师：如果还有对伽利略感兴趣的同学，回家以后，也可以给他建立这样一个信息表（幻灯片呈现伽利略信息表），可以抓住重点词来记录、来完善这个信息表。好，下课！谢谢同学们！

生：谢谢老师！

二、阅读拓展材料

科学的殉道士——乔尔丹诺·布鲁诺

科学的殉道士——乔尔丹诺·布鲁诺（公元 1548～1600 年）出生于意大利那不勒斯附近的诺拉镇。他幼年丧失父母，家境贫寒，靠神父们收养长大。这个穷孩子自幼好学，15 岁那年当了多米尼修道院的修道士。全凭顽强自学，终于成为当代知识渊博的学者。

这位勤奋好学、大胆而勇敢的青年人，一接触到哥白尼的《天体运行论》，立刻激起了他火一般的热情。从此，他便摒弃宗教思想，只承认科学真理，并为之奋斗终生。

布鲁诺信奉哥白尼学说，所以成了宗教的叛逆，被指控为异教徒并革除了他的教籍。公元 1576 年，年仅 28 岁的布鲁诺不得不逃出修道院，并且出国长期漂流在瑞士、法国、英国和德国等国家，他四海为家，在日内瓦、图卢兹、巴黎、伦敦、维登堡和其他许多城市都居住过。尽管如此，布鲁诺仍然始终不渝地宣传科学真理。他到处做报告、写文章，还时常出席一些大学的辩论会，用他的笔和舌毫无畏惧地积极颂扬哥白尼学说，无情地抨击官方经院哲学的陈腐教条。

布鲁诺的专业不是天文学也不是数学，但他却以超人的预见大大丰富和发展了哥白尼学说。他在《论无限、宇宙和诸世界》这本书当中提出了宇宙无限的思想，他认

为宇宙是统一的、物质的、无限的和永恒的。在太阳系以后还有无以数计的天体世界。人类所看到的只是无限宇宙中极为渺小的一部分，地球只不过是无限宇宙中一粒小小的尘埃。

布鲁诺进而指出，千千万万颗恒星都是如同太阳那样巨大而炽热的星辰，这些星辰都以巨大的速度向四面八方疾驰不息。它们的周围也有许多像我们地球这样的行星，行星周围又有许多卫星。生命不仅在我们的地球上有，也可能存在于那些人们看不到的遥远的行星上……

布鲁诺以勇敢的一击，将束缚人们思想达几千年之久的“球壳”捣得粉碎。布鲁诺的卓越思想使与他同时代的人感到茫然，为之惊愕！一般人认为布鲁诺的思想简直是“骇人听闻”，甚至连那个时代被尊为“天空立法者”的天文学家开普勒也无法接受，开普勒在阅读布鲁诺的著作时感到一阵阵头晕目眩！

布鲁诺在天主教会的眼里，是极端有害的“异端”和十恶不赦的敌人。他们施展狡诈的阴谋诡计，以收买布鲁诺的朋友，将布鲁诺诱骗回国，并于公元 1592 年 5 月 23 日逮捕了他，把他囚禁在宗教判所的监狱里，接连不断地审讯和折磨竟达 8 年之久！

由于布鲁诺是一位声望很高的学者，天主教企图迫使他当众悔悟，声名狼藉，但他们万万没有想到，一切的恐吓、威胁、利诱都丝毫没有动摇布鲁诺相信真理的信念。

天主教会的人们绝望了，他们凶相毕露，建议当局将布鲁诺活活烧死。布鲁诺似乎早已料到，当他听完宣判后，面不改色地对这伙凶残的刽子手轻蔑地说：“你们宣读判决时的恐惧心理，比我走向火堆还要大得多。”公元 1600 年 2 月 17 日，布鲁诺在罗马的百花广场上英勇就义了。

由于布鲁诺不遗余力地大力宣传，哥白尼学说传遍了整个欧洲。天主教会深深知道这种科学对他们是莫大的威胁，于是公元 1619 年罗马天主教会议决定将《天体运动论》列为禁书，不准宣传哥白尼的学说。

第二节　基于真实交际情景的习作教学①

习作是小学生运用语言文字进行表达和交流的重要方式，是认识世界、认识自我、进行创造性表述的过程。习作能力是语文素养的综合体现。习作教学应贴近学生实际，让学生易于动笔，乐于表达，应引导学生关注现实，热爱生活，表达真情实感。徐俊老师习作课“初识徐老师”对应的教材为人教版小学语文五年级下册第七组之“口语交际习作七”。案例基于该组课文的学习任务，基于真实的口语交际情境，主要是让学生习得“抓住特点”观察和表达的基本方法。

① 彭小明，徐俊。

背景信息

写作是人类运用语言文字服务生活、工作和学习的主要手段，也是人类的精神创造行为。随着 21 世纪信息社会时代渐渐来临，人类也逐渐进入“写作时代”。韦斯特说：“写作包围着你。”我们这个社会已离不开写作，写作已成为我们的一种生活方式。因此，写作学习也自然被提高到语文学习，甚至教育教学的崇高地位。

《义务教育语文课程标准（2011 年版）》指出：写作是运用语言文字进行表达和交流的重要方式，是认识世界、认识自我、创造性表述的过程。写作能力是语文素养的综合体现。写作教学应贴近学生实际，让学生易于动笔，乐于表达，应引导学生关注现实，热爱生活，积极向上，表达真情实感。并在“学段目标与内容”第三学段（5～6 年级）中指出：这个学段学生要“1.懂得写作是为了自我表达和与人交流。2.养成留心观察周围事物的习惯，有意识地丰富自己的见闻，珍视个人的独特感受，积累习作素材。3.能写简单的记实作文和想象作文，内容具体，感情真实。能根据内容表达的需要，分段表述。学写读书笔记，学写常见应用文”。可见在这个学段学生要理解写作的功用，学会写简单的记实作文（记叙文）。

所谓“记实作文”写作是以“教育回归生活，回归个人”为理念，注重学生对周围人物或身边事件的观察、记述、再现的能力，不将重点放在对学生虚构的想象能力的培养上，而是以培养学生具体交际语境下的交流表达能力为重点的写作训练。这种写作训练除了训练学生一般应用性文体的写作外，还讲究学生写作材料的真实，表情达意的真实和主体人格情感的真实。

近年来，基于交际情景的写作研究方兴未艾。主要研究者荣维东教授认为，“交际写作”是一种“读者导向、交流驱动、语境生成”的写作。在这种写作观支配下，作者因为有了直接或潜在的对象，有了交际语境要素的参与，就可以选择并创生写作内容和表达形式。“画鬼容易画人难。”真的要学会描写人物和记叙事件，需要教师精心设置情景和有计划的训练。如何基于交际情景写好人物？本写作教学案例为我们做了很好的示范。

该案例执教者徐俊老师，系杭州市笕桥小学副校长、中学高级教师、教育哲学博士、杭州师范大学硕士生导师，专注于“生命语文”理论和实践研究及课程建设，兼任全国真语文讲师、中国教育学会中小学整体改革专业委员会学术委员、中国写作学会中小学习作教学专业委员会理事、浙江省普通话水平测试员、杭州市江干区教育发展研究院特聘教研员。她曾获 2015 中国好教师、2014 全国课改优秀教师称号，还获得全国中小学习作教学大赛特等奖、全国“教坛新星杯”语文教学大赛特等奖、全国经典诗文教学大赛一等奖（最高奖）等。

该案例对应的教材为人教版小学语文五年级下册第七组之“口语交际 习作七”。该组课文包括《人物描写一组》(《小嘎子和胖墩儿比赛摔跤》《临死前的严监生》《“凤辣

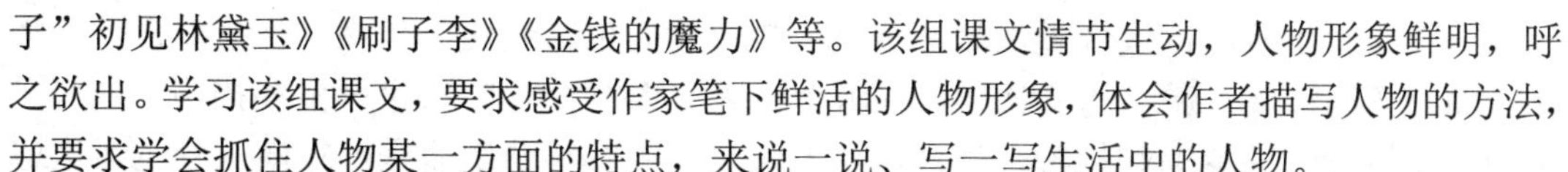

子”初见林黛玉》《刷子李》《金钱的魔力》等。该组课文情节生动，人物形象鲜明，呼之欲出。学习该组课文，要求感受作家笔下鲜活的人物形象，体会作者描写人物的方法，并要求学会抓住人物某一方面的特点，来说一说、写一写生活中的人物。

该案例就是基于该组课文的学习任务，基于真实的口语交际情境，让学生习得“抓住特点”观察和表达的基本方法。

案例正文

一、教学材料与学情分析

本次习作所在的整组教材，都是写人的文本，包括现代小说、白话小说、明清小说和外国名篇，人物形象和描写手法都是经典，是学习“人物描写”的典范。

《人物描写一组》这篇课文由三个独立的片段——《小嘎子和胖墩儿比赛摔跤》《临死前的严监生》《“凤辣子”初见林黛玉》组成。《小嘎子和胖墩儿比赛摔跤》选自中篇小说《小兵张嘎》，《临死前的严监生》选自《儒林外史》，《“凤辣子”初见林黛玉》选自《红楼梦》，题目为编者所加。这三个片段分别描写了小嘎子、严监生、凤辣子三个人物形象，每一个片段，作家描写人物的方法、侧重点也不尽相同，可以说这三个片段是人物描写的经典。《刷子李》选自著名作家冯骥才创作的同名小说集《俗世奇人》，讲述了刷子李是生活于市井里巷的凡夫俗子，是一位普普通通的手艺人，可他又是“俗世”中的“奇人”，因为他刷墙的技艺高超。《金钱的魔力》选自美国著名作家马克·吐温写的短篇小说《百万英镑》。题目中的“金钱”指货币，“魔力”指使人爱好、沉迷的吸引力。这篇文章讲述了“我”到裁缝店买衣服时，先遭到冷落，而后由于拿出大钞又备受关注的故事。作者淋漓尽致地刻画了小市民以钱取人、金钱至上的丑态。

《人物描写一组》抓住了人物的动作、语言、神态、心理活动描写。《小嘎子和胖墩儿比赛摔跤》文中对小嘎子摔跤时的动作描写极为细致。在这当中，还夹杂着对嘎子心理活动的描写。动词的准确运用和心理活动的细致刻画，塑造了小嘎子这个儿童形象，显示出作者在人物刻画上的功力。《临死前的严监生》这个片段记叙了严监生临终前因灯盏点了两茎灯草，伸着两根指头不断气，直到赵氏挑掉了一茎，才一命呜呼的故事，刻画了爱财胜过生命的守财奴的形象。《“凤辣子”初见林黛玉》写的是林黛玉初进大观园，与“凤辣子”王熙凤见面的经过。通过对这一见面过程的描写，向读者展示了一个泼辣张狂、口齿伶俐，善于阿谀奉承、见风使舵，喜欢使权弄势、炫耀特权和地位的人物形象。《刷子李》抓住了细节描写的方法。细节描写对于塑造人物个性起到了重要作用。作者在塑造主人公形象的时候，就注重了细节描写。这是课文在写法上的一个显著的特点。《金钱的魔力》主要采用前后内容对比的方法，通过描写人物动作、语言、神态等变化来刻画人物形象。

五年级学生曾阅读过大量的以写人为主的文章，也写过这类作文，已经积累了一些这方面的读写经验。通过阅读教学，本组课文关于人物描写的语言风格和描写手法，学生能够比较清晰地梳理和把握。然而，从方法到实践，对学生而言，却横亘着生活这道坎。脱离生活的小学生习作，往往存在“无物可写”“无从着笔”的困难。如何解决这个问题？让生活联结课堂，让课堂面对生活，为学生创造一个真实的“交际情景”是关键策略。

如何在课堂上还给学生“真实的生活”？就“描写人物”的习作课而言，老师和学生就是活生生的生活。为了让学生能够真实感受“生活就在身边”，在本案例中，“徐老师”把自己搁进去，就是为了让孩子们知道，写作的对象、内容、素材就在身边。课堂是学生最主要的生活内容，老师是跟学生接触最多的人，如果在课堂上能把老师写好，在生活中也能把同学写好，把家人写好，把身边的人写好。

二、教学设计与课堂实施

（一）创设情境，自我介绍

1. 情境导入

几十双陌生的眼睛齐刷刷地盯着陌生的我，我都不好意思了。不过，从你们的眼神里，我读出了好奇的意思、询问的意思。你们想了解什么？想问老师什么？

大家想知道我叫什么名字，但是话可以说得再得体一些，这样听着会让人更舒服。（板书：得体）

2. 介绍自我

我来自天堂——上有天堂下有苏杭嘛！我来自杭州市笕桥小学，姓徐，徐徐上升的徐，慢慢的意思；单名一个俊字，不英俊的俊。（板书名字）大概是因为我实在不够英俊，也不够聪明，所以，父母给我取这个名字，希望我慢慢地英俊起来，慢慢地聪明起来。

（二）初态交际，角色扮演

今天在大礼堂上课，放学回家，家长可能要问：是谁上的作文课？或者你自己就会忍不住告诉爸爸妈妈，今天谁来给我们上了课。你准备怎么说？我当家长，请一位同学到前面来，当面试试，看会不会说。

老师当学生“妈妈”。学生说老师姓名、性别、哪里的等等。

为什么发笑？哦，男的妈妈！男的妈妈你们才能记住我啊。（板书：男妈妈）

哦，看来这老师还不错，那他多大年纪了，帅不帅啊？他看起来挺有学问的？学问是装在脑子里，这你也能看得见？看来你也很有学问。

（三）指导观察，分享表达

1. 观察指导

看来，这样介绍还不行，讲不明白。谁给出出主意，该从哪几个方面介绍？（板书：长相、表情、衣着、性格）

真不错，挺全的。可等你都说完，我这当“妈的”连给你做饭都来不及了。要想描述好一个人还真不容易。怎么办？（板书：有详有略）

哪些方面应该详细介绍啊？（长相、性格）

2. 观察老师

初次见面，让你们马上说我的性格有点困难。我的长相虽然“不英俊”，可就摆在你们眼前，可以先说说。现在我就做一分钟“安静的美男子”，大家仔细观察，边看边想，看仔细了，说的时候要大胆，实事求是。

3. 交流分享

说得挺完整的啊！可是大家都有一双眼睛、一对耳朵、一张嘴巴、一个鼻子啊！这介绍行吗？（板书：抓住特征）

（1）穿得像个古人是吧？这是徐老师最大的特点。说说，什么感觉？

（2）杨梅头？我这杨梅头跟你的杨梅头可不一样，看仔细。

前面有点秃？你倒是实话实说，这是好品质，可是我觉得伤自尊了。能不能委婉一点，既说了实话，又不伤人心呢？

对，可以用“疏朗”。你说是一个“会发光的蛋”？知道这叫什么蛋吗？聪明蛋！发的什么光？嗯，智慧的光芒。你的想象力真丰富。

我喜欢把这称为“绝顶聪明”，因为我原来“不英俊”，不聪明啊，为了让自己变聪明起来，天天动脑筋，于是脑筋动多了，头发变少了。

知道老师为什么会掉头发吗？你可以结合我的身份展开联想。观察一个人，联系他的身份很重要！想多了，想怎么教好学生。（板书：聪明蛋、聪明绝顶，想象、联想）

（3）圆圆的金丝眼镜，感觉怎么样？像古代的才子。哈哈，你挺会说话的！

发现老师的眼镜跟别人的不一样了，那你顺着周边“地形”再观察一下，看看有什么“神奇”的发现？（眉毛，老师说话的时候左边的眉毛一跳一跳的）

那是我的眉毛在——跳舞，这就叫——眉飞色舞。

为什么我说话的时候会眉飞色舞——因为讲得很生动，很开心，很兴奋。

对了，这才叫真正的观察，不光看了，而且想了，想得那么有道理。

其实，主要是老师看到你们太高兴了，太喜欢你们了，你们都是那么可爱，我不眉飞色舞都不行啊。（板书：才子、眉飞色舞）

（4）老师的鼻子好像有点歪？大胆说出来嘛，不要小心翼翼地，你看的没错。鲁迅先生说自己的鼻子是碰壁碰扁了，那不是真的；徐老师小时候比你们还调皮，这鼻子是小时候碰地上碰歪了的，这是真的。观察得很仔细，实事求是，说得准确，值得表扬！（板书：调皮）

（5）终于忍不住要说我的嘴巴了。我不怕，我有心理准备，说吧，不过别把我丑化了，既然已经长成这样了，你们说话可以有点艺术性，说得委婉一点，让我觉得这牙长得也挺可爱的。可以怎么说？

像小朋友们队伍没排整齐，东倒西歪的，还有个别差点要掉队了。还有“人”很邋遢，穿着黑乎乎的衣服站在队伍里。（板书：艺术性）

4. 观察小结

回家后，如果家长问你徐老师怎么样，会不会说？

（四）捕捉性格，拟题指导

1. 捕捉性格

（1）长相弄明白了，还不算太难看。可是认识一个人，只有外貌不够啊，那是“照片”，不是活人。作为一个老师，最关键的是什么？对，课上的怎么样啊？性格怎么样啊？那你们现在对我的性格、上课的风格有点感觉了吗？（板书：幽默、亲切、和蔼、像大哥哥）

（2）原来，在你们眼里，我是这么棒的老师啊！有这么好的老师吗？连我自己都不相信。根据呢？（盘点前面交流时的事例：男妈妈、聪明蛋、聪明绝顶、眉毛跳舞、牙齿排队……）

2. 拟题指导

上课前有同学问我，今天上什么？看黑板，（板书：初识徐老师）知道什么意思吗？对，第一次认识徐老师，要你们写写对徐老师的第一印象。

为什么要写这篇作文？我今天给你们上课了，回去学校领导、我的同事，特别是我的学生，肯定会问我课上得怎么样，这里的学生怎么样，同学们对我印象如何。如果把你们的文章给他们一看，他们就明白了。

（1）“初识徐老师”不是统一的题目，要写对徐老师的印象，我们还可以取很多题目，题目在哪儿呢？（指板书：幽默、亲切、和蔼、像大哥哥）

（2）可以是这些印象，也可以抓住你印象深刻的外貌特点或者事例取题目。但是记住一点，这是写人的作文哦，不管是以性格特征、外貌特征还是事例做题目，关键是要写徐老师今天给你们留下的印象。

（五）我来写写你，看谁写得像

1. 我来写写你

这是一篇写人的记叙文，写人的文章，要抓住特征来写，重点写印象最深刻的。刚才大家都已经观察得很仔细了，也说得很好，相信一定能写得更精彩。写的时候要注意三点：第一，写之前先好好构思构思，怎么开好头，怎么组织这些有趣的材料。特别提示，不准用“今天”开头，因为这样的开头太烂了。第二，写的时候，要一气呵成，不要因为一个字写不出来，问老师、问同学，打断了思路。一下子想不出来的字，写拼音，或者暂时画个圈代替，写完了修改的时候再补上。第三，写完以后还有一件事别忘了做，要好好地读一读，读出声来，这样读能读出问题来，能帮你修改出好文章来。接下来就开始吧！

2. 看谁写得像

（1）任务讨论。一篇文章写得好不好，我们可以从哪几个方面来评价？（板书：题目、开头结尾、素材、语言）

（2）评改题目。"开火车"分享，重复地不说。（板书：性格为题、赠送"雅号"、有趣事件）

（3）评改开头结尾。

①最棒的一点，全班没有一篇文章是用"今天"开头的，看来，没有"今天"，我们也是能写文章的，以后切忌。

但是，改了一个"烂招"，另外一个"臭招"也来了——"叮铃铃"。这一招本来不错，先声夺人，但是，用多了，用滥了，就没意思了。开头同样是"先声夺人"，但不是"叮铃铃"的有没有？对！文章一开头就让老师这个"主角"说话，或者用同学们的谈笑风生来吸引人，多好！（板书：先声夺人）

（根据分享板书归纳开头的方法——先声夺人、开门见山、制造悬念……）

②好的开头是文章成功的一半，好的结尾同样重要。

（根据分享板书归纳结尾的方法——前后呼应，揭示悬念，回味无穷……）

（4）评改行文。

材料都很好，特点都抓得很准，但是要注意表达的顺序，不能抓住一点是一点；特点很鲜明，但不能面面俱到，要根据题目和你最主要的印象，集中写；事例捕捉很准确，但不能"自说自话"，要让文中的"徐老师"开头说话，要让"徐老师"有表情和动作，也要让课堂上的同学们"活起来"。

三、案例分析与同行评议

（一）教学思路清晰，教学重点突出

对生活"熟视无睹""视而不见"是小学生写作最大的问题。为了解决"没东西写"的问题，"初识徐老师"一课，徐老师把自己"搁"进课堂，创设了"介绍徐老师"的交际情景。

"学生腔"是小学生写作文的普遍问题，如何让学生"说实话""写实话"，得体、适切地表达？徐老师把自己作为"模特"，就是为了替"被描写对象"承担"出丑"的心理压力，引导学生真实而又艺术性地表达。

教学中，徐老师把自己当成"模特"，引导学生"认真观察""实话实说"，引发了课堂上很多"笑点"。徐老师为什么把自己"搁"进课堂，为什么不怕"丢丑"？为的就是让学生"说真话"。教会学生说真话很重要。很多学生写人的时候不会说真话，徐老师一直逗他们，"我是不是很帅""是不是玉树临风"，就是逗学生说出真话。

很多学生“话不择词”，一张嘴就“伤人”。怎样说话不“伤人”？对学生来讲，写文章也好，平时交际表达也好，都特别重要。徐老师把自己“搁”进课堂，在化解了学生表达“安全感”缺失问题的同时，更引导学生“既说出真相，又比较得体，比较艺术地说话”。

“初识徐老师”是在交际语境下的习作教学，引导学生抓住特征观察、描写人物。如果是“场景描写”或者其他方面的写作指导，又如何发挥交际情景的作用呢？

“交际情景下的习作教学”，最大的价值就是解决习作动机和习作内容的问题。很多老师感叹，学生不会写、不爱写作文，是因为“没东西写”。不管是写人、写事还是写景，其实不是“没东西写”，而是会不会表达的问题，而表达的前提是“观察”，会观察，才能言之有物。

“初识徐老师”一课，最主要出发点就是“教会孩子观察”——通过“交际语境下”的任务驱动，观察写作对象，然后在观察的基础上，学习“怎么样把观察到地表达出来”。如果写一个场景，同样也可以让孩子在“交际语境下”学会观察——当然手段不一样。

例如，孩子们都很爱运动，但他们很“害怕”运动场面描写。我们可以“偷拍”一些学生运动的视频片段，并为学生创设一个当运动“解说员”的“交际语境”。在这个任务的驱动下，在视频慢镜头的帮助下，他们就知道怎样观察运动场景，知道怎么描述、表达。

写景的文章指导也是一样。例如，描写“下雨”，可以带学生去雨中走一圈，去摸摸去闻闻去看看，让他们真正打开五官。这样，生活就立体起来了，学生就有话可说了，表达也不难了。

从学生的心理机制来看，“交际语境下”的习作教学，其实就是促进习作思维“双重转换”的过程——从生活到观察，从观察到表达。

（二）教学方式新颖，教学个性鲜明

徐老师，儒雅中带着幽默，有古之君子之风、才子之艺、文人之品、先生之范。此课“初识徐老师”的习作指导与设计别有新意。

1. 开篇自然，“俊”意潜藏

写文章，好的开头是成功的一半，讲课亦是如此。从课伊始设计，以“自我介绍”的情境导入，便能看出徐老师之独特用心。这个开篇环节，在如此自然而轻松的、看似闲谈的氛围中展开，学生对于上习作课的抵触与包袱，就这样轻而易举地被卸下了。同时初态交际的幽默语境，打开了学生的心与口。男妈妈的形象，可谓颠覆，徐老师不吝自黑，笑点连连，让学生印象不深刻都不行。徐老师严谨而巧妙的构思使得师生问答之间处处显得亲切随意，但又特别注重引导，让学生的言谈往清楚、得体的方向走，为下面进一步交际与习作指导埋下伏笔。

2. 观察指导，“俊”颜初显

人物的刻画，笔墨重点多半为两处。露在外为容颜，藏在内为个性。要使人物形象丰满、充实起来，在外貌描写上下功夫，是很有必要的。但平时我们对这一块的指导，

顶多自己做个示范，却鲜有徐老师这样的气度，敢让学生直接对着他自己上下打量，引导他们仔细观察，从穿着到长相，好一番品头论足，还又是实话实说，又是联想加艺术化，“穿越才子”“光头与聪明蛋”“会跳舞的眉毛”“排队的牙齿”……种种设想，让“笔者”一下子看到了一堂妙趣横生的习作课。可以想见，这样的师生互动，徐老师已经没有老师的架子，融入课堂，融入学生，还真像是一位童心十足的大哥哥，和学生玩起了“漫画”人物的游戏一般，夸张突显特征，又指导学生详略分布，形象鲜明。真是天生“俊”颜难自弃，正好拿来做文章。这独特的习作素材，只属此课有，他处无可仿呀。我们的徐老师，自带料，还特别足，醒目，让学生不再愁“巧妇难为无米之炊”。孩子们习作障碍顿消，表达兴致又升。

3. 捕捉性格，“俊”情流露

交流的精彩属于学生，但这设计的匠心，却出自徐老师的巧妙经营。正是刚才几个环节的步步精心，谈笑间徐老师不仅向学生展示了自己与众不同的外在形象，同时流露的还有他个人的真性情。相信孩子们的眼睛看着人，耳朵听着话，心中已经开始勾勒这个老师的形象。几场交谈，几声笑语，拉近了学生与老师的距离，徐老师的循循善诱，更如涓涓细流，浸润了孩子们的心田。几十分钟的接触，徐老师引导学生由外到内地感受自己，捕捉老师的性格，丰富了学生的认知与思考。虽是初识，有了刚才几个片段的铺垫，再经徐老师此环节的又一点拨，孩子们思维一动，回想刚才的交流情景，人物水到渠成地从照片中走出，立体起来，有形有情，除了形象，当又添了几分鲜活。

4. 细点详品，“俊”文成形

徐老师的严谨与细致，还体现在对学生下笔前的细点与收笔后的详品。在学生动笔之前，徐老师特别提醒了三点：一不要用“今天”开头，这正是他看到了学生习作当中的一些惯性弊病，所以早点给孩子们打了预防针；二要一气呵成，这是防止孩子们因写作断断续续，而不能用好的状态，全神贯注地写出最佳水平；三是大声朗读习作，这个提点，是让学生了解自己的习作内容，做一次自我检查和修改，促进学生对习作完整性和流畅性的思考。每一条，都可窥见徐老师的习作指导是多么的用心与周到。更不用说习作后的评价环节，他的层层梳理与把关。从题目的评改到开头、结尾、素材选择，直至最后的语言表达的方法讨论，无不下足了功夫。

更可贵之处在于，从评改环节设计中可以看出，徐老师不是简单地对学生进行习作方法的指导，而是把方法融于具体交流之中，用例子来提点学生，边评边改，有助于学生更好地消化、吸收，并运用这些习作方法。例如，根据学生分享的题目进行赏评时，徐老师归类板书“性格为题”“赠送雅号”“有趣事件”等，让他们不拘于某一种题目，同时又开拓了思路，指导孩子们互相借鉴，以他人的思考为基点，来发散自己的独特思维，鼓励合适并富有新意的题目。几个步骤下来，扎扎实实，条理分明，归纳板书，帮助学生共同捋顺行文。在笔者看来，这一前一后的细点详品，相辅相成，行之有效，对学生完善习作大有裨益。相信孩子们的文章，在徐老师这样的耐心指导下，会变得面目可爱、俊秀起来。

如徐老师一开始对本堂课的目标设定一样，学生定在这样“俊”心独具，为他们特别创设的幽默、轻松的言语交际环境中，感受到了作文就来自身边，习得了表达的方法，也收获了写作的快乐。从这样一堂人物描写的习作课上，获益良多的，还有笔者。“初识徐老师”，就似一阵清风扑面来，吹散许多愁云与疑雾。原来，只要有心推开习作的窗口向外看，会发现正是良辰美景佳人尤待探。

（三）教学理念先进，案例主题集中

本案例是一堂“交际语境下的习作教学”，用“真情表达”的作文理念，演绎轻松、民主、和谐、高效，生活化、儿童化和情趣非常浓的一节作文课。其教学价值体现在三个方面：

其一，解决作文教学目的问题。小学生习作的目的是与人交流和自我表达的需要。“交际语境下的习作教学”，在交际需求和任务的驱动下，能很好地调动学生口头表达和习作的动机，有效解决“作文难”“作文累”“作文烦”的问题。

其二，增强表达的对象感。小学生习作最大的问题是“自说自话”，缺乏“对象感”，没有“读者意识”。“交际语境下的习作教学”，因为交际的需求，不仅能给学生一种对象感，而且在任务的驱动下解决了习作的目的和动机的问题，在交际的过程中解决了习作教学内容的问题。

其三，习得写人作文的方法。习作的方法是习得的，不是讲得的。基于“初识徐老师”这个话题的真实交际情景，学生能准确抓住“徐老师”的外貌和性格特征。

结语

“初识徐老师”一课，在师生对话中逐步达成的“说真话”又“得体地、有艺术性地”表达的效果，让笔下的徐老师“说自己的话”“有自己的表情和动作”等，就是一种基于实践的“语言意识”的培养。“不知道怎么写”则是小学生习作的方法问题。语文课本上那么多好的范文，为什么学生写起作文来还是缺少方法？主要是因为方法指导停留在抽象的“概括”上。写作方法的指导，一方面可以走“读写结合”的路子，让写作介入阅读，在阅读中给学生方法的引领，在写的训练中促进学生对文本的理解；另一方面就是“写中学写”，在习作的实践中习得写作方法。本案例中，“怎样向爸爸妈妈介绍徐老师”就是观察方法的指导；“写徐老师要抓住什么”就是选材和语言的指导；写作前的三点“温馨提示”就是构思和表达的指导；最后的讲评，则立足学生的实践，将拟题立意、选材构思、语言表达等方法进行了梳理，让理性的写作方法变得具体可感。基于“交际语境”的习作教学，就是在实践中让学生感受生活、积累语言、习得方法，从而实现小学生写作“从生活到观察”“从观察到表达”的双重转化。

案例思考题

（1）为什么义务教育 1～6 年级叫“写话”“习作”，而 7～9 年级叫“写作”？

（2）《义务教育语文课程标准（2011 年版）》指出：5～6 年级学生要“能写简单的记实作文和想象作文”。请问“记实作文”和“想象作文”有什么区别？

（3）阅读本案例，请回答：什么叫记叙？什么叫描写？肖像描写有什么要求？

（4）阅读本案例，思考“观察”与“思考”的关系。

（5）阅读本案例，请思考：“交际语境下的习作教学”要重点关注哪几个方面？它的核心理念及其对实践的指导意义是什么？最主要的教学策略是什么？

案例使用说明

1. 适用对象

本案例适用于小学教育专业、教师教育相关专业的研究生或本科生，以及小学语文教师的专业培训。适用课程包括《小学语文课程与教材研究》《小学语文教学设计与实施》《教学设计》《课程与教学论》《教学技能》等相关章节。

2. 教学目的

（1）在言语交际环境中学会抓住特征观察人物；

（2）通过练笔、师生互动的评价，初步学会抓住外貌和性格特征描写人；

（3）感受到作文来自身边，体会写作的快乐，并乐于表达。

3. 要点提示

（1）相关理论：教学设计、语文课程与教学、写作学、习作教学。

（2）关键知识点：交际语境写作、记实作文（记叙文）、人物形象、肖像描写。

（3）关键能力：研读教材的能力、学情分析的能力、教学设计的能力、教学实施的能力。

（4）案例分析思路。

“交际语境下的习作教学课”——“初识徐老师”，从小学生习作的内容、语言和方法维度提供了一个实践的案例。

很多学生常说“没东西写”，这是因为缺乏用心体验生活，缺少生活积累。“生活是习作的源头活水”，那么，如何增强学生的生活积累，解决习作材料的源泉问题？有研究表明，大量的生活实践是孩子们习作能力提高的重要途径，也是提升孩子们情商的重要途径。我们的教学一方面应该广泛联系生活，走向生活，另一方面也应该在课堂上“还原”生活、“体验”生活。“初识徐老师”一课，实质上是借助“交际语境”，全真模拟

生活，增强课堂上学生的生活体验，丰富素材积累，获得语言材料，从而在源头上解决“没东西写”的问题。

小学生作文的另一个突出问题就是“干巴巴”“假大空”，这是语言的缺失问题。写男老师一般都穿着“西装革履”，还都是“高高的个子，挺拔的鼻子，炯炯有神的眼睛”；写女老师一般都是穿着“飘逸的长裙”，还都是“长发飘飘，丹凤眼，双眼皮，瓜子脸，一笑起来露出一对迷人的酒窝”；写男同学一般都是“虎头虎脑”；写女同学一般都是“苹果脸，马尾辫，齐刘海”。这种“模式化”“脸谱化”的语言，当然有“观察缺失”的问题，更有“语言缺失”，机械应付的问题。如何从根本上解决小学生习作的语言缺失？大量阅读解决的是语言储备的问题，实践体验针对的则是语言意识的问题。

4. 教学建议

（1）针对本科生的教学建议：观看视频；实录整理；还原成教案；学生教案和案例教案对比；提炼成教学目标；教学目标对比；根据案例呈现的教学目标设计教案，模拟上课。

（2）针对硕士生的教学建议：根据教学设计提炼教学方法和理念；根据教学方法和理念观课、议课；根据观课、议课的结果建立“写人作文”教学的方法图示；开发“写人教学”案例。

（3）针对在职教师的教学建议：根据案例呈现的教材独立设计教学；和案例呈现的教学设计展开对比研究并修改教学设计；与案例视频展开“同课异构”研究；总结提炼“写人作文”的教学策略。

5. 推荐阅读

（1）荣维东. 交际语境写作[M]. 北京：语文出版社，2016.

（2）朱水根. 新课程小学作文教学[M]. 北京：高等教育出版社，2006.

（3）徐俊. 生命与语文[M]. 杭州：浙江教育出版社，2010.

（4）马正平. 高等写作学引论[M]. 北京：中国人民大学出版社，2002.

（5）马正平. 中学写作教学新思路[M]. 北京：中国人民大学出版社，2003.

（6）彭小明，林陈微. 写作学习论[M]. 北京：语文出版社，2013.

（7）彭小明，刘亭玉. 写作教学模式论[M]. 杭州：浙江大学出版社，2015.

附　　录

一、初识徐老师课堂实录

（执教教师：浙江省杭州市笕桥小学　徐　俊）

（一）自我介绍

1. 情境导入

师：老师从外面进来，你们坐在这儿等的时候，足足有三分多钟的时间，60 个同

学，60 双眼睛，直勾勾地看着我，还有人边看我边傻笑，看得我都不好意思起来了。哎，我在想，我有这么帅吗？笑什么？

生：因为您的衣服很像旧社会贫民的穿着。

师：我这个人也像农民是吧？但刚才发笑是因为这个吗？我说什么了你们就笑？

生：嗯，我觉得没什么好笑的。

师：你没笑，是吗？没什么好笑的，为什么没什么好笑的？

生：因为我觉得您很庄严，老师。

师：我很庄严，把你吓到了。是吧，所以她刚才想举手，手举到一半又不敢举起来了。其实，老师尽管不是特别帅，但也不会那么凶巴巴的吧。是吧，等一会儿让你看看我灿烂的笑容，好不好？哎哟，这小胖子特别可爱，你又笑，你到底笑什么呢？

生：我觉得没什么好笑的。

（学生哄堂大笑，气氛很活跃）

师：没什么好笑的，可你刚才趴那儿笑得最起劲，是不是说不出来你为什么笑？是不是？

生：是。

师：是，为什么笑？我相信很多人笑跟他的理由是一样的，刚才一次两次地笑，为什么笑？为什么？是不是觉得这个老师特别臭美？

生：嗯（否定的意思），我觉得您开的玩笑非常有趣。

师：啊，开的玩笑非常有趣，我刚才在开玩笑了吗？你说说看我开什么玩笑了？

生：嗯，您说自己长得帅不帅。

师：那，哪有陌生人一上来就说自己帅不帅，是吧。人，特别是男子汉，要有那么一点自信。我刚才从同学们的眼神中也看出来了，很多人的眼睛看着我，还是想问什么？我帅还是不帅已经摆在这儿了，这个不用问了啊！

（老师在黑板上写下了“帅”字）

师：还想问什么，啊？初次见面，就啥都没有想问的了？

生：老师，您是不是很聪明？

师：老师是不是很聪明，你说呢？问我，我肯定说自己聪明。

生：我说老师肯定是很聪明，因为聪明绝顶，跟一休一样，秃头了。

（师生大笑）

师：谢谢！谢谢！跟一休一样，我小时候也特别喜欢一休，但是我发现你比我更聪明，你知道吗？你很会说话，你说的我很高兴，经常有人会说我这个头发有点——（边在黑板上写下“秃”字）你刚才说什么啊？这个字让我们中年男人特别自卑，但是，你嘴里一说，聪明绝顶，像一休一样，我喜欢你这样的说话方式，你没说假话，但是不让我伤心，还有什么想问的？

（学生摇头）

师：没啦，上完课回去以后，今天谁啊，谁给我们上课呀？

生：老师，你叫什么名字？

师：是不是很多人都想知道？

生：对。

师：我偏不告诉你，为什么我不告诉他？来，这么一个小屁孩儿，你叫什么名字？该怎么说，他刚才提醒你了。

（同学们纷纷举手）

生：请问一下，您叫什么名字？

师：差不多，多了一个“请问一下”，你们老师肯定是平时让你们要用礼貌用语，用“请”“谢谢”“对不起”，对不对？

生：对。

师：咱们学了五年的语文，五年级吧，你说话还可以更有文化味儿点，想知道我的名字可以怎么问？

生：老师，您叫什么名字？

师：不是一个意思吗？四个字，请问后边四个字。

生：请问，您叫什么？

师：你在心里问半天，“您叫什么名”不是四个字啊，谁会？（同学举手）你来，大声地说。

生：请问您贵姓？

2. 自我介绍

师：啊，贵姓，两个字，因为这个字打折了，四个字变两个字，所有他只能知道一半。免贵姓徐，徐徐上升的徐，可是还没问全呢，名字还不知道，你们老师也姓徐，那我们可不是一个人。

生：老师，我知道你的名字。

师：你怎么问？你想明白了，你来。（另一同学举手）

生：我知道同姓的人很多。

师：你怎么能知道我的名字？连名带姓都知道，刚才他说了“贵姓”，如果四个字的话怎么问？

生：老师，您尊姓大名？

师：哎，你看，这个孩子就聪明了吧，有文化，爱读书，是不是？请问尊姓大名，姓不尊，姓徐，名也不大，单名一个俊字，不英俊的俊。（学生笑了起来）我这么介绍好玩吗？

生：好玩。

师：怎么好玩？（走向刚才回答的一个同学）你说。

生：像您这样子介绍自己是非常有趣的，可以带动大家的兴趣。

师：怎么有趣？

生：让我们懂得礼貌，并且，如果我们说的越准确、越有礼貌，就会告诉我们您真正的姓名。

师：你很会说话，但是你没说到点子上。刚才是为什么笑，单名一个俊字，“不英俊的俊”，然后有人笑了，平时会怎么介绍自己，如果你叫徐俊的话，单名一个俊，什么俊？会介绍自己英俊的俊，英俊潇洒玉树临风对不对，可今天这个徐老师是不俊（在黑板写下”俊“字），知道为什么这么说吗？你看我，确实长得像他说的一样，像个农民，长得不俊，这个俊一个是帅气的意思，还有一个是聪明的意思，我小时候呢，还不如你，长得没你帅也没你聪明，可我的爸爸妈妈希望我慢慢地变帅变聪明起来，给我起名字叫“俊”。同学们有没有在这个舞台上上过课？

生：没有。

师：没有，今天第一次在这上对不对？

生：对。

师：很新奇吧！

生：对。

师：今天上完课以后回去是不是要跟爸爸妈妈说点什么呀？啊，今天来了一个老师，给我们上课，这个老师怎么怎么样，是不是要说的？

生：对。

（二）初态交际

1. 情境创设

师：我们来试试看你会不会说，好不好？我来当家长，你放学回来跟我说好不好。愿意的举手。（有同学举手）那个小男孩站起来，现在我是妈妈。

（学生窃窃私语并伴着笑声）

生：什么啊？

2. 评价预设

师：我是妈妈，你嘴巴张那么大干嘛？

生：因为您是男的不是女的。

师：男的也可以当妈妈，在哪？在哪？就在你们的面前，你们课堂上，这个徐老师就爱当男妈妈（此时老师在黑板上写下“男妈妈”三个字），好，我牺牲一下自己变一下性别，然后我在家里炒菜，你从外面进来，跟我说好不好。

（老师角色扮演，演妈妈在想炒什么菜，然后同学回来见到妈妈）

生：妈妈（比较羞怯）

师：声音响一点，你进门怎么喊妈妈的，再来。

生：妈妈（大声地）!

师：哎，乖儿子回来了，像不像妈妈（问同学们，同学们回应像），我继续炒菜，你说。

生：妈妈，今天我们在凯德大剧院来了一个新老师给我们讲课。

师：哦，来了个新老师给你们讲课，来个老师就来个老师，这有啥好说的？

生：因为那个老师超级幽默的。

师：哦，因为那个老师很幽默。你都不说我帅啊？

生：呃，有点帅。

师：老师很幽默，幽默的人、帅的人很多啊，你跟我说这个有什么意思啊？

生：就是他非常帅的意思。

师：非常帅，有多帅？有你爸帅吗？

生：大概差不多。

3. 引导预设

师：这个老师可以转变形象成爸爸吧？可以吗？不可以。我这个妈妈听半天没听清楚这个老师是什么样的，连他是男的女的都还不知道。好，请坐。看来我这儿子在学校没好好学。该怎么介绍我，如果回去跟爸爸妈妈讲，他刚才有一点很好，他首先告诉妈妈来了一个老师，他特别的幽默（在黑板写下“幽默”两字），如果这个老师很普通你要介绍吗？要介绍一个人首先他是给你有一个不一样的印象，当然有人觉得我帅也可以说。那怎么介绍我，从哪些方面来介绍这个老师。

生：从你的面容还有性格介绍。

师：面容可以说我的长相，还有我的性格，还有吗？

生：从你的穿着来看。

生：还可以从您的身材来介绍。

师：我有多高？

生：一米七？（纷纷猜测，窃窃私语）

师：一米七吧，不确定，大约，我这个身材在人群当中是不是很突出？好像跟一般人没有什么区别对不对，如果你说这么多等你讲完菜都吃不上了，这样行不行？

生：不行。

（三）观察与表达

1. 观察指导

师：介绍一个人要介绍什么？（板书“有详有简”）不能说那么多，好，现在老师站这儿了，让我做一分钟的美男子。你为什么老笑得那么开心？你说。

（学生哄笑，某一学生一直笑得很开心）

生：因为你哪里长得像美男子啊？

2. 观察老师

师：你就不允许我找点自信吗？（板书“美男子”）你看，老师讲到美男子的时候他笑得比我还乐，你看他把嘴巴都捂上了，好，观察一分钟，然后来介绍我，现在开始。

（老师摆姿势给学生观察，摆了一个很萌的姿势逗笑了学生）

师：好，时间到了，谁来介绍我？来，你说。

生：徐老师，您的长相是尖脸。

师：尖脸？尖吗？尖还是不尖？锥子脸，大美人一个，是吗？你观察我这个脸。

生：然后，还有像鹰一样的鼻子。

师：那叫啥？

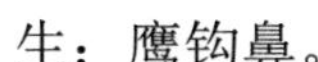

生：鹰钩鼻。

师：我像不像老外？我像老外吗？你看我就一个中国人，哪有鹰钩鼻啊，你瞎说。

生：戴着大大的眼镜。

师：哎，眼镜是挺大的，比你的那个大，是吧？

生：一对大大的眼镜里边是小小的眼睛。

师：哎，这个有意思，继续。

生：眉毛很浓的、嘴巴很大，有胡须，不过是短短的。

3. 交流分享

【评价预设】

师：看出来老师很邋遢，昨天晚上没有刮胡子，是不是还准备说我的耳朵，要把我五官说个遍对不对，谁都有眼睛、鼻子、耳朵、嘴巴，介绍人都这么介绍的吗？我的五官是不是都要一样一样介绍？

生：只要介绍一些比较重要的。

师：我的鼻子不重要啊？眼睛不重要啊？

生：就是介绍老师的一些特点。

师：对了，五官有很多，哪个都重要，但是要介绍的话要抓住我的特征（板书“抓住特征），这是徐老师跟别人不一样的地方。

【引导预设 1】

生：老师是个光头。

师：首先表扬你，说实话很重要，千万不能说老师长得玉树临风，长着一头乌黑光亮的头发。你说实话了，我表扬你，但是说实在话我听了心里觉得有点伤自尊，同样是说实话你总要说得有艺术点，会吗？你想想看。

生：老师虽然是光头但是长得很帅。

师：后面这句话纯属忽悠我，还讲我这个脑袋，怎么说，说得有艺术点。

生：老师聪明绝顶。

【引导预设 2】

师：刚才说过了，你可以用一个词来说，大家知道我的特点，还有吗？不用四个字，说的好玩点。

生：老师是个秃头。

师：你看你看，我讲半天你又回去了，你打击我，怎么说实话又不伤人，想一想。

生：老师的头像一休一样的，是光头但很聪明。

师：光头像一休一样，或者还可以打个比方，老师的脑门。

生：老师的脑门好像一面镜子。

师：为什么说像镜子，因为我的脑门很亮、会发光，你认为这是什么光？

生：是智慧发出来的光。

师：是吧，简称叫“智慧的光芒”对不对，我记得上一回还有人把我的脑袋比喻成另一样东西，就在我口袋里。

生：拳头？

师：不是，就在我口袋里，你知道吗？比喻成什么知道吗？

生：鸡蛋。

师：但是，那个同学很会说话，他在鸡蛋前面加了两个字，你知道什么吗？

生：鸵鸟的蛋。

师：鸵鸟的蛋跟我有关系吗？你这不是表扬人，刚才不是说我像一休吗？那应该是什么蛋？

生：荧光蛋。

师：这瞎想。

生：咸蛋。

师：还是外形对不对，刚才谁比喻我像一休的，那这个脑袋应该是什么蛋？

生：智慧的蛋。

师：智慧的蛋，是不是啊？我们经常说："哎哟，你这个聪明的蛋。"

（奖励给这位学生一颗鸡蛋，板书"聪明蛋"）

【引导预设 3】

师：我再也不为我的光头难过了，你们说得我挺美的，还有啥可说的？

生：老师还穿着浅绿色的长大褂，像算命的。

师：衣服很长吗？有人说我像算命的，有人说我像农民，但是你们会发现这个农民不老土、不一般，这个农民在干吗？

生：讲课。

师：还有没有好一点的了，说实话但是也要说好话，看看我这身着装打扮，多好，多好什么？

生：很像一个非常有文化的古代的作诗的人，然后还架着一副圆眼镜，很有文化的感觉。

师：说得很好，但不要说得太啰唆，两个字。

生：诗人、文人。

师：像吧，尽管跟现在这个时代格格不入，但还是挺像一个有文化的人。

生：您很像古代的一个诗人。

师：哪像？

生：穿得很像，复古系。

师：哎，穿的复古系的，你看，他的词语多会用。讲了我的脑门、衣服，还有吗？

生：应该讲性格。

生：我觉得老师的性格很幽默。

师：幽默，我刚才说自己帅你们都不承认，现在他说我幽默你们承认吗？

生：承认。

师：我怎么幽默了，刚才不是挺严肃的吗？刚才吓得谁都不说话的？

生：您说的话总是让人很想发笑。

师：没见过我的人，他听了你这话他会相信吗？我说了哪些话让人发笑？

生：您说您很帅。

师：我说我很帅，但是我其实长得并不帅。

生：老师说要当一下美男子确实很像卖萌似的。

师：哦，老师会卖萌，没想到年纪这么大的一个男老师还会卖萌是吧？你看多好，跟你们在一块我都学会什么叫卖萌了。（板书“卖萌”）

生：您还说您喜欢当男妈妈。

师：还有印象吗？刚才我说我喜欢当男妈妈的时候我那个样子。

生：很自恋。

师：很自恋，觉得自己能够演好一个男妈妈，还有吗？

生：很像真正的妈妈一样贤惠。

师：你怎么知道我贤惠？

生：因为老师从炒菜的动作上面表现得很贤惠。

师：哦，一说当男妈妈，就拿起话筒当锅铲，那一举一动俨然一个好妈妈，尤其是看到乖儿子来的时候那个动作。那现在知道该怎么介绍我了吗？要介绍我就在方法上面突出两个字——

生：特点。

师：对，抓住特征，那有哪些特征？

（四）“徐老师”印象

1. 捕捉性格

生：长相，内在的。

师：对，有长相还有内在的性格特征，有两个方面：一个是外貌上，一个是性格上。那现在你们很多人爸妈都不在现场，我看看你们会不会说，把他写下来好不好。要写我的性格特征，能不能一张口就徐老师怎么怎么样，要围绕你们对我的印象来写，哎，你们看这个徐老师，人也幽默、长相也幽默，就从这两方面写，由于时间关系，只能给你们 10～15 分钟去写，一篇文章写得完吗？写不完，这样吧，写我外貌的你抓一两个特征，不要超过三个，写我性格的写一件事，最多不要超过两件事，再加上开头结尾，拿出笔，抓紧时间写。

（学生都认真地写起来了，老师在观察学生写的作文并做记号）

2. 拟题指导

师：刚才老师在你们题目边上圈上圆圈的请站起来，读一下你们的题目。

生：我们的徐老师。

师：我一下子变成你们的老师了？

生：我们的新老师。

师：嗯，好的，新老师。

生：徐俊老师的性格。

师：告诉人家这篇文章写什么的，说明一下，这都不叫题目，看看好题目是什么样的，打五角星的几位站起来。

生：令我难忘的一位老师。

师：尽管才上过一次课，但这个老师让我很难忘，但是太啰唆了，“难忘徐老师”，行吗？

生：行。

生：可爱的徐老师。

师：有用可爱来形容大人的吗？

生：没有。

师：但今天徐老师是不是真的很可爱？

生：是。

师：写得很好，但我觉得你这个可爱其实还可以加上双引号，一般情况下不用可爱来形容大人，但今天徐老师确实可爱。是否可以取一些人家没取过的，还可以写什么样的徐老师？

生：“自恋”“帅”。

师：所以你们应该写我长相，写我上课的样子。

生：气度不凡的徐老师。

师：哎哟，这把我给夸的，取题目要动动脑子，其实还有人给我取过好题目“聪明蛋徐老师”“慈祥的光芒”，然后，我在题目上画上波浪线的有哪几位？

生：我的老师戴着一个又大又圆的眼镜。

师：一般说你们自己的老师，你不能讲“我的徐老师”，你可以说“这位徐老师”，特指今天这位老师。

生：这位徐老师戴着一副又大又圆的眼镜，他的眼睛小小的，一笑起来就变成一道缝。

师：不是一笑起来，是笑起来，不要变成而是眯成。

生：他的嘴巴大大的很有趣。

师：嘴巴大大的怎么有趣？可以加一句话。

生：时常蹦出一些很有趣的话，逗逗我们。

生：徐老师特别幽默，他竟然说他自己是男妈妈。

师：他说自己是男妈妈的时候，你自己心里在想什么？是不是在想世上哪有男妈妈呀，你这句话有没有写进去？

生：一会又说他想当一分钟美男子，他也太喜欢卖萌了。

师：这么短的时间能抓住这些特征来写很好，但是，我刚才看了一圈，或许该怪老师给你们的时间不够，有一个地方你们写得不够，你们说我可爱、卖萌，但是在你们的文章里面好像没有让我张口说过话，在你的文章里也看不到我脸上的表情以及我做了些什么，要把我说的这些话，把我怎么卖萌的写下来。今天你们抓我的特征抓得特别好，那下课以后再给你们些时间写我，今天这节课就上到这，下课。

二、学生习作及评点

【学生作文1】

来自“丢三落四星”的我

（浙江省杭州市采荷三小五年级（4）班　胡馨好）

月光柔和的夏夜，一栋居民楼的六层，一个黑色的“小身影”在各个房间穿梭。许久，她终于“穿越”回了自己的房间，一边数着书包里的书，一边看着课程表：语文、数学、品社……嗯，应该都齐了。（在各个房间穿梭？许久？干吗？一定是找不到自己的东西了嘛！好在“应该都齐了”！等等，什么叫“应该”？看来，这家伙真不靠谱。瞅这语气，肯定是个“丢三落四”的孩子！）

“对了，音乐课要陶笛的。”她一边嘀咕着，一边又开始在各个房间穿梭。（这不，又开始“穿梭”了。）

“天哪，新的陶笛又失踪了！妈妈快来帮我，妈！妈！妈！”终于，她忍不住了，奋力地喊叫着。（真的丢了，要不然，说话不会这么着急哦。）

“怎么回事，新买的陶笛又丢了，你好不好意思再让老师帮你买？”妈妈生气地说。（看来是经常丢东西，否则，妈妈怎么会这么生气呢？）

“呜，那再找找，再找找。”那个声音嘟哝着。

“哗呜！还是找不到，再找找！”那个小身影在茶几和餐桌之间穿梭。（知道自己“丢三落四”，知道自己错了，心虚了，底气不足了。可怜的孩子。）

最后，“小身影”只好拨通了班主任张老师的电话，脸上挂着鼻涕加泪水的混合体。一听张老师说帮忙找找，“小身影”立刻破涕为笑，变化可称光速。（看来，平常老师对她挺宽容，也知道她一般会丢哪儿，果然是“丢三落四”出了名了。）

第二天，到了学校，老师递给“小身影”一个陶笛，语重心长地说：“下次一定要保管好自己的东西，别再乱丢了，知道了吗？”

“知道了——”“小身影”说。

这“小身影”是谁呀？她就是来自“丢三落四星”的“外星人”胡馨好哦！

【老师点评】

读这篇文章，我仿佛看见这个很粗心却又可爱得让人恨不起来的小丫头在家里到处翻箱倒柜找东西的情境。胡馨好就是这样一个孩子，平时说话、做事很“卡哇伊”，所以，文章中她的语言也是充满卡通味，又十分形象。这篇写自己的文章，不愧为一篇佳作！

【学生作文 2】

我们班的周星驰

（浙江省温州市建设小学四年级（1）班　邹卓成）

一说起周星驰，大家是再熟悉不过了。但是我们班的这位周星驰可不一样，作为四（1）班的“明星”，他可是被老师“骂”出名的！（“骂”也可以出名？没错。每个班估计都有这样的宝贝。你们班有吗？）

每次上数学课，大家都在认真听课，他总是旁若无人地在一边玩儿。玩啥？一开始谁也不知道，不过，等老师“请”他的时候，我们就都知道了。

语文课上，他也经常因为不认真听讲，不认真写作，而被老师“请”上了讲台“慢慢讲”。（如果是你班上，一讲起这样的例子，你肯定能猜出来是谁，绝对不会错，是吧？因为这些“光荣事迹”，一般就是这个家伙干的，不会是别人。）

不过，也不能说周星驰的名气都是“骂”来的，他也经常像电影里的周星驰一样搞笑。有时，他“无意”说的一句话，做的一个动作，都会使我们哈哈大笑，就连老师也时常被逗笑呢！

这不，他正和几个男生在操场上打球。突然，一个球“砰”的一声砸到了他的脑袋。打球的同学都吓坏了，没想到他却若无其事地唱起歌来：“我是一个兵，来自温州队！不怕痛，不怕累，只怕学习哦！”这一下，可把大家逗乐了。见小伙伴们哈哈大笑，他又“发话”了：“笑什么呀！一个个没良心的。刚刚是谁呀！砸了我的脑袋！好疼啊，大家快来帮我揉揉屁屁嘛！”砸到了脑袋，要揉屁屁，真是天下最有“毛病”的人。（他的可爱之处不正是因为这有“毛病”的语言吗？有这么一个幽默、开朗、没心没肺的小伙伴，我想也是挺开心的。）不过话说回来，我们班有了周星驰，还真是多了一份开心和快乐呢！

【老师点评】

瞧见没？这就是四（1）班的周星驰，是不是也和大明星周星驰一样幽默？你班上是不是也有这么可爱的小伙伴？周星驰可爱，小作者也挺能写。你看他写的，上课老做小动作，老被老师批评，老逗大家开心，还有那“逗比”的语言……我拿到作文的时候，把周星驰的名字隐去了，再在班上一读，同学们一听就异口同声地说：“周星驰！”

是呀，只要让你笔下的人物做自己的事儿，说自己的话，哪怕你不写他的外貌，人家一猜就是谁。

【学生作文 3】

五（4）班，一个“神一样的班级”

杭州市采荷三小五年级（4）班　胡馨好

（一）哨　兵

一个乱哄哄的中午，几位“哨兵”在教室门前放哨。

“任老师来了！任老师来了！”随着几声哨兵的叫喊声，我们赶紧回到座位上，假装看书或者写作业。

过了许久，教室里发出议论声："任老师来了没呀？"

"就是就是，到底来了没啊？"

"哨兵22号，开除！因为报错信息，扰乱广大民众！"哨兵长24号说。

"求你再给我一次机会吧！求你了！"22号哨兵苦苦哀求道。

"那好吧！"24号哨兵长答应道。（一群调皮的孩子在简洁生动的语言描写中跃然纸上。）

过来几分钟，哨兵22号说："任老师真的来了，请大家做好准备，任老师正从旋转楼梯上来。"

没过几分钟，任老师真的来了。哨兵长24号偷偷转身，对哨兵22号竖起了个大拇指说："事情办得不错，升级！"

"耶！"哨兵22号偷着乐。

（二）恶　作　剧

关于恶作剧的事儿，我不得不提一下。愚人节那天，我吃过午饭回教室去。只见教室门半掩着，门里边，朱俊蓉对着我贼笑着，眼里闪着狡黠的光芒。我全身直冒冷汗，起了一身鸡皮疙瘩，立刻有了防备之心。（描写心理的这段话，语言风趣，描写生动！）

我用手指轻轻推开门。果然，"啪！"一声，一个玫红色的"炸弹"飞了过来——一只可怜的笔袋！说时迟，那时快，我将身一扭，躲了过去。幸亏没打到，真是虚惊一场。

以后，你们看见朱俊蓉这副"贼样子"，可千万不要轻易做出什么举动哦！

（三）运　动　会

关于运动会的口号，那真是"可笑"了点。咱们班的大文豪李雨轩说："我们504班总是得最后一名，这次，我们一定要扭转乾坤！先从口号开始吧！"

"五（4）五（4），踏平最后，勇夺第一！"谢晨锦说。

"不好不好，换一个，来个幽默点的，五（4）五（4），把舵扬帆，争夺第一，踏平采三。"（"踏平采三"，真不知校长听到这样的"神口号"会是什么表情。）

大文豪李雨轩说。听完，众人都笑了。

五（4）班，一个神一样的班级！

【老师点评】

这是一篇五年级（4）班众生相，一个个鲜活的人物，简直比《红楼梦》里的还生动。你看那两位哨兵，简简单单几句话，班上的"男一号"和"跟屁虫"就跃然纸上了；再看"狡黠"的朱俊蓉，不用正面描写他，只要看那虚掩着的门，还有他的贼笑，就知道他要干什么，当然，这样的事儿，也就朱俊蓉干得出来；还有"大文豪"李宇轩，一句口号笑翻全场，甚至，能够让我们想象一下校长如果听到了，会是什么表情。可以肯定，这是一篇"神一样"的作文，作者胡馨妤，是一个"神一样"的文学小天才！

第三节 公民表达：全面审视问题，理性表达观点
——六年级《公民表达》习作教学案例[①]

小学六年级学生思维能力正从形象思维为主转化为抽象思维为主。在这个阶段，适当地加强抽象思维训练，有利于学生逻辑思维能力培养。郑可菜老师《公民表达》习作教学从现实中选取教学材料，以“撑伞”为话题展开讨论，在对比中激发学生发散思维，培养学生思辨能力，有图有文，有理有据，在对话中、在形象中培养学生的逻辑思维能力，取得了较好的教学效果，值得提倡、推广。

背景信息

一、政策与理论背景

写作是人类运用语言文字、符号进行记录、交流、传播信息的语言活动，是人类运用语言文字服务于生活、工作和学习的主要手段，也是人类的精神文化创造行为。《义务教育语文课程标准（2011 版）》也指出：写作是运用语言文字进行书面表达和交流的重要方式，是认识世界、认识自我、创造性表述的过程。写作的重要性可想而知。

写作教学在语文教学中占据半壁江山，但写作教学也是语文教学的“难点”，一直以来，中、小学语文教师都难以找到有效的教学方法。小学生什么时候开始教写作？小学要不要分文体教学？论述类（理论类、议论文）文体能不能在小学高年级中教学？此类问题也一直困扰着小学语文教师。浙江温州特级教师郑可菜老师这堂习作课《公民表达》为我们作了很好的示范。我们可以大胆地说，小学高年段学生正由形象思维转向抽象思维，在这时及时让他们阅读议论文、学写论述类文章，是很有好处的。《义务教育语文课程标准（2011 版）》学段目标与内容第四学段（7～9 年级）也指出：要让学生阅读简单的议论文，区分观点与材料（道理、事实、数据、图表等），发现观点与材料之间的联系，并通过自己的思考，作出判断；写简单的议论性文章，做到有理有据。

什么是议论文？议论文又称为说理文，是一种剖析事物、论述事理、发表意见、提出主张的文体。作者通过摆事实、讲道理、辨是非等方法，来确定其观点正确或错误，树立或否定某种主张。议论文应该观点明确、论据充分、语言精练、论证合理、有严密的逻辑性。议论文是以议论为主要表达方式，通过摆事实、讲道理，直接表达作者的观点和主张的常用文体。它不同于记叙文以形象生动的记叙来间接表达作者的思想感情，

① 彭小明，郑可菜。

也不同于说明文侧重介绍或解释事物的形状、性质、成因、功能等。议论文是以理服人的文章，记叙文和说明文则是以事感人、以知授人的文章。

二、来源与对象背景

本案例是浙江省特级教师郑可莱老师于 2015 年 11 月在“海峡两岸语文教学研讨暨第七届全国新语文教学尖峰论坛”上执教的公开课。郑老师是浙江省特级教师、温州市享受教授级待遇中学高级教师、上海师范大学访问学者、浙江师范大学教育硕士。她曾荣获第五届“四方杯”全国优秀语文教师选拔大赛一等奖。她还是浙江省网络郑老师名师工作室主持人、浙江师范大学特级教师流动站导师、温州大学教师教育学院硕士生导师，曾担任部级“一师一优课”评审专家。

案例正文

一、教学材料

自编教材《公民表达》第二章“评议时事”第三节“全面审视问题，理性表达观点”。

事件 1：上海小学生为女教师打伞事件

> 2015 年 4 月 30 日，有网友曝出一组据称系学生出游给老师打伞的照片，称“现在的老师也真是牛了”。图 1 显示一位成人正带领一队学生观光，队伍后方背着书包的一短发男孩在给一名长发女子撑伞，该女子戴着墨镜。此后，女子坐在长椅上，男孩依然为其撑伞。由于摄影角度关系，难以看清男孩表情，该女子则表情坦然。

照片被传上网络后，众议纷然。网友纷纷指责该教师行为恶劣，缺乏师风、师德，评其为“任性”“霸气”“没有师德”等，也有人发出了不同声音。我们摘录部分评论如下：

评论 1：就算学生主动，这样的老师也是师德有问题。从这个图看得出这种老师平时接受多少学生的好处了，这种不是一般的好处，要别人伺候她。不谈师德了，做人都有问题。（新浪网友）

评论 2：我个人觉得不是老师有问题，是社会出问题了，道德出问题了。教育方面是没问题的。能主动给老师打伞，说明老师教育的成功，教会了孩子学会感恩。我觉得这件事情应该是正面的，不该这样让一群充满了极端思想的人来混淆视听。（新浪网友）

图1

评论3：当然，我也不否认，为他人撑伞也可能是为了讨好别人，但小男生为年轻女教师撑伞，如果是自愿的，这种对年轻女教师的爱护，恰恰是孩子阳刚和绅士的表现。（摘自《新校长》）

评论4：从学生角度而言，这或许为了表达对老师的敬意。但从教育角度来看，让一名小学三年级的学生，踮着脚给自己撑伞，可能会成为不良示范，对处于人格形成期的中、小学生可能有不可忽视的潜在负面影响。（摘自《人民日报》）

评论5：在不确定伞下的女教师当时包括身体状况在内的具体细节情况下，仅凭一组照片、几个表情，就对这位女教师口诛笔伐，并且让这个打伞的小学生跟着躺枪，这无疑不妥。应该说，这也不是围观者的目光太犀利，而是不同人群的情绪反差太大，很多人的声音似乎不在同一个思维频道上。（摘自《长沙晚报》）

事件2：某明星晒娃遭骂

某明星因为在2015年阅兵当天在微博晒娃，遭遇大量网友的攻击谩骂，许多人怒指其不爱国，“别的明星都在秀国家，而你们仍在秀孩子”“你都不关心国家大事的吗？”随后某明星发文表示：“真是对不起，因为分享了一张儿子的照片，让大家不高兴了。”

事件3：成都男司机暴打女司机事件

2015年5月3日下午，成都市一女司机被后方小车司机张某逼停后拖出车外，遭暴打，男司机多次狠踢女司机脸部。网友群起愤怒，同情女司机，而谴责男司机冲动、鲁莽甚而大骂其“丧尽天良”“人渣”。男方行车记录仪曝光女司机恶意变道、插车真相后，舆论风向出现惊天逆转，为男司机“点赞”，甚至称之为行侠仗义的英雄、侠士，而对女司机嗤之以鼻，道德评价的漩涡风起云涌。

二、教学过程

社会千变万化、世事繁杂纷芜，如何看待这些问题、事件、现象？

互联网时代，每个普通个体拥有强大的话语权。论坛、微博、博客……几乎每一个事件，迅速传播，引起公众的评说、议论、争辩。怎样合理表达自己的看法？

每个人应该具有一种怎样的公民素养？

今天从“撑伞”说开去。

（一）看网络“撑伞图片”，说说照片关键词

【活动一】看一组撑伞的照片（图2），说说每张照片的关键词。

①

②

③

图2

图①是母亲为孩子打伞图：呵护、母爱。

图②是女孩为行乞者打伞图：关怀、悲悯、正能量。

图③是情侣相依打伞图：温馨、温暖、甜蜜。

打伞，最简单行为，却折射人生百态，透出不同的情愫。

看到母亲为孩子打伞我们会想到呵护、母爱；网上受盛赞女孩为行乞者打伞的照片，其人性的悲悯情怀让人感动，也让关注弱势群体正能量得到传播；看到打伞相依的情侣，温馨、温暖、甜蜜会感染我们。学生为教师打伞呢？经由网络发酵，学生为教师打伞会引起怎样的热议？

（二）议“撑伞事件”评论，全面客观看待问题

具体事件及其评论见前文“事件 1”。

【活动二】评论“评论”，把脉语言表达。

“评论”总结：

评论 1：带有偏见且武断。将原有的“打伞”就是为拍马的思维定式迁移到这个事件中来，认为这个小学生也是拍马。

评论 2：“不是老师有问题，是社会出问题了，道德出问题了”，强加逻辑关系，妄加揣测。

评论 3：承认不同意见，以退为进，表达“这一个”可能带有的特殊性。

评论 4：分不同角度来看问题，使自己的表达言之成理。

评论 5：“在……情况下”设下前提来评析，因为事情是动态生成的，而照片是静态画面，用事实说话，就不能单凭一张照片、一句话语妄加评论。

（三）关注网络话语生态，培养自觉公民意识

【活动三】以两个社会热点事件为例，用自己的话语概括网络话语生态特点。

网络话语生态特点整体趋于理性，但是仍存在表达失序、极化偏激、拒绝思辨、人云亦云、法制意识淡薄等特点。

网友将晒娃视为不爱国，其中的推导链条大概是：晒娃—没有看阅兵—不爱国，稍一推敲，我们会发现这种谩骂是不讲逻辑的。网友用这种荒谬的逻辑来进行道德绑架，无数类同跟帖，使网络最易在集体性的“崇高”中迷失自我的判断，甚至道德缺失，是非、善恶、美丑混淆。

成都男司机暴打女司机事件中，网友不问前因后果，由口诛笔伐突转至盛赞，对其行为涉及故意伤害和寻衅滋事视而不见等都是表达拒绝思辨、缺乏理性的表现。

【活动四】讨论：我们如何培养自觉的公民意识，做到理性表达？

小学生处于思想品德和价值观念初步萌芽的关键时期，学习参与社会公共生活，如何用正确的价值导向发出“自己的声音”显得尤为重要。全面客观地看问题，明辨是非、鉴别美丑的理性辩证表达，是一个具有平等意识、权利意识、社会责任感的公民所应具备的基本素养。

不仅是网络话语的表达需要理性，公共生活中为人行事表达中更需要理性。它是，一种思维方法，更是一种生活的姿态——理性精神、公民意识。

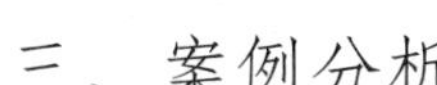

三、案例分析

（一）教学材料与学情分析

教学材料来源于大家司空见惯的网络，看似不经意，其实用心良苦。执教者郑老师选取熟视无睹的材料，告诉我们“生活是写作的源泉”“嬉笑怒骂皆成文章”；执教者郑老师还对教学内容做出了合宜、合理的选择。教师引导学生着重分析两个社会热点事件，是学生喜闻乐见的内容，是学生认知里“理所当然”的事件。从这个点延展开去，深入进去，“评论”评论，激起“相异构想”，以探求理性表达的方式、方法，比较“雨伞爸爸”转身前后迥然不同的价值判断，对此比较、揣摩学生更快捷、更深入地体悟到“话语生态”。另外，执教者郑老师教学还做了精心的层次安排，由学情的研判而基于学生的认知由浅入深地设计：一般的雨伞事件的意义判定—两起“撑伞事件”引起的讨论—引申其他类似的社会事件—网络话语生态的实质—培养自觉的公民意识。教学内容呈现思维内在的逻辑。通过五个活动，带领学生在不断更新旧知的基础上，以思维的激荡和自觉地培养公民意识为教学旨归。

小学生初次接触议论文写作有一定的难度，但小学生具有强烈的表达意识。当然，“发出自己的声音”“理性思考”并没有真正内化成为自己的意识，容易盲从、轻信。对社会热点事件有较高的关注热情，但话语表达易情绪化、偏激化。所以，我们要积极引导他们思考生活、思考社会。

（二）教学内容与方法分析

1. 教学内容的选择

本案例选取个人话语自由的网络语境的“公民表达”，切合当下写作表达的要义，也是一个学生成长过程中必要的责权意识的引导。因为近年来，新媒体因其显著的技术优势和门槛低、限制少且交互性强等特点，成为公民自由发表意见、进行利益诉求的重要平台。然而，它在促进公民表达民意、参与公众事务的同时，也逐渐呈现出“非理性表达”的形态，网络上充斥着偏激的、情绪化的言论，甚至谩骂、侮辱的言辞到处都是，这给新媒体发展和社会稳定带来危害。从小学的高段，训练学生思维，引导“全面看问题、理性表达”，意义重大。

2. 教学方法的选择

本案例以有梯度的语文学习活动作为课堂教学的环节，设计了“说关键词”“评一评”和“写一写”等“学的活动”来引导学生全面思考、理性地表达观点，形成能力。“学的活动”这种教学形态，致力于把以往教学中主要依靠教师的教，转变为主要依靠学生的学的课堂，最大可能地让每个学生都主动而有质量地参与到学习中来，真切体验，激发深度思维，促进有意义的学习。设计努力将知识、体验、感悟相融于学生自己的知

识经验里，学生在教师的引导下，始终紧扣对事件的感悟、感受和认识，体现“教是为学、让学”的教学理念。

（三）案例主题与价值分析

作为一个现代公民，学生应该如何表达自己的观点，是在这个言论自由的年代所必须思考的问题。每个公民都有自由表达的权利，也应该承担自由表达的责任。本案例针对初具表达意识的小学高段学生的年龄心理特点、认知规律等，选择典型公共事件，以网友的言论和评论为教学内容，引导学生符合公民身份的表达，理解公民表达所应该具有的观念和意识。

课例集趣味性、知识性、思想性为一体，选取网络热点公共事件，引发学生讨论的兴趣。学生在表达自我观点的过程中，通过教师的引导、学生讨论的指引，提高学生公民表达的素养，增强公民表达所应该具有的理性意识、责任意识。

案例思考题

公民指的是“具有或取得某国国籍，并根据该国宪法和法律规定享有权利和承担义务的人”。公民素养是一个现代社会公民应该具有的素养。单就“表达”来说，它的前提是全面客观地看问题，明辨是非、鉴别美丑的理性辩证表达，是一个具有平等意识、权利意识、社会责任感的公民所应具备的基本素养。

网络公共领域创设了话语民主空间，使公众通过话语形式参与公共事务、对公共事务进行讨论和批判等，每个人都拥有前所未有的话语权。但另一方面，如马尔库塞在《单向度的人》提及单向度的工业社会具有“极权化”倾向，当人们使用相同的网络，阅读着相同的头条，信息社会造就了无数“单向度的思想”与“标准化的人”。这样的时代症候里的人们最易在所谓集体性的“崇高”中迷失自我的判断，无数类同跟帖，即是“单向度的思想”的典型体现——缺乏独立思考、批判精神和质疑精神，一味认同、跟风。

小学生处于思想品德和价值观念逐步成熟的关键时期，学习参与社会公共生活，如何用正确的价值导向发出积极的“自己的声音”显得尤为重要。这种声音不是幽怨悱恻的心灵低诉、青春絮语，而是以公民的身份去表达，凭广阔的视野密切关注“上海小学生为女教师撑伞事件”“成都男司机暴打女司机事件”等社会热点事件，更以一个合格公民的要求去表达自己的看法。面对任何一个现象，我们可以追问：

我持什么观点？

我为什么这样说？

事件（现象）有什么条件和背景？

我的观点含义是什么？不是什么？

它发展下去会怎样？

在现实中有什么必要性？

……

当然，不仅是网络公共领域的表达需要客观理性，任何公共生活中为人行事表达中都需要理性精神、公民的意识。它，是一种思维方法，更是一种生活的姿态，借用著名杂文家、时评家鄢烈山的话来说："我只是一个现代社会的公民。"

案例使用说明

1. 适用对象

本案例适用于小学教育专业、教师教育相关专业的研究生或本科生，以及小学语文教师的专业培训。适用课程包括《小学语文课程与教材研究》《小学语文教学设计与实施》《教学设计》《课程与教学论》《教学技能》等相关章节。

2. 教学目的

（1）明辨网络话语生态中存在的偏激、失序表达；

（2）剖析"评论"，概括全面看问题、理性表达的方法策略；

（3）通过写话实践，理性表达观点；

（4）讨论网络话语生态特点，培养自觉的公民意识。

3. 要点提示

（1）相关理论：教学设计、语文课程与教学、语文思维学、写作教学。

（2）关键知识点：论述类文章写作、议论文、观点与材料、论证。

（3）关键能力：研读教材的能力、学情分析的能力、教学设计的能力、教学实施的能力。

（4）案例分析思路：符号化思维、公众预设立场，在表达上的情绪化、非此即彼式的思维方式、传播断章取义等都是自媒体时代表达的典型特征；以负责的态度辩证地思考，小小的"我"的声音很重要。

这个案例旨在培养学生独立思考、明辨是非、不跟风盲从，独立自主地表达、合法合理地表达、自负其责地表达、目的明确地表达、面向公众表达，在表达中突出主体意识、权责意识、功能意识、读者意识、创造意识、规范意识。

该部分主要提供与本案例中教学相关的拓展性阅读资料、与案例相关的文献、案例资源和网络链接资源。

4. 教学建议

1）教学方法

（1）目标学习法。明确目标，了解本板块知识点在整个框架的位置，掌握的层次要求，即识记、理解、应用、分析、综合、评价等不同层次。根据自己对公共知识分子、媒体评论的喜好明确学习重要目标。

（2）问题学习法。带着自己对公民如何进行表达的思考和疑问来学习本课程，这才是有意义的学习。尤其要思考应该怎样表达观点才符合公民的身份。

（3）联系学习法。各类媒体之间的评论存在一定的相似性，要善于联系，我们把联系的观点运用到本课程学习当中，会有助于对公民表达的整体理解。

（4）合作学习法。共同探讨，相互辩驳，在评论和对话中提高思维水平，从而提高整体语文素养。

2）教学流程

议“撑伞”照——事件 1；评论“评论”——事件 2；我来评论——讨论如何做到理性表达。

5. 推荐阅读

（1） 余党绪. 公民表达与写作教学[M]. 上海：上海文化出版社，2012.

（2） 田玉红. 国家意志与公民表达——125 人的十二五[M]. 北京：中国国际广播出版社，2011.

（3） 陈建新，胡勤. 论述类文章精选[M]. 杭州：浙江教育出版社，2017.

（4） 金新，郭梦霞.“公民写作”与“臣民写作”[J].语文新圃，2004，（10）：28-31.

（5） 张帅. 由网络群体事件看公民表达权[J]. 法制与社会，2011，（1）：178-179.

附　　录

一、课堂实录整理

《公民意识：全面审视问题，理性表达观点——由“撑伞事件”说开去……》课堂实录

（执教教师：浙江省温州市第五十一中学　郑可菜　王恩波）

（一）从“撑伞”说开去

1. 看“撑伞图片”说关键词

师：刚才课前你们老师问了我需要准备什么，我们一起来看下资料中的话题，这个话题是关于我们面对这个社会上纷繁的事件，我们怎样去看待这个问题，怎样去表达观点？

那你们现在说说我们是要准备什么呢？准备什么问题？

什么材料有没有？

什么事情让你们判断？

最主要的还是让你们准备什么来应对这个问题？

生：脑袋。

师：对，棒棒的，我们要准备这个地方对不对？（教师指了指自己的脑袋）。咱们知道，现在这个时代，从来没有一个时代，像现在这个时代一样特别的开放，尤其是网络让我们每个人都有机会发出自己的声音，因为你可以通过微信、微博、论坛，我们现在有没有做？偶尔有没有了解一些？

生：有。

师：好，你们说有，我们要发表自己的观点，那么到底该怎样看问题，怎样来表达你的观点呢？我们先从“撑伞”开始说起。早上我们刚刚撑了伞对吗？

生：嗯。

师：那咱们有没有思考过呢？没有？撑伞不就是撑伞吗老师？对不对？好，我们来看一组照片，这张照片，如果你给它取个题目，该怎么取？第二张，看得清楚吗？应该是——？

生 1：应该是一个有爱心的女生在给一个老爷爷撑伞。

师：好，补充一下这个老爷爷。

生 2：行乞的老人。

师：哦，可能是一个行乞的老人对不对？再看一下这个行乞的老人有什么特点？

生 3：衣衫不整。

师：嗯，还有可能，他整个人是侧着的，是残疾的。非常好，很注意观察细节。

师：那这个呢？认真看啦，眼睛要观察仔细啦，还有一张，我们给每张取个题目看看？好，第一个，你来取个看看？（被问同学未答出）

师：随便，没有事儿，这里很明显啊。（该生仍未答出）

师：一个娃娃躺在公园的休闲椅上，正睡得憨呢，可香了，好，你给取个名字，没有正确与否，只有自己的体验和理解。（教师指向刚刚未答出的同学，该生仍未答出）

师：那你再想一下，你觉得呢？哪个小朋友要举手？

生 1：亲情至上。

师：哦，亲情至上，接下来这幅图呢？

生 2：爱心之伞。

师：好，接下来这幅图呢？

生 3：情侣之伞。

师：对啊，是情侣之伞，可是我们要看到它的关键词啊，还有吗？

师：比如说，第一个，我们可以看出母爱的呵护，对不对？

师：那第二个呢，谁要说？

师：不一定是关爱之伞，还有别的吗？（之前一直未答出的学生举手回答）

师：哦，你终于想出来了。

生 4：爱心的传递。

师：哇，爱心的传递，是不是？

生：是。

师：因为咱们看了这个之后，下一次我们看到，我们也会受感染，我们会把这种爱传递下去。

师：第三个呢？他刚才说是情侣之伞，只是告诉我们这个现象，对不对？

生：对。

师：它是两个人紧紧相依相偎在一起，看这个画面，感觉非常的——关键词？

生 1：温馨。

师：温馨、温暖、甜蜜都可以。

师：好，这是我们图片上看到的是这样的伞，我们今天早上可能有两个人一起撑伞的，就是我们同学互帮互助的爱心之伞，对吧？

生：对。

2. 议“撑伞事件”的评论，全面客观看问题

师：好，我们再来看一张照片啊。这个女老师在扇扇子，给我们种什么感觉？

生 1：很热。

师：对，很热，从图片中我们可以看到，阳光很烈。我们再看一张图片。

生：春游。

师：哇，你怎么知道是春游？

师：是啊，是春游的时候，照片一共有一组，三张，我们都把它列出来。

师：这是一个在 2005 年的 5 月份在网上引起了一片哗然的照片，大家想想看，你看到这个照片，就像我们刚刚谈的关键词取题一样，你有什么感受？

师：好，你来说。

生 1：感觉这个学生对老师非常的关爱。

师：对啊，使劲地举高，表现了关爱，还有吗？

生 2：我想说的是，这个学生他是自愿的吗？

师：哦，真棒，我在质疑，是不是自愿的，是不是这个老师：“来，帮我撑着。”

生 3：我觉得有可能老师是强迫他的。

师：哦，有可能是这个老师强迫他的。谁刚刚举手了，再来。

生 4：这位小学生十分的周到。

师：哦，这位小学生十分的周到，是吗？

生 4：嗯。

师：还有吗？

生 5：这个老师太悠闲了。

师：哦，她是质疑这个老师，怎么自己那么悠哉乐哉，学生那么辛苦，你看，我们有不同的意见，对不对？

师：那么到底哪种意见是正确的呢？

师：单看这个图片，我们能看得出来吗？

生：看不出来。

师：你们好厉害，你看，我们的网友啊，在看了这三张照片后，一片哗然，引起轩然大波，他们在干什么呢？

师：比我们同学差多了，你猜他们在干什么呢？

生：骂这个老师。

师：对啊。骂这个老师，说这个老师任性、霸道、摆谱，还有说什么呢？

师：再严重点说，这个老师没师德。什么是没师德啊？

生：没有老师的道德。

师：对，没有老师的职业道德。接下来把这个网友的批评拿过来给同学们看一看。我们戴好听诊器，这里有五则评论，你认为哪个观点合理？（给每位同学发网友评论）

师：同学们，要有自己的思考啊，可以跟同桌讨论讨论，形成一个共识：我们觉得哪个好。

师：特别要注意，观点正确了以后，还要把它合理地表达出来，你认为哪个语言表达得更加确切、恰当。

师：好了，我们比较简短的，有同学已经想好了，你来。

生 1：我和我的同桌都比较赞成评论 5，照片里没有很多细节，就凭这几张照片和几个表情，不能看出来。

师：好，你觉得他说得比较合理。我们再看一下，他的表达上有什么特点？

师：特别讲究一个什么东西，讲的在什么什么的？

生：情况下。

师：假如，现在我要下课了，这边我要撑伞，这边要拿着我的手提，还要拿着我的扩音器，现在正好有个电话进来，我可能会叫这个同学，正好个子好矮对不对，刚好是班里个子最小的一个。个子很小，我和他刚好形成一个非常鲜明的对比。

师：可是呢，这会我有个电话，我可能也会非常的操心啊，所以我就这样，这个同学就帮我撑着。

师：有个好事者，你看，这个老师，这么摆谱，咔，就拍下来传到网上，网友就可能认定这个老师任性、霸气，是不是？

生：嗯。

师：所以，我们看，任何事物它都是一个动态的发展过程。这个照片呢，是静态的，所以看问题不能片面。

生：要有前提。

师：对，讲得非常好！也就是说，评论 5 给我们一个启示，谈一个问题的时候，我们可以怎样呢？

生：前提。

师：对，在不确定的前提下，设前提。

师：好，其他的小朋友再来说，你选的是哪则？

师：你刚刚要说的也是评论 5 是吗？

生：是。

师：哦，已经说到了是吧？有没有补充啊？

生 1：我们看照片只能看出来一件事情的结果，老师可能是有原因的，可能不舒服。

师：哦，老师也有可能不舒服。好的，那么这个同学说，我们看一个事情要推它的因，要溯它的果，对不对？

生：对。

师：非常棒哦。

师：还有没有要说的？或者我认为哪则不好？

生 2：我赞同评论 1，因为我看到这个老师左手拿着手机，右手拿着扇子，她其实完全可以自己撑伞的，而且她表现得很冷酷的样子。

师：对，一直很拽，用这个词可能更好，我觉得让人很不爽，哪有老师那么拽，让学生始终高举着为你打伞，对吗？

生：嗯。

师：我们再看一下，注意哦，我们看到这个时候我的第一想法，我们觉得，这个老师肯定是太不靠谱了。

师：可是，我们再分析一下，我们看第一句的表达，这样的老师，师德有问题，做人也有问题。好，再读一遍，你觉得这样的语言表达合不合适，认不认同？

生 1：我觉得这个表达也不是特别好。

师：哦，你赞同他的观点，但是你不赞同他的表达，这个表达你觉得是什么表达？

生 2：太直接了。

师：对，就是太直接了，太武断了，没有任何的前提下，直接给它加个帽子，你没师德。好，非常好。还有吗？

生 3：我比较赞成评论 3，因为评论 3 说到两种情况，他说的比较委婉。

师：对，他说的比较委婉，比较周全对不对？他怎么说的，一起读一下。

生：当然，我也不否认。

师：要表达一个观点，我事先得承认，可能有一个人的观点和我不一样，所以我们去假设它不一样。好，我们想一想，概括出来，后面加上去，认同什么？

生：观点。

师：而且是什么样的观点呢？跟自己相反的、不同的观点。还有没有？

生 4：评论 4 也可以，因为他提了多个想法。

师：对，评论 4 也很棒，我们看问题的时候要学会怎样？

生：多角度。

师：那我们发现，只有一个评论没有说及，为什么呢？

生：极端。

师：哦，极端这个词用得好。所以我们看问题的时候都带有一种思想，是思维的惯性对不对，所以，要真正做到正确看问题很难，我们还有很多很多种，我们今天就举这个例子来讲明这其中小小的三点。（黑板上归纳的设前提，多角度，认同不同的观点）

师：我们现在要补充今天这个话题的空白处，我们要怎样看问题？

生：用眼睛、脑袋。

师：对，我们不仅要用眼睛、用脑袋，还要用心、用思想来看。

师：所以这是我们今天学到的，要特别强调的，要用自己独有的思考去客观地、全面地看问题。

3. 评“雨伞爸爸”，理性表达观点

师：接下来。我们再来看，这是——知道吗？

生：知道。

师：很好，这就是除了我们的学业之外，还要知道这个世界上每天都在发生着什么。我们请一个同学，先用自己的语言描述一下这个画面。

生 1：一位父亲在下雨天为自己的儿子撑伞，而自己却淋着雨。

师：哦，而自己的背却湿透了，把伞完全撑在了孩子的身上对不对？

生 2：而且看这个小孩拽着爸爸的手，好像不想让爸爸把手拿过去。

师：哦。从这个角度看，这个小孩好自私啊。我们知道，这张照片首先是 9 月 10 号在美国的网站上被发出来，瞬间刷屏，引爆整个世界，不仅感动美国，而且感动世界，从美国到欧洲，最后到亚洲，网友都觉得什么？

生：感动。

师：哦，太感动了，他说我哭晕在厕所，你知道为什么吗？因为每个人看到这张照片都会想到，想到什么？

生 3：父亲。

师：哦，真好，他说父亲，刚才要我自己说我会说爸爸，因为他讲父亲的时候，情感已经有了变化，已经有了什么？敬意、敬重，敬重他的父亲。是啊，在我们每个人的身后，我们都有一个撑着雨伞的父亲，所以网友都很感动。但是事情继续发展，你知道发生了什么吗？

师：后来网络啊，使得这位爸爸转身了，网友们查证出来，这是一位华人，因为就职在美国的一家民行，网友由之前的盛赞转为什么？

生：指责。

师：为什么会是指责？

生：卖国贼。

师：卖国贼？

师：怎么他在外面工作就成了卖国贼了，那今天老师在这里上的这堂课就完全失败了，因为你恰恰变成了很偏激的一种语言表达。你看，他在美国工作了，卖国贼。网友就变成了“中国式”，“中国式”过马路，“中国式”去日本购物，都会怎么样？

师：斥责。这里是“中国式”的什么？

生：溺爱。

师：溺爱、教育，你看，就变成这样，它有些关键词。

生：溺爱、以自我为中心，天经地义。

师：好，我们的溺爱中有这样的例子，甚至还有好事者找到了另一张照片，这是在英国的马路上，也是一个爸爸牵着一个娃，可是这个爸爸呢？

生 4：给自己撑。

师：对啊，不管娃给自己撑，那么这有可能是另外一种教育方式，西方对娃的教育是比较放手的。

师：接下来，我们请大家在新浪来跟帖，说说你怎么看？

师：咱们能不能根据刚刚学到的更客观、更合理地来看问题和表达自己。

师：我把纸发给你们，你们在上面尝试着写，让自己的观点不至于偏激，让人家看到虽然不认同你的观点但也觉得你的表达比较合理，试试看哦。（给每位同学发纸片写观点）

师：写不出来的同学可以看看我们投影上的试着模仿这个句式，模仿出来的表达会更加贴切。

师：好多同学都写好了，我们四个人一个小组交流一下。嗯，四个人太多，我们写好的两个人交换一下，来推举一下你觉得谁表达得比较好。

师：来，我们先从这边开始。这位同学来读一下，好遗憾，它这里没有实物投影，我们只能读了。实际上，我刚刚都被你们的字给吓到了，怎么每个同学的字都那么好啊，是专业练过书法吗？不能直接投影太遗憾了啊！来，你来读一下。

生 5：我的观点是这有可能是父亲爱的表现，也不排除溺爱孩子的可能，但是后面网友因为“中国式”的教育观点一下子发生很大的转变这似乎有点不太公正，因为各国有各国的教育方法，都有一定的因果关系，不能一概而论。

师：我是高中的老师，我觉得高中的同学也不一定能像你一样，你看特别是她的几个关键词啊，她说这有可能是父亲爱儿子的表现，后面又说也不排除溺爱的可能，但不能因为这是“中国式”的教育态度就发生那么大的改变，这似乎有点不太公正，最后还有“不能一概而论”。语言表达得很成熟，你看我抠出来的字眼，这有可能，也不排除，很有控，我们从她这学到的一点是：不要把话说得太死，如“这就是”“所有”。

师：好，这位小朋友你来。

生 6：从爸爸的角度而言，可能多数爸爸都会这样的；从小孩的角度而言，小孩可能也是这样认为的。我们从中可以看出爸爸的爱，但是我注意到一个细节，我看到小孩的左手，想把伞柄抓过来，不让爸爸拿回去，可以看出爸爸有一点溺爱，会让小孩变得自私。

师：对，他是从什么角度呢？从爸爸的角度来看，可能有一点溺爱孩子；从孩子的角度来看呢，可能有点自私。大家注意到他的一个词——“可能”，如果我换一种表达，从孩子的角度来看，他是自私的，跟刚才这位小朋友的表达，有没有区别？

生：有。

师：对，区别大着呢！

师：好，还有那个小朋友？

生 7：从开始撑伞的那个事情来思考的话，这个父亲仿佛是溺爱孩子，可能会让孩子养成自私的性格。但是作为新时代的孩子，我们应该有新时代的教育方式。在我看来，我觉得有更好的方法，这个父亲可以多拿一把伞，这样一人一把伞，就不会养成孩子的自私了。

师：非常好，这个同学前面在说撑伞那件事情，但是后面他还做到了一点，提出了要让父亲多带一把伞，他提出了什么？

生：假设。

师：一种假设，一种解决的方案，你顺着这个事情发展下去，很棒很棒，这是很多人都想不到的。假设多带一把伞，一可以怎么样？

生：不淋雨。

师：第一可以自己不被淋湿，第二又可以培养孩子的——？

师：自主能力、独立能力，对不对？

生：对。

师：还有没有？再请个同学来说。

生 8：我的观点是，他们各有各的好与坏，“中国式”的教育是很容易把孩子培养成“白眼狼”，可能造成对孩子的放任，也可能造成一些危机性的后果。在教育方面，东西结合无疑是最好的，这样既不会让孩子觉得理所当然，也不会让孩子有安全隐患。

师：哇，我都不能相信这是咱们六年级的孩子说的，倒像是人民日报社论员说的。

师：来，再你来。

生 9：我觉得他把伞都遮在孩子的身上，而自己全身湿透，可以看出爸爸很关心孩子，不希望孩子感冒；而从另一个角度而言，这可能也有点太溺爱孩子了，因为有同学说孩子想把爸爸手里的雨伞拿走，这一点可以看出孩子可能会以自我为中心。

师：非常棒，她也是说了在我看来，表明这只是我个人的意见。

师：好，由于时间关系，我们不多做展示了。

师：我们来看这个问题，作为“小公民”，作为生活在这个世界里的人，作为这个社会的一员，面对问题的时候啊，尽可能地做到：理性、全面、客观，明明白白地认知、清清楚楚地辨识、认知。这样才能做到客观地看问题、理性地表达观点。这不仅是我们写作中的思维，也是我们生活中的涵养。

（二）关注网络话语生态，培养自觉公民意识

1. 网络话语生态特点

师：在生活中，这样的事情太多了，老师随便举一个例子：范玮琪，台湾的歌手，我不知道你们听不听她的歌，她生了一对双胞胎。在阅兵日那天，她在微博里发了这样一条消息，晒娃，两个娃在爬行的照片，你猜我们的网友说什么呢？

师：阅兵日呢，你晒什么娃，你怎么这么不爱国。

师：甚至第一条的评论说，你不看阅兵你还在晒娃，后面所有的网友都在跟风，都在这么说。

师：我们发现，在这样的时代，我们特别容易什么？

生：跟风。

师：对，跟风，盲目地跟风。

师：好，再有这件事情（播放视频），有网友把它变成了游戏画面，这是真实的事情，你们知道吗？

生：知道。

师：很好，这是成都男司机暴打女司机的事件。

师：第一阶段，视频爆出来后，网友说这是凶手，这是渣男。

师：可是后来呢，第二阶段啊，这个男司机把自己车前的记录仪拍到的内容，挂在网上之后。

师：你看，这个女司机啊，恶意地变道、插车。

师：这时候，网友的态度又发生了天大的变化。

师：他说，哎哟，英雄，侠士，打得好，甚至淘宝网上出来“连续暴打装备”“行车记录仪同款”等。

师：还有很多很多的事件，每天在我们身边都发生着，我们最容易犯的是什么呢？赞同，在群众的话语当中，我们失去了自己的判断、理性。因为比较偏激，会拒绝个人应有的一种思考。

2. 公民意识

师：所以，我们在面临问题时，可能这个问题很复杂，像一个迷宫一样，很难让人走出来。可是，我们始终要有自己的一种思考、理性的认识，去好好地看清这个世界。有你的慧心、有你的表达，做到“我的表达我做主”。

二、拓展阅读

每个人心中都有位“雨伞爸爸”

楚天都市报讯、楚天都市报评论员　徐汉雄

近来，一张纽约街头“雨伞爸爸”的图片在网上热传。雨中，爸爸将伞遮在儿子头上，自己整个身子露在外面被淋透。这张背影照感动无数网友，父爱如山！就在这两天，人们又追踪出“雨伞爸爸”原来是中国人。（9 月 20 日《现代快报》）

其实父爱不分中外，无论他是谁，来自哪里，那帧雨中的剪影都让人过目难忘，心有戚戚。每一个人的心中，都有一位这样的“雨伞爸爸”，永生难忘的“暖男”。父爱，是那幅蹒跚走到铁道边攀爬月台的背影，是这份替儿撑伞自己淋雨的呵护，或是挑起行李的一路相送，也是坐在门口默默吸烟的憨厚。他不经意间的任何举动，都透着对家庭对子女的无言关怀。每一个人心中，也都潜藏着对父亲难以回报的歉疚，也因此时常会被“雨伞爸爸”这类的镜头所震颤，在共鸣中回望自己父亲的身影。

无论是父亲还是母亲，为子女所做的牺牲总是让人唏嘘，人类永恒的舐犊之情也是永恒的新闻题材。这些年，网络上总有这样的帖子不时触动我们的神经，让我们记起亲情的温暖，提醒身上的责任。“贾君鹏，你妈妈喊你回家吃饭”，一个虚拟的网络人物与话题，曾经在短短五六个小时内被数十万名网友浏览，引来超过 1.7 万条回复，成为网络传播的经典。这奇迹源自我们内心中最原始最朴实的情愫，这是我们每一个人都曾熟悉的呼声，无论时间多么久远，总会在耳边响起，不灭不休。

时光易逝，亲人易老，“雨伞爸爸”带给我们的不仅是感动，也是感恩亲人的提示符，让我们在共享亲情美好的时候，别忘了常回家看看。

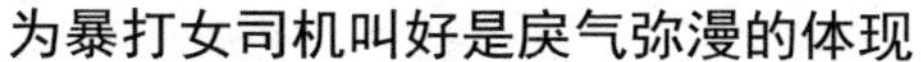

为暴打女司机叫好是戾气弥漫的体现

舒圣祥 《中国青年报》 （2015 年 5 月 05 日）

5 月 3 日下午，成都市锦江区某十字路口处，司机张某开车逼停女司机卢某，将其从驾驶室内暴力拉下车并拳打脚踢。张某称，卢女士的车子在行驶过程中突然变道，使他车内的孩子受到惊吓，因气不过，他随后一路尾随并实施殴打。卢女士表示，因自己对道路不太熟悉，确实在变道时突然点了一下刹车，但当时两车并没发生剐蹭，“根本没有想到这个男子会一路尾随并破口大骂，最后把我逼停把我从车里拉出来毒打”。（新华网 5 月 4 日）

无论是知书达礼的小资，还是风度翩翩的白领，当他们握紧方向盘时，都容易变得脾气火爆、乱飙脏话。这种通病在汽车社会见怪不怪，此即所谓“路怒症”。新闻中的男司机，无疑是“路怒症”的典型患者。百度一下相关新闻报道，因“路怒症”滋生的暴力事件层出不穷：在陕西西安，小车称公交车挡了路，两男子逼停公交车后上车暴打司机，司机的鼻梁骨被打断；在甘肃兰州，一辆奥迪车欲停在医院应急通道被阻拦，女司机下车用膝盖和高跟鞋狠撞狠踹保安……

相比之下，成都这名男司机无疑更残暴更凶狠。看那视频，当事女子开车突然变道固然不对，好在并未造成任何剐蹭，该男子竟一路尾随直至将对方拉出暴打才解恨，可见该男子心胸何等狭窄，“路怒症”暴戾之气又严重到了何种程度。若说女子突然变道让男子车内的孩子受惊，他如此暴打陌生女子，这孩子又当有何观感？

诡异的是，面对“有视频有真相”，居然还有很多网友无视暴行甚至为之叫好。有的说“这样的女司机就该教训一下，打得好”；有的说“打打让她长点记性也好，她活该”；更有甚者，叫嚣“女人就不应该拿驾照，开车上路就是危险因素，就应该被打”。看到这些是非不分、良莠不辨的评论，实在让人不寒而栗。不排除某些女司机确实开车技术欠佳，但所谓“马路杀手”真的全是女司机吗？胡乱变线、强行超车、闯黄灯、爆粗口……凡此种种，自认技术一流的男司机们哪一样少做了？

为暴打女司机叫好，不仅是为暴行鼓掌，也不仅是性别歧视，更是戾气弥漫的典型体现。只为一点点小事，就不惜把对方往死里打，旁边还有一群叫好的看客，这是一个多么恐怖的画面。为什么如此简单的是非判断，却不能让围观者达成基本的共识？崇尚暴力解决问题的人，怎么可能真正将交通规则放在眼里？批评别人不文明驾驶，自己却在为暴行叫好，在这样的双重标准下，所谓文明无非是强者给弱者定下的规矩而已。

对任何城市来说，患上“路怒症”的人越多，道路交通必然越发拥挤，不必要的纷争、吵闹乃至社会戾气必然膨胀。为此，一方面当然要通过加强管理规范文明驾驶，另一方面更要严惩那些动辄滥用暴力者。一个人的暴戾，既肇端于这个社会，又加害于这个社会；而要改变社会的暴戾弥漫，每个围观者都要反躬自省。

后　记

这几年，因为分管教学，除日常教学教务管理外，一直忙于应付有关部门的各级各类的评估、督查和认证，但也一直没有忘记自己是大学教师，没有放下自己的担子——“语文课程与教学论”教学与研究。

由于工作需要，从人文学院调到了教师教育学院，主讲了“教学论专题研究”，但还在人文学院兼教“语文课程与教学论”，并每年必带2～3名语文学科专业研究生（包括学硕和专硕）。为了能与时俱进，经常要学习语文学科前沿理论和“新课改”的实践案例，带研究生做点专题研究。做着做着，积累了点资料，于是与研究生一起写了些论文。为了不遗失，把它们汇集在一起便是这本《语文课程改革与教学新视界》。所以这本书是我和我的弟子的集体之作。全书各章节都有我的研究生参与资料收集和整理：第一章金卫聪；第二章马雪颖、赵文静、杨玲、张海兵；第三章潘蓉、徐筱茹、王恬恬、杨景秀、张欣、刘慧、梅淑君、李赫楠、韩利平、陈银湖、于晋；第四章杨玲；第五章张启浩、谢露婷、刘亭玉；第六章徐俊、王虹、郑可菜。

时间仓促，斗胆出版，一方面可供同仁参考，另一方面抛砖引玉请教各位专家。同时，感谢一直支持我爬格子的妻子，谢谢！

温州大学教师教育学院　彭小明

2019年8月8日